꽃제비들의 아바 아버지

저자 박다니엘

도서출판 쥬빌리

책을 내면서

 2011년 11월 17일 오후 4시 55분에 제주도에 있는 미래 산부인과에서 나의 둘째 아들 갈렙이 태어났다. 분만실에서 길게 연결된 탯줄을 끊고 피투성이가 된 아이를 안는데 이 아이가 내 아이가 맞나 싶을 정도로 실감이 나지 않았다. 눈, 코, 입 등 모든 것이 조그마했다. 아직 눈은 뜨지 못했지만 그 작은 입으로 우렁차게도 울었다. 피로 뒤덮인 아이의 얼굴과 머리는 마치 전쟁을 방불케 했던 해산의 고통을 보여주고 있었다. 아이가 무사히 태어나 안도했지만 지친 것이 역력한 아내의 모습은 한 생명이 이 땅 가운데 태어나는 것이 얼마나 힘든 일인지 보여주고 있었다. 나와 아내는 첫째 아들 에녹을 다른 아이들에 비해 쉽게 낳았기 때문에 둘째 아들도 별 고통 없이 순산할 것으로 예상했었다. 그러나 갈렙은 우리들의 예상을 깨고 굉장히 힘들게 이 세상에 발을 들여놓았다.

 아이가 태어나던 날, 나는 일을 마치고 새벽 1시에 잠자리에 들었다. 피곤한 탓에 깊이 잠들어 있는데 누군가 나를 흔들기 시작했다. 눈을 뜨니 아내였다. 아내는 산통이 있다고 하면서 내게 병원에 빨리 가자고 재촉했다. 둘째 아이는 통증이 느껴진 후에 빨리 나온다는 이야기를 다른 분들에게 들었기 때문에 아내의 마음이 급한 것 같았다. 시계를 보니 새벽 2시 50분이었다. 나는 정신을 차리고 급하게 일어나서 에녹이를 깨워 준비하고 아내를 태운 뒤 산부인과로 차를 몰았다.

4층 산부인과에 도착하자 자고 있던 간호사들이 나와서 우리를 대기실로 데려갔다. 간호사들은 아내를 검사하더니 자궁이 손가락 하나 크기만큼 열렸다고 하며 아직 기다려야 한다고 했다. 잠시 후 아내에게 링거 주사를 놓고 항생제와 촉진제와 포도당을 주입했다. 그 후에도 아내가 이따금씩 통증을 느꼈고 간호사들이 틈틈이 검사했지만, 자궁 문은 우리 마음과 다르게 좀처럼 빨리 열리지 않았다.

오후 1시부터 강한 통증이 오기 시작하면서 아내의 얼굴이 일그러지기 시작했다. 아내가 엄청난 고통을 느끼며 신음하기 시작했다. 그러나 한 시간이 지나고 간호사가 검사를 마친 후에 자궁이 겨우 손가락 세 개 크기만큼 열렸다고 하면서 아직도 더 기다려야 한다고 전했다. 아내의 고통이 점점 더 심해지는 것을 본 나는 다시 간호사를 찾아가 간곡히 도움을 청했다. 너무 괴로워하는 아내의 모습을 본 간호사는 통증을 완화하는 주사를 놓아주었다. 주사를 맞은 아내는 이내 잠든 듯했는데 그것도 잠시뿐이었고 약효가 오래가지 않았다. 한 시간 정도 지나자 아내가 재차 통증을 호소하기 시

작했다.

"나 죽을 것 같아요! 통증 없애는 주사 놔주세요!"

"안 돼, 조금만 참아…. 당신 안 죽어. 계속 기도해!"

"당신은 내가 얼마나 아픈지 몰라요! 주사 놔주세요! 제발…."

"기다려! 곧 아기가 나올 거야!"

"빨리 주사를 놔주세요!"

아내는 내 옷을 잡고 늘어지면서 신음을 냈다.

"죽는 것이 더 낫겠어요. 이 고통이 언제 끝나나요?"

"금세 끝날 거야. 한두 시간만 참아…."

"아까도 한두 시간이었잖아요! 제발 주사 놔주세요…. 워 치우니(제발)!"

너무 다급했는지 아내는 자신의 모국어인 중국어를 쓰기 시작했다. 나는 아내를 위해서 계속 기도하고 허리 마사지도 해주었다. 그러나 고통을 참지 못하는 아내의 모습에 당황해서 또다시 간호사에게 달려가 주사를 놔 달라고 부탁했다. 밖까지 생생하게 들리는 아내의 괴로운 신음에 대기 중이던 산모 두 명의 얼굴에 점점 그늘이 드리울 정도였다. 간호사는 아내에게 가서 세 번째로 검사를 하더니 둘째 아이인데 대체 왜 이렇게 늦게 나오는지 모르겠다며, 이 고비만 지나면 빨리 진전이 되고 오히려 주사를 놓으면 더 안 좋다고 말했

다. 나는 홀로 분투하는 아내에게 힘을 북돋아 주기 위해 애썼다.

"조금만 참아! 당신은 이겨낼 수 있어! 금세 끝날 거야!"

그러나 나의 말이 아내에게는 조금도 위로가 되지 않는 것 같았다. 아내는 눈물을 흘리면서 계속 통증을 없애는 주사를 맞게 해 달라고 나에게 호소했다. 지켜보는 사람으로서도 무척이나 힘들었다. 3시쯤에는 담당 의사가 와서 검사를 하더니 절반 정도 진행이 되었다고 했다. 아내는 계속해서 내게 애원했다.

"제발 살려줘요! 주사 맞게 해줘요!"

"조금만 더 참아! 곧 끝날 거야!"

"당신은 내가 얼마나 아픈지 몰라요!"

4시 20분 정도가 되자 간호사들이 또 한 번 아내를 검사하고는 드디어 아이가 나올 때가 됐다며 나를 분만실에서 나가게 했다. '아내가 끝까지 힘을 내줘야 하는데…. 아이는 건강하겠지?' 초조한 마음으로 자리에 앉지도 못하고 문 앞에서 서성이는 나를 지나쳐 초록색 옷을 입은 담당 의사가 분만실로 들어갔다. 그 후 30분 정도가 지났을까? 우렁찬 울음소리와 함께 드디어 갈렙이 태어났다. 나는 허겁지겁 분만실로 들어가서 탯줄을 끊고 떨리는 손으로 갈렙이를 안았다. 너무나 힘들게

얻게 된 아들이라서 하나님께 감사하고 또 감사했다. 가시지 않는 감격에 젖어 지쳐있는 아내에게 다가가 고생했다며 말을 건네려는 데 아내는 내가 아직도 뇌리에서 지울 수 없는 말을 했다. "셋째는 절대 안 낳을 거예요."

오죽 힘들었으면 아이가 태어나자마자 그 말부터 했을까 싶었다. 둘째 아들 갈렙이 이렇게 아내의 극심한 고통 가운데서 태어나는 것을 보면서 여러 생각을 하게 되었다. '생명을 낳는다는 것은 정말 어렵구나. 많은 눈물과 고통이 따르는 일이구나. 그래서 이사야 53장에는 예수님의 고통에 대해서 표현하면서 거듭나게 되는 우리를 씨라고 표현한 것이구나.' 중국에서의 12년, 한국에서의 8년, 합해서 총 20년간의 나의 선교 사역을 돌아보니 그 안에도 해산의 고통을 통과하는 것 같은 수차례의 경험이 있었다. 앞길이 막막했던 순간과 영혼들로 인해 가슴이 저릴 만큼 아팠던 순간들이 지나온 시간 구석구석에 자리 잡고 있었다.

그런데 수년 전 한국에서 오랜만에 만난 한 북한 여성이 나를 가리키며 자기 아이에게 "아기야, 만약 저분이 우리를 도와주지 않았으면 너는 이 세상에 태어날 수 없었을 거야."라고 따스한 목소리로 말한 적이 있었다. 내가 누군가의 생명을 살리는 데 도움이 되었다는

그 말이 얼마나 큰 위로로 다가왔는지 모른다. 동그란 눈으로 나를 올려다보던 그 아이처럼 동역자들과 함께 뿌렸던 눈물의 씨앗들이 열매 맺은 것을 볼 때는 말로 다 할 수 없는 보람을 느낀다. 하지만 다른 한편으로는 '내가 해산의 고통을 피하지 않고 주님을 위해서 계속해서 십자가를 졌다면 더 많은 아름다운 열매들을 맺었을 텐데….'라는 아쉬움도 남아 있다.

2003년도에 중국 공안[1])에 잡혀서 감옥(간수소)에 있었던 1년 3개월 동안의 시간과 그로 인해 겪었던 아픔, 그리고 2011년 7월 17일에 다시 공안에 잡혀서 40일 동안 구치소에 수감되었던 경험은 내 자아를 산산조각 깨뜨리는 고통의 시간이었다. 그러나 나는 그곳에서 하나님과 이전보다도 더 깊은 관계를 갖게 되었고 밖에서 경험하지 못했던 천국을 경험할 수 있었다. 심지어는 괴로워하며 절망하는 것이 아니라 도리어 감옥 안에서 베푸시는 하나님의 사랑에 너무 감격해서 창살을 보면서 감사의 눈물을 흘리기도 했다.

공안들 몰래 다른 죄수들과 같이 예배를 드리며 자주 불렀던 찬송가는 바로 '내 영혼이 은총 입어'였다. 우리는 기존의 가사를 조금 바꿔서 '주 예수와 동행하니 간

---

1) 정식명칭은 중화인민공화국공안부로, 국무원 직속 기관인 중국의 경찰 조직을 뜻하며 이들은 국경 방어와 무장 경비, 치안 행정 등을 담당한다.

수소(감옥)도 하늘나라'라고 불렀다. 찬양의 가사대로 임마누엘이신 예수님께서 우리와 함께하시면서 감옥을 천국으로 바꾸셨던 것이었다.

우리와 함께 살았던 많은 탈북민은 공안에 대한 두려움 때문에 중국에서 철창 없는 감옥과 같은 아파트에 갇혀 지냈다. 노크 소리만 살짝 들려도 온몸의 신경을 곤두세우고 긴장했지만 담대하게 말씀을 읽고 기도하기를 절대 포기하지 않았다. 그 중 많은 사람이 한국에 입국했는데 대다수가 한마음으로 "자유는 없었지만 그때가 더 좋았습니다."라고 나에게 고백했다. 하나님만 바라보았을 때 감옥과 같았던 그 아파트에서도 천국을 누렸기 때문이다.

창살 없는 북한 땅에서 살았던 지하교인들도 동일한 경험을 했다. 먹을 것도 풍족하지 않고 자유롭게 예배를 드릴 수도 없어 숨 막히는 답답함 속에 살아갔으나, 그들이 하나님을 향해 시선을 고정했을 때, 하나님은 천국을 경험하는 은혜를 허락하셨다. 사도 바울이 감옥에서 계속 기뻐하라고 편지를 쓸 수 있게끔 역사하신 하나님은 감옥을 천국으로 능히 바꾸시는 분이시다. 바로 그분 덕분에 우리는 사망의 음침한 골짜기에서도 마음껏 평안을 누릴 수 있다.

"꽃제비들의 아바 아버지"는 네 부분으로 나누어진다.

1부 '북한을 향한 아버지의 마음'은 내가 주님을 만난 순간부터 처음 중국으로 들어가서 초기 북한 사역을 하던 이야기까지를 다룬다. 2부 '정금 같이 단련하심'은 사역 과정에서 부딪힌 재정의 어려움부터 시작하여 중국에서 두 번 체포되었다가 추방당한 이야기를 배경으로 한다. 3부 '깊어지는 북한 사랑'은 그 이후에 만난 다양한 북한 사람들과 나와 동역자들이 집중했던 북한 사역 그리고 40일간의 마지막 감옥 생활에 초점을 두었다. 4부 '아바 아버지의 마음으로 품은 아이들'에서는 한국에서 아이들과 함께 따스한 공동체를 꾸리고 현재의 한벗학교를 시작하게 된 배경을 설명한다. 마지막으로 부록에는 CNN에 실린 한 꽃제비 아이의 안타까운 삶에 관한 기사, 꽃제비 아이들이 손글씨로 적은 가슴 아픈 글 그리고 한벗학교 사역을 소개하는 글들이 포함되어 있다.

이 글은 나와 동역자들의 사역에서 하나님이 펼치신 역사에 초점을 두었지만, 그 과정에서 발생한 인간의 연약함과 잘못도 그대로 표현하기 위해 애썼다. 거짓이나 과장됨 없이 사실대로 표현하기를 원한 것도 있지만, 그보다도 자비가 많으신 하나님께서 연약하고 무익한 종들을 통해서도 당신의 일들을 신실하게 이루어 가신다는 것을 드러내고 싶어서였다.

그동안 사역을 위해서 기도와 재정 지원을 아끼지 않은 각 교회와 후원자들, 그리고 함께 주님의 일에 힘써 주신 동역자분들에게 지면을 빌어 감사를 드린다. 이분들이 없었다면 이 책에 나온 주님의 역사도 보지 못했을 것이다. 또한 이 책에 실린 귀한 간증문과 서신을 제공해 준 모든 탈북민들에게 진심으로 감사를 표한다. 마지막으로 광야의 삶에 동행해 준 아내와 아이들에게 감사를 표한다. 모든 분이 하나님의 풍성한 은혜 가운데 늘 거하시기를 축원한다.

그 때에 제자들이 예수께 나아와 이르되 천국에서는 누가 크니이까
예수께서 한 어린 아이를 불러 그들 가운데 세우시고 이르시되 진실로 너희에게 이르노니 너희가 돌이켜 어린 아이들과 같이 되지 아니하면 결단코 천국에 들어가지 못하리라
그러므로 누구든지 이 어린 아이와 같이 자기를 낮추는 사람이 천국에서 큰 자니라
또 누구든지 내 이름으로 이런 어린 아이 하나를 영접하면 곧 나를 영접함이니
누구든지 나를 믿는 이 작은 자 중 하나를 실족하게 하면 차라리 연자 맷돌이 그 목에 달려서 깊은 바다에 빠뜨려지는 것이 나으니라(마 18:1-6)

목 차

책을 내면서 • 2

제1부 : 북한을 향한 아버지의 마음

1. 예수 그리스도의 사랑이 찾아오다 • 17
2. 선교사로 헌신하다 • 25
3. 북한선교로 부르심 • 35
4. 북한 사람들의 비참한 현실을 보다 • 44
5. 꽃제비 아이들의 눈물 • 53
6. 탈북민교회를 세우다 • 67
7. 북한선교의 부흥 • 79

제2부 : 정금같이 단련하심

1. 현실의 벽, 재정 훈련 • 101
2. 중국 안전국에 체포되다 • 115
3. 중국 공안에 체포되다 • 132
4. 감옥(간수소) 생활 • 144
5. 죄인들에게 찾아오신 하나님 • 149
6. 광야학교(간수소)에서 배운 교훈 • 157
7. 석방과 동시에 추방되다 • 165

제3부 : 깊어지는 북한 사랑

1. 북한 그루터기 교인과의 만남 • 177
2. 사랑의 꾸러미 사역 • 199
3. 박해 받는 지하교인들과의 만남 • 206
4. 중국에 팔려간 북한 여성들 • 212
5. 꽃제비 사역 • 221
6. 40일간의 선물, 감옥 속 천국 • 231

제4부 : 아바 아버지의 마음으로 품은 아이들

1. 태국에서 다시 만난 아이들 • 253
2. 한국에서 시작되는 공동체 • 262
3. 한국에서 다시 만난 탈북 소년 • 270
4. 한우리캠프 • 285
5. 아버지의 집, 한벗학교 • 296

부 록

버림받은 소녀의 북한 생존 이야기 (CNN 기사) • 315
꽃제비 소년소녀의 글 • 325
동생을 위한 탈북소년의 간절한 편지 • 327
한벗학교 • 329
NK어린이 생명구원운동 • 332

제1부

북한을 향한 아버지의 마음

1. 예수 그리스도의 사랑이 찾아오다
2. 선교사로 헌신하다
3. 북한선교로 부르심
4. 북한 사람들의 비참한 현실을 보다
5. 꽃제비 아이들의 눈물
6. 탈북민교회를 세우다
7. 북한선교의 부흥

"북한과 중국의 경계를 구분 짓는 두만강 중앙에 있는 돌 위에 앉아 있자니 몇 가지 의문이 마음속에 떠오르기 시작했다. '내가 왜 바로 눈앞에 있는 동포의 땅을 밟지도 못하고 있는가? 무엇이 이렇게 우리의 남과 북을 갈라놓았는가?'"

1. 예수 그리스도의 사랑이 찾아오다

볼지어다 내가 문밖에 서서 두드리노니 누구든지 내 음성을
듣고 문을 열면 내가 그에게로 들어가 그와 더불어 먹고 그는
나와 더불어 먹으리라(계 3:20)

어떤 이는 탈북민 사역을 하다 감옥에 갇혔던 나를 두고 특별한 신앙을 가진 사람이라고, 혹은 특별한 삶을 살고 있다고 추켜세울지도 모르겠다. 그러나 열일곱 살 때까지의 나는 형식적으로 교회를 다니던 지극히 평범한 청소년에 불과했다. 그렇게 평범하던 내 삶에 예수 그리스도의 사랑이 찾아온 소중한 순간이 있었다. 그 때를 기점으로 내 인생은 이전과 완전히 다른 방향으로 흘러가기 시작했고, 주님께서는 나를 정금 같이 단련하신 끝에 감옥에서도 천국을 누릴 수 있는 큰 은혜를 허락하셨다.

그전까지 한국에 살고 있었던 나는 고등학교 1학년이 되던 해에 부모님을 따라 미국에 이민을 가게 되었다. 우리가 처음 자리 잡은 곳은 텍사스 주(Texas) 오스틴(Austin)이었다. 그러나 우리는 일 년이 채 못 되어 아버지의 직업 때문에 미주리(Missouri) 주 세인트루이스(St. Louis)로 다시 이사해야 했고, 나는 그곳에서 고등학교를 다니게 되었다.

은퇴한 늦은 나이에 미국으로 이민을 온 아버지에게 영어라는 언어는 넘을 수 없는 커다란 장벽이었다. 그래서 그곳에서 아버지께서 하실 수 있는 일은 주로 사람들이 꺼리는 청소 용역 같은 것뿐이었다. 아버지는 세인트루이스 공항이나 배치받은 사옥에 다니시면서 청소를 하셨다. 어린 마음에 아버지의 직업이 창피하다는 생각도 자주 했지만, 연세 드신 아버지가 힘드실까 걱정도 되어 짬짬이 청소를 거들곤 했다. 처음에 아버지는 어린 내가 청소를 하며 사람들의 시선을 끄는 것을 반기지 않으셨다. 그러나 하루하루 시간이 지나자 아버지도 나도 그 일상에 익숙해졌고 아버지의 청소를 돕는 일은 자연스럽게 내 삶의 일부가 되었다.

그러던 어느 날, 평소와 다름없이 공항에서 아버지를 도와 청소를 하는데 저 멀리 고등학교 친구가 저벅저벅 걸어오는 것이 보였다. 그때까지는 아는 사람을 마주친 적이 없었는데, 하필 학교 친구라니 무척이나 당황스러운 순간이었다. 거리가 좁혀질수록 너무나 창피해서 도망치고 싶었지만, 피하지 못하고 결국 친구와 마주친 나는 마지못해 떨떠름한 표정으로 인사를 할 수밖에 없었다.

"안녕…."
"대니얼! 너 여기서 뭐해?"

그 친구의 질문에 나는 고개를 떨어뜨리고 아무 말도 하지 못했다. 그 때 어린 내가 느꼈던 수치심이 얼마나 컸는지 세월이 한참 흐른 지금도 그때의 기억이 마치 어제 일처럼 생생하기만 하다. 그래도 그렇게 틈틈이 아버지를 도왔던 내 학교생활은 비교적 평탄했다. 늘 나를 놀리던 몇몇 친구들로 인해 곤란했던 적만 빼면 말이다.

미국 학생들은 새로 전학 온 동양 사람인 나를 흥미롭게 생각하는 것 같았다. 그래서인지 내게 자주 말을 걸어오며 열정적으로 영어단어를 가르쳐주는 친구들도 있었지만, 더러 짓궂은 장난을 치는 친구들도 있었다. 하루는 어떤 녀석이 한 여학생을 가리키며 자기가 조금 전에 가르쳐준 단어를 써보라고 한 적이 있었다. 순진했던 나는 별생각 없이 그 애에게 다가가서 배운 단어를 말했다.

"XXXX"

"What?"

그 여자아이의 표정, 몸짓이 예사롭지 않았다. '어라? 왜 이러지?' 알고 보니 그 친구가 장난으로 내게 매우 상스러운 욕을 가르쳐준 것이었다. 지금 와서 그 뜻을 생각해보면 그녀에게 그 자리에서 한 대 얻어맞지 않은 것이 무척 다행이었던 것 같다.

나는 어릴 적부터 누구보다도 열심히 교회 생활을 했었다. 그런데 이상하게도 늘 죽음에 대한 막연한 두려움이 내 안에 있었고, 교회에 오래 다녀도 그러한 공포는 사라지지 않았다. 그 공포의 원인은 바로 유년 시절 시골에 있는 큰아버지 댁에 놀러 갔을 때 꾸었던 꿈 때문이었다. 어느 날 꾼 꿈속에서 부모님이 돌아가시는 끔찍한 일이 있었다. 그 꿈이 하도 생생해서 잠에서 깬 나는 슬픔에 잠겨 엉엉 울고 말았다. '진짜로 부모님께서 돌아가셨나봐! 어떡하지?' 어린 마음에 얼마나 놀랐겠는가? 그런데 집으로 돌아가 보니 웬걸, 부모님이 살아계셨다! 늘 익숙하던 부모님이라는 존재가 그날만은 어찌 그리 반갑던지 한동안 싱글벙글 웃으며 부모님 말씀을 아주 잘 듣는 아이가 되었다.

그러나 그 후로 죽음에 대한 두려움이 내 마음 한구석에 자리 잡았고, 그 음습한 그림자가 어디를 가든 집요하게 나를 따라다녔다. 교회 생활을 아무리 열심히 해도 죽음에 대한 두려움을 떨쳐버릴 수가 없었다. 그 당시 나는 예수님을 머리로만 믿었지 한 번도 마음속으로 주님을 영접한 적이 없었기 때문이었다. 겉은 그리스도인의 모습이었지만, 예수님과 나는 친밀하지도 않았고 사랑의 관계를 맺고 있지도 않았다.

그러던 내게 하나님께서 아주 특별한 은혜를 허락하

셨다.

미국으로 이민을 온 후에 우리 가족은 교회 건물을 빌려서 사용하던 반석침례교회에 다니고 있었다. 그 당시 담임 목사님께서는 구원에 대한 말씀을 자주 하셨는데, 심지어는 수련회 때 며칠 동안 구원에 대한 말씀만 전하신 적도 있었다. 그러나 나는 목사님으로부터 구원에 대한 메시지를 들을 때마다 머리로만 이해했을 뿐, 정작 마음의 변화는 하나도 없었다. 그러던 어느 날이었다. 성경을 읽는데 하나님의 말씀에 대한 강력한 확신이 갑자기 내 마음을 사로잡는 놀라운 체험을 하게 되었다. 어떤 목소리가 내 마음속에서 울려 퍼졌다.

"이 말씀은 거짓이 없는 진리다!"

어떤 논리적인 근거 때문에 확신이 생긴 것이 아니라, 주님이 내 마음 밭을 기경하셔서 복음을 받아들일 수 있도록 준비하고 계셨던 것이었다. 그로부터 몇 주 후, 담임 목사님께서는 구역 모임에서 구원의 메시지를 다시 한번 전하셨다.

"구원은 하나님의 선물입니다. 마음 문을 열고 예수님을 영접하면 구원받고 하늘나라에 가게 됩니다."

여러 번 들었던 말씀이었지만 한 글자 한 글자가 내 마음에 확 와 닿기는 그때가 처음이었다. 맞다, 내 마음의 문을 열어야 했다. 그렇게만 하면, 주님이 나를 구원

해 주시고 다시는 죽음을 두려워하지 않아도 되는 것이다. 갑자기 모든 것이 아주 명쾌하게 느껴졌다. 성령님께서 역사하시자 내 눈에 씌었던 허물이 벗겨지는 것만 같았고, 내 마음에 또 한 번 확신이 차오르기 시작했다.

'하나님께서는 이미 구원을 이루셨어! 나는 그 구원의 선물을 받기만 하면 돼! 정말 마음으로 믿고 예수님만 영접하면 모든 죄 사함을 받고 하늘나라에 갈 수 있어!'

그 순간, 나는 닫혀있던 마음 문을 열고 겸손하게 무릎을 꿇고 어린아이처럼 예수 그리스도를 영접했다. 그러자 놀랍게도 그 후로는 내 마음속에 있던 죽음에 대한 두려움이 싹 사라졌다. 뿐만 아니라 말로 표현할 수 없는 기쁨과 소망이 넘쳐나기 시작했다. 예수님이 내 마음속에 들어오셔서 그분과의 진정한 교제가 시작된 것이었다. 예수 그리스도의 사랑은 그렇게 내게 찾아왔다.

주님을 영접한 내 삶에는 큰 변화가 생겼다. 우선 나는 세상의 것들을 내려놓기 시작했다. 주님만 사랑하고 싶은 강한 열정이 불타올라 나를 삼켰다. 그동안 수백 불을 주고 사들였던 팝송 테이프들을 내다 버렸고, 돈을 많이 벌어서 성공한 삶을 살겠다던 꿈도 내려놓고 주님만을 섬기기로 했다.

둘째로 나는 죄에 대해 매우 민감해져서 회개의 기도를 많이 드렸다. 그 당시 '천부여 의지 없어서 손들고

옵니다'와 '만왕의 왕 내 주께서 왜 고통 당했나'와 같은 회개의 찬양을 자주 불렀다. 십자가, 보혈, 회개에 대한 찬양을 반복해서 부르며 눈물로 회개하는 나날의 연속이었다. 주변에서 법 없이도 살 사람이란 이야기를 들었지만 거룩하신 하나님 앞에서 벌거벗은 모습으로 섰을 때는 부끄러움밖에 남지 않았다. 내 안의 죄가 정말로 머리털보다도 많아 보였다. 사람들 앞에 잘 드러나지 않은 은밀한 죄들이 내 안에 여기저기 숨겨져 있었다.

또한 하나님의 말씀이 너무나 달콤하게 느껴져서 포켓 성경책을 늘 가지고 다니며 읽었다. 주의 말씀이 꿀보다 더 달다는 시편 기자의 말이 진심으로 이해되기 시작했다. 심지어는 학교에서 쉬는 시간에도 친구들이 왁자지껄하게 놀 동안 나는 의자에 엉덩이를 딱 붙이고 성경을 읽고 또 읽었다. 성경 말씀은 내가 힘들 때 나를 다시 일으켜 세워주었고 이 세상 속에서 내가 어떻게 살아야 하는지를 가르쳐주었다.

넷째로 나는 찬양과 기도로써 주님과 깊게 교제하기 시작했다. 매일 기타를 치며 오랜 시간 찬양 가운데 거하시는 주님과 만났다. 그 시간이 너무 기뻐 주님과의 교제에 그만 푹 빠져들고 말았다. 주님은 세상과는 비교가 되지 않는 큰 기쁨을 선물해 주셨다. 한편, 밤에는 주님의 사랑에 감동하여 눈물로 베개를 적시며 기도했

다. 나의 삶과 주변 사람들과 그 외에도 모든 것들에 대한 기도의 향을 주님 앞에 계속 올려드렸다.

마지막으로 영혼 구원에 대한 열정이 내 마음에서 불꽃처럼 타올랐다. '다른 사람들이 이렇게 특별한 주님을 알지 못하고 지옥에 간다니! 주님을 마음으로 영접하기만 하면 되는데!' 나는 이런 마음으로 주변 사람들을 열정적으로 전도하기 시작했다. 이렇게 예수님을 영접한 후, 몇 년 동안 나의 모습은 이전과는 완전히 다른 사람이 되었고, 마치 그리스도의 사랑에 불붙은 사람 같았다. 매일이 새로움의 연속이었다.

2. 선교사로 헌신하다

그러나 시간이 흐를수록 그러한 설렘과 기쁨은 점차 희미해졌고 주님과의 교제가 아주 형식적으로 변해갔다. 그사이 내 삶에는 주님 외에도 또 다른 소중한 것들이 생겨났으며, 특별한 주님의 은혜를 계속 느끼기에는 주님이 내게 너무 익숙한 존재가 되어 버렸다. 심지어는 영혼에 대한 긍휼함조차 점점 사라져갔다. 예수님을 향해 불타오르던 사랑이 차갑게 식어버린 것이다. 나의 일상은 변화 받기 전처럼 교회만 다니는 종교인의 모습으로 되돌아갔다. 부끄럽지만 예수님을 사랑하는 마음도, 말씀과 기도에 전념하는 시간도 점점 줄어들었다.

그렇게 매너리즘에 빠져 있던 어느 날, 차 안에서 기도를 하는데 예수님께서 화를 내시면서 성전을 거룩하게 하셨던 사건에 대한 말씀이 생각났다.

예수께서 성전에 들어가사 성전 안에서 매매하는 자들을 내쫓으시며 돈 바꾸는 자들의 상과 비둘기파는 자들의 의자를 둘러엎으시며 아무나 기구를 가지고 성전 안으로 지나다님을 허락하지 아니하시고 이에 가르쳐 이르시되 기록된바 내 집은 만민이 기도하는 집이라 칭함을 받으리라고 하지 아니하였느냐 너희는 강도의 소굴을 만들었도다(막 11:15-17)

뭐라 설명할 수는 없지만, 그 순간 갑자기 멈출 수 없는 눈물이 솟구치기 시작했다. 주님께서 우리 자신이 곧 성전이라 하셨는데…. 내 몸이 주님을 모시는 성전인데! 정신을 차리고 돌아보니 내 안에 어느새 더러운 것들이 가득했다. 기도하는 집이 아닌 강도의 소굴이 된 내 마음을 주님께서 직면하게 하신 것이다. 내 마음 속은 이미 매매하는 자들, 돈 바꾸는 자들의 상, 비둘기 파는 자들의 의자로 가득 차 있어서 주님이 들어오실 공간이 없었다. 나는 주님이 청소하시지 않고는 절대 깨끗해질 수 없는 나의 부패하고 타락한 심령을 보고 비로소 주님 앞에 전심으로 회개하기 시작했다.

"주님, 제가 성전인 제 마음을 주님이 아닌 다른 것들로 채웠습니다. 제 마음이 기도하는 집이어야 하는데 제가 강도의 굴혈을 만들었습니다. 용서해주세요…. 다시 첫사랑을 회복하게 해 주세요! 다시 처음 모습을 갖게 해 주세요!"

애통해하는 깊은 회개의 시간을 가진 후에 나는 예전처럼 주님과의 관계를 회복하기 위해서 기를 쓰고 노력했다. 그러나 첫사랑을 회복하는 것은 매우 힘들고 어려운 영적 싸움의 연속이었다. 내 힘만으로는 절대 불가능했다. 그러던 어느 날, 내가 다니고 있던 한인교회

에 한 선교사님께서 방문하여 수련회를 연다는 것을 전해 듣게 되었다. 나는 기필코 변화 받고 말리라는 각오로 그 집회에 참여하였다. 선교사님께서는 요나서를 인용하여 선교에 대한 강한 메시지를 전하셨다.

"요나는 하나님의 말씀을 듣고 도망쳤다가 회개한 후 다시 니느웨로 가서 하나님의 메시지를 전했습니다. 그의 전도 덕분에 니느웨 사람들이 회개하고 구원을 받았습니다. 이렇게 요나를 부르셨던 하나님께서 지금 우리를 부르십니다! 여러분 가운데 선교사로 헌신하고 싶은 사람은 손을 들고 일어나서 하나님 앞에 헌신하십시오!"

하나님께서 나를 부르신다는 말씀, 더러워진 나라도 주님께서 여전히 필요로 하신다는 그 말씀에 감동되어 나는 손을 들고 자리에서 벌떡 일어났다. 내 삶을 주님께 온전히 내어드리고 싶었다. 이제는 '나'라는 성전 안에 주님의 것만을 담고 싶었다. 나는 바로 그날 요나와 같이 선교사의 삶을 살고 말리라고 굳게 다짐했다. 집회를 이끄신 선교사님의 말씀 속에서 내가 눈물 흘리며 드렸던 그 회개 기도의 응답을 얻은 것이다. 그날부터 내 관심은 과연 주님께 가장 잘 쓰임 받는 인생의 길이 무엇인가에 있었다. 나는 고민 끝에 신학교에 진학하기로 마음을 먹었다.

그러나 나의 결정은 부모님의 심한 반대에 부딪혔다.

어차피 신학교에 입학해도 2년 정도는 교양과목을 들어야 했기 때문에 우선 미국의 국립대학교에 입학하는 것으로 방향을 바꾸었다. 그리고 2년 후에 마침내 미주리 침례대학(Missouri Baptist College)에 편입하여 내가 원하던 대로 신학 공부를 시작할 수 있게 되었다. 졸업한 후에는 캔자스 시(Kansas City)에 있는 미드웨스턴 침례 신학원(Midwestern Baptist Theological Seminary)에 입학해서 3년간의 대학원 과정을 마쳤다.

내가 이렇게 본격적으로 목회자의 길로 들어서자, 어머니께서는 그제야 아주 오래전에 한국에서 살고 있을 때 어떤 목사님으로부터 예언을 받으셨던 이야기를 들려주셨다. 어머니는 하숙집을 운영하셨는데, 하루는 말쑥한 정장 차림의 중년의 한 신사분이 찾아왔다고 한다. 어머니가 문을 열자 그는 자신이 시골에서 온 목사인데 돌아갈 여비가 없다고 했다. 처음 뵙는 낯선 분이었지만 어머니는 긍휼한 마음으로 선뜻 여비를 내주었다. 그때 그 목사님이 "이 집에서 목사가 나올 겁니다"라고 예언하는 듯한 말을 남겼지만, 어머니는 그 말에 큰 의미를 두지 않으셨다고 한다. 그러나 후에 내가 목사가 되자 그 일을 떠올리시고는 신기하다는 듯이 그 일화를 반복해서 들려주시곤 했다. 그때마다 나를 향한 주님의 계획이 얼마나 섬세한지 실감할 수 있었다.

나는 대학교 때부터 마음이 맞는 미국인 형제들과 함께 노방전도를 했다. 거리로 나갈 때마다 떨리는 마음이 자주 생겼지만 두려움을 이기고 전도를 할 때마다 말로 형용할 수 없는 담대함이 내 마음에 부어졌다. 어떤 사람들은 바쁘다는 핑계를 대며 우리를 휙 지나쳐 갔지만, 대다수의 미국인은 내가 서툰 영어로 전하는 복음을 인내심을 갖고 끝까지 들어주었다.

그러던 어느 날은 캠퍼스로 노방전도를 함께 갔던 한 형제가 소리를 높여서 거리에서 설교를 하기 시작했다. 대부분의 대학생은 무관심한 표정으로 힐끔 그를 쳐다보고 지나갔다. 그런데 그런 대학생들의 모습을 보면서 도리어 그의 설교를 열심히 듣던 내 마음이 갑자기 뜨거워지기 시작했다. 마치 강력한 불덩어리가 내 마음에 쾅 하고 떨어진 것 같았다.

그 후 복음을 전하지 않고는 견딜 수 없는 마음이 강력하게 일어나서 주위의 사람들을 더 열심히 전도하기 시작했고, 주님의 은혜로 하나둘씩 예수님을 영접하는 모습을 볼 수 있었다. 특별히 그들 중 나와 가까웠던 친구가 예수님을 영접할 때에는 너무나 감격해서 눈물을 흘리기도 했다. 주님께서 강력히 역사하시는 모습을 보니 더 힘이 났다.

그런데 이렇게 주님께서 여러 은혜를 베푸시던 중에

도 내게는 고민이 있었다. 주위 분들이 방언의 은사를 받으셨기 때문에 나는 그 영향을 받아 고등학교 때부터 방언의 은사를 사모하고 있었다. 그러나 이게 무슨 일인지, 아무리 기도를 열심히 해도 나에게는 아무런 일도 일어나지 않는 것이었다.

심지어는 여러 미국 형제, 자매들이 나를 위해서 방언으로 기도를 해도, 하다못해 미국교회의 큰 은사 집회에 참석했을 때도 아무런 일이 일어나지 않았다. 사역자가 한 사람씩 기도해 줄 때도 내 옆에 사람들은 잘만 넘어져서 바닥에서 뒹구는데 이상하게 나에게는 아무런 일도 일어나지 않았다. 큰 실망감을 느낀 나는 나에게도 그 성령의 역사가 있기를 간절히 기도했고, 쉽사리 포기하지 않고 기회가 있을 때마다 방언하는 사람들에게 기도를 받으려고 애를 썼다.

그러던 어느 날은 오순절 계통의 교회에 다니던 두 미국인 룸메이트가 내가 아직 방언의 은사를 받지 못했다는 것을 알고 내 몸에 손을 얹고 기도해 주기 시작했다. 성령님께서 역사하신다는 느낌은 분명히 있었지만 오랜 시간 동안 기도를 받아도 아무런 일도 일어나지 않았다. 그런데 한 형제가 내게 입을 열어 기도하라고 해서 입을 열었더니 갑자기 내 입에서 나도 모르는 다른 언어가 나오는 것이 아닌가? 감격스러운 순간이었다.

오랫동안 기다렸던 은사를 드디어 받은 것이었다! 나는 방언 기도를 오래 하고 싶어서 급히 차를 타고 교회로 향했다.

그렇게 교회에서 오랜 시간 동안 기도를 하는데 시간이 지나면서 방언이 다른 새로운 언어로 바뀌는 것을 경험하게 되었다. 방언을 받은 것 자체도 놀라운데 그 방언이 다른 언어로 바뀌기까지 하니 정말 신기했다. 오죽하면 기도하다가 자리에서 벌떡 일어나서 교회 벽에 걸린 거울로 방언하는 내 모습을 멍하니 들여다볼 정도였다. 오랜 방언 기도 속에 하나님의 더 깊은 임재를 느꼈고 무엇인가 표현할 수 없는 능력이 내 위에 머무는 것을 느꼈다. 그 후에도 나는 여러 다양한 성령의 역사를 경험하면서 더욱더 선교에 헌신하게 되었다.

선교를 향한 열정에 불타던 나는 신학원을 졸업한 후 1996년 여름에 한 침례교회의 담임목회자 청빙을 거절하고 시애틀에 있는 DTS(예수제자훈련학교)[2]에 입학했다. 훈련 장소는 밴쿠버에서 한 시간 정도 떨어져 있던 미션이란 곳이었는데 그곳에서 세상의 모든 것을 내려놓고 주님단을 바라볼 수 있었다. 반년 동안의 DTS 훈련은 내 인생의 새로운 전환점이었다. 강사님들의 말씀과 사역, 중보

---

[2] 예수전도단(YWAM)의 기본훈련 프로그램으로, 하나님의 음성 듣는 삶, 내적 치유, 충성과 위탁 등의 주제를 다루며 하나님과의 친밀감과 개인의 영적인 성장을 목표로 한다.

기도와 말씀 묵상, 그리고 형제, 자매들과의 교제는 하나님과 더 깊고 친밀한 관계를 맺을 수 있게 해 주었고 하나님 나라의 영적인 세계를 더 깊이 체험하게 해주었다.

강의 기간이 끝나고 단기선교 기간이 다가오자 우리는 팀을 몇 개로 나누었는데, 내가 들어간 팀은 일본 선교팀이어서 함께 일본에 대해 연구하면서 중보기도를 했다. 준비를 마친 뒤 일본으로 단기선교를 떠난 우리는 도쿄에서 개척교회 사역을 하시던 한 여자 선교사님의 사역지를 방문하여 그분의 사역을 도왔다. 우리 팀의 형제들이 머문 곳은 개척교회로 사용하던 작은 방이었는데 남자 네 명이 함께 지내기에는 매우 비좁았다. 가끔 자다가 바퀴벌레가 휙 나타나면 우리는 벌떡 일어나 바퀴벌레를 잡으려고 야단법석을 떨며 청소기를 들고는 도망치는 벌레를 빨아들이곤 했다. 선교 기간 중 이렇게 육적으로는 고된 생활을 감당해야 했지만, 주님만 바라보면서 복음을 전하는 삶에는 기쁨과 평안이 가득했다.

우리는 그곳에서 선교사님과 함께 교회사역, 구제 사역, 중보 사역, 그리고 캠퍼스 전도사역 등을 감당했으나 일본에서 한 영혼을 구원하기란 결코 쉽지 않았다. 특별한 사역의 열매는 보이지 않았지만 우리는 믿음을 잃지 않고 신실하게 중보기도를 하면서 전도와 사역에 힘썼다.

그러던 어느 날, 하나님께서 우리 팀이 일본에 있는

한 한인교회에 가서 사역을 할 수 있는 기회를 주셨다. 그 교회의 대다수는 여성이었는데, 많은 분이 유흥업소에서 일하셨고 수치심과 죄책감으로 마음이 짓눌려 있었다. 나는 기도하면서 그분들에게 하나님의 변함없는 사랑에 대한 부드러운 말씀과 회개를 촉구하는 강력한 말씀을 전했다. 말씀을 전할 때 성령님의 임재를 느꼈고 몇 명이 흐느껴 우는 모습을 보았다. 그 후 아래와 같이 한국어로 번역한 미국 복음성가 가사를 읽을 때는 여자분들이 감동을 억누르지 못해서 더 많은 눈물을 흘리는 모습을 볼 수 있었다.

> 다시 죄에 붙잡혔어요.
> 주님의 신실치 못한 친구인 제가
> "제가 너무나 바보 같았지요?" 라고 묻는 게
> 이젠 지겹지 않으세요?
> 제가 기도해야 하지만 무슨 말을 해야 하죠?
> 주님의 마음에 백 번도 넘게 상처를 입혀서 제 마음이 아파요.
> 제가 변화되지도 않으면서 용서해 달란 말이
> 너무 빈 소리 같아요.
> 그러나 주님께서는 저와 함께 계시면서
> 사랑한다 말씀하시고 계속 용서해주시네요.
> 주님의 변치 않는 고집 센 사랑이 저를 버리지 않아요.

주님이 저를 떠나지 않고 함께 계시는 것이 이해가 가지 않아요.
온전한 사랑, 저의 가장 더러운 부분을 감싸주는 사랑. 그 사랑을 제가 얼마나 갈망하는지요?

나는 성령님께서 그들의 마음을 만지시는 것을 느끼고는 기도시간을 계속 이어갔고, 울고 있는 분들에게 다가가서 팀원들과 함께 손을 얹고 간절한 마음으로 그들을 위해 중보했다. 하나님께서 그들의 삶을 위로하시고 그 상처 많은 내면을 치유하시는 것이 느껴졌다. 자신의 죄에 대해 애통하는 자들을 위로하시고 그분께로 돌이켜 돌아오는 자들을 자비와 사랑으로 용서하시는 하나님을 우리는 함께 체험할 수 있었다. 모임을 마치고 숙소로 돌아오는 길에 우리를 통해서 역사하시는 주님께 끊임없이 감사를 올려 드렸다. 주님의 귀한 일에 소중한 도구로 사용되다니 실로 감격스러운 일이었다.

하나님의 은혜 가운데 일본 내 단기선교를 무사히 마치고 미국으로 돌아온 나는 그다음 여정으로 시애틀 YWAM의 간사로 헌신하는 길을 선택했다. 선교지에서 맛본 하나님의 놀라운 은혜와 역사를 계속 체험하고 싶었기 때문이다. 나는 YWAM 사역을 하면서 단기선교 팀의 리더로서 이후에도 일본과 인도를 오갔고, 그와 함께 선교에 대한 비전을 더 강하게 품게 되었다.

3. 북한선교로 부르심

내가 또 주의 목소리를 들으니 주께서 이르시되 내가 누구를 보내며 누가 우리를 위하여 갈꼬 하시니 그 때에 내가 이르되 내가 여기 있나이다 나를 보내소서(사 6:8)

1997년 초에 일본 단기선교를 마치고 미국으로 돌아갈 때 한국에 들른 적이 있었다. 그런데 그때 갑자기 내가 몸담고 있던 단체에서 연락이 와서 이번에 운영하는 북한선교연구학교에 등록할 생각이 있냐고 묻는 것이었다. 나는 처음에는 별로 관심이 없다고 답변을 보냈다. 그 당시 나는 일본에 선교사로 떠날 생각을 품고 있었기 때문이었다. 내 관심은 북한이 아니라 일본 땅에 있었다. 그러나 한국에 머무는 동안 하나님께서는 내 인생을 향한 하나님의 뜻을 몇 가지 사건을 통해 보여주기 시작하셨다.

우선 신기하게도 전에는 한 번도 만나보지 못했던 북한 사역자들을 한국에서 만나게 되었다. 또 무심코 텔레비전을 틀었는데 화면에 탈북동포들의 모습이 보이기도 했다. 보이지 않던 것들이 갑자기 보이기 시작하니 이를 통해 하나님께서 무엇인가 말씀하시는 것 같은 느낌이 들었다. 그 다음 날 아침에는 누가복음 2장을 읽고 묵상을 하는데 구유에 놓인 아기를 보는 것이 표적이란 말씀에 주목하게 되었고, 그 구절을 읽는데 이런 생각이 들었다.

'구유에 아기가 놓인 것은 큰 기적이 아니다. 그렇지만 아기가 말구유에 놓인 것이 매우 특이한 일임은 분명하다.'

나는 묵상을 마치면서 하나님께 이런 기도를 드렸다. "주님, 만약 제가 북한선교에 뛰어들기를 원하신다면 무엇인가 특별한 일을 저에게 보여주세요." 이번 기도에 대한 응답은 상당히 빨리 이루어졌다. 그날 내가 머물고 있던 숙소의 주인이 이전에 한 번도 가보지 못했던 식당으로 나를 초대했다. 내 기억으로는 정말 처음 가보는 북한 음식점이었다. 아침에 묵상했던 대로 기적은 아니지만 특별하고 특이한 일이 일어난 것이었다. 나는 그곳에서 북한 음식을 먹으면서 결국 북한 사역을 하나님의 뜻으로 받아들였다.

그 후 미국으로 돌아간 나는 북한선교연구학교에 등록했다. 그곳의 여러 강사님과 학생들을 통해서 북한에 대해 많은 것을 배웠고 다양한 정보도 얻을 수 있었다. 가장 기억에 남는 강사님은 북한의 김일성대학에서 신학을 가르치셨던 홍 목사님이다. 그분은 강의 중에 김일성을 위대한 장군님이라고 치켜세우며, 그의 좋은 점

들을 많이 언급하셨다. 나는 예수님보다 김일성의 행동에 더 감격하고 그를 더 높이는 것을 이해할 수 없었다. 대체 예수님을 믿으면서 어떻게 그런 말씀을 하실 수 있는 것인지 의구심이 사라지지 않았다. 그러나 나름대로 그분의 강의는 내가 북한에 대해서 많은 것을 생각하도록 도움을 주었다.

다음으로 기억나는 강사님은 북한의 결핵 환자들을 돕던 스티브 린턴이란 분이다. 그분은 마치 한국 사람처럼 한국말을 자유롭게 구사하셨다. 한번은 강의가 끝난 후에 믿는 사람들이 북한의 김일성 동상 앞에서 고개를 숙이는 것에 대한 논쟁이 있었다. 대부분은 고개를 숙이지 말아야 한다고 했는데 몇몇 분은 큰일을 위해서 조금은 타협해도 된다는 의견을 내세웠다. 그때 스티브 린턴 박사님이 이런 말씀을 하신 것이 아직도 기억난다.

"결혼한 여인은 남편에 대한 순결을 지켜야 합니다. 남편을 위한다고 하면서 순결을 버리면 안 됩니다!"

그 외에도 북한선교연구학교의 학생 중에는 일본인 자매 한 명과 일본을 매우 싫어했던 연로하신 목사님 한 분이 계셨다. 그 목사님은 일제 강점기 때의 나쁜 기억 때문에 일본을 매우 싫어하셨다. 그러나 용서에

대한 강의를 듣던 날, 그 일본인 자매가 일본이 한국에 했던 죄들에 대해서 용서를 구하고 그 목사님이 일본인들과 자매를 용서하는 일이 있었다. 많은 사람이 자발적으로 서로에게 용서를 구하고 또 용서하며 눈물 흘리는 감동적인 순간이었다. 나는 그때 우리가 아직도 일제 강점기와 6.25 전쟁의 아픈 상처를 치유하지 못하고 있음을 깨닫게 되었다. 그리고 용서하는 마음을 갖는 것이 북한선교에 매우 중요하다는 사실 또한 알게 되었다.

1998년 10월 7일에 나와 북한선교연구학교의 학생들은 간사님들과 함께 중국으로 단기 여행을 떠났다. 처음으로 방문한 중국은 거리가 지저분하고 건물들의 색이 우중충해서 마치 회색 도시 같았다. 우리는 심양에서 며칠 머문 후에 기차를 타고 연길로 출발했다. 우리가 머문 칸은 상, 중, 하로 나누어진 침대칸이었고 그곳에서 하룻밤을 자고 일어나니 아침이 되어 연길에 도착해 있었다.

그로부터 이틀 후, 우리 팀이 대동강이라는 북한식당에서 함께 식사를 할 때 나는 처음으로 북한 사람들을 만나게 되었다. 바로 식당에서 일하는 여직원들이었다. 나는 처음 보는 아름다운 북한 여자들을 신기한 눈길로 바라보았다. 같이 가셨던 집사님이 두 북조선 여인들에게 노래를 불러 달라고 요청하셨다. 직원들은 처음에는 머뭇거리더니 곧 '반갑습니다'와 '심장 속에 남는 사람'을 불러주었다. 그들이 노래를 마친 후에 "선생님도 같이 부르지요."라고 말하며 집사님 한 분을 앞으로 끌어내자 그분은 그들과 함께 어우러져 즐겁게 노래를 부르셨다. 나는 그 순간 내 안에 있던 북한에 대한 고정관념이 깨어지는 것을 느꼈다. '어렸을 때 한국에서 배워왔던 것과는 달리 이들도 우리와 똑같은 피를 갖고 있구나. 똑같은 감정을 느끼는 사람들이구나!'라고 생각했다. 나는 그들이 나와 똑같은 인간이라는 단순한 진리도 모르는 눈뜬장님이었다.

또 우리 팀은 일부 동역자들과 함께 북한이 바로 눈앞에 보이는 두만강 강가에 갔다. 차로 5초만 달리면 북한 땅을 밟을 수 있을 만큼 가까운 거리였다. 그 땅을 밟고 싶은 마음이 가득하여 천천히 물에 들어가 내 발로 직접 북한 쪽을 향해 걸어갔다. 택시 운전사가 건너가서 북한 땅을 밟아도 상관없다고 말했지만, 그렇게 하지는 않고 강 중앙에 있는 커다란 돌 위에 앉아 보았다. 사실 숨어있는 북한군이 총을 쏠지도 모른다는 생각에 두려웠기 때문이었다. 북한과 중국의 경계를 구분 짓는 두만강 중앙에 있는 돌 위에 앉아 있자니 몇 가지 의문이 마음속에 떠오르기 시작했다. '내가 왜 바로 눈앞에 있는 동포의 땅을 밟지도 못하고 있는가? 무엇이 이렇게 우리의 남과 북

을 갈라놓았는가?' 그때 이런 생각이 들었다. '이것은 절대 지리적인 문제 때문이 아니다. 이렇게나 가까운 두 곳이 갈라진 것은 바로 이념의 대립 때문이다.'

며칠 후 나는 중국으로 불법 월경한 탈북동포 최씨 아주머니를 만나게 되었다. 그분은 북한에서만 사셨기 때문에 북한이 세계에서 제일 잘 사는 나라라고 생각하셨다고 한다. 그러다가 1997년 10월에 중국으로 넘어와 처음으로 TV와 책을 통해서 다른 나라에 대해 배우시며 상당한 충격을 받으셨다. 그분이 이전까지 알던 것보다도 세상이 훨씬 넓었기 때문이었다. 그 후 중국에서 공안에 잡혀 북송되자 북한 당국은 그분이 중국에 들어갔다는 이유만으로 40일간 감옥에 가두어 버렸다. 그런데 다음 해인 1998년도에 그분은 또다시 용감하게 강을 건너 중국으로 넘어오셨고 미국교포들을 만나 예수님을 영접하셨다. 그분께서 우리들에게 하신 말씀이 아직도 잊어지지가 않는다.

"북한에서는 중국에 가서 예수님을 믿었다고 하면 총살이에요. 그러나 죽음이 두렵지 않습니다. 나는 당당합니다. 앞으로 북한이 개방되어서 여러분이 복음을 전하시는 날이 오면 제가 그 길을 안내하도록 하겠습니다."

그 후로 소식을 듣지는 못했으나 주님께서 그 영혼을 부르셨으므로 하나님의 계획대로 귀하게 쓰셨을 줄 믿는

다. 중국 단기 선교여행을 다녀온 후에 하나님께서는 내가 북한선교에 완전히 헌신하게 인도하셨다. 북한선교연구학교가 끝날 무렵이었던 1998년 11월 23일에 밴쿠버에 있는 한 교회에서 모임이 있었다. 그 모임에서 두 명의 사람들이 간증을 나누었는데, 예배 인도자는 비디오테이프를 통해서 북한의 탈북 어린이들이 겪는 고통을 볼 때 마음이 아팠다고 나누면서 이 시간 다 함께 북한을 위해 기도하자고 했다. 그때 몇 사람들과 함께 손을 잡고 기도하면서 북한의 한 사람 한 사람을 향한 하나님의 찢어지는 마음과 안타까워하시는 사랑이 내 안에 가득 차오르는 것을 느꼈다. 나의 눈에서 하염없이 눈물이 쏟아지기 시작했다. 성령님을 통해서 하나님의 마음이 내 안에 부어지자, 말 그대로 내 마음이 아버지의 마음과 하나가 되어 그분의 아픔과 슬픔을 온몸으로 느낀 것이었다.

　멈출 수 없는 눈물이 흐르고 있을 때, 내 안에 계신 성령님께서 이렇게 말씀하셨다. "예수님은 북한 사람들을 위해 십자가를 지셨다. 그분은 북한의 단 한 명의 아이를 위해서라도 십자가를 지실 분이다." 아흔아홉 마리의 양을 두고 잃어버린 양 한 마리를 찾아다니시는 목자의 예화가 머리를 스쳐 지나갔다. 성령님은 내가 이 순종을 결단하기를 원하셨다. "그들 중 한 아이를 위해서라도 십

자가를 질 수 있느냐?" 내 마음이 북한을 향한 하나님의 깨어진 마음을 깊이 느끼고 있어서 도저히 "아니요"라고 할 수 없었을 때, 나의 귀에 찬양 소리가 들려왔다.

"주님 내가 여기 있사오니 나를 보내소서. 나의 맘 나의 몸 주께 드리오니 주 받으옵소서. 주님 내가 여기 있사오니 나를 써 주소서 가진 것 모두 다 주께 드리오니 주 받으옵소서"

나는 그때 그 찬양을 부르며 눈물로서 주님께 나의 결단을 올려 드렸다. 이렇게 하나님의 강권적인 부르심이 있고 난 뒤, 나는 모든 것을 버리고 북한 사역에 뛰어들기로 결심했다. 미국에서 타던 차를 저렴한 가격에 팔고 중국으로 가는 비행기 표를 샀다. 그러고 나니 수중에 남은 돈이 거의 없었다. 하고 싶은 사역들은 많았지만 정작 현실은 매우 초라한 시작이었다.

그러나 내가 북한 사역을 위해서 미국을 떠날 때 한 미국교회가 나의 비전을 듣고 매달 300불을 후원해주기 시작했고, 사역이 시작되자 친누나도 매달 수백 불의 재정을 후원해주었다. 그렇게 주님의 은혜로 생존을 위해 두만강을 건넌 굶주린 북한 동포들을 돌보는 사역을 시작할 수 있었다.

나는 1998년 겨울에 다시 한번 중국 정탐 여행을 마

치고, 1999년 3월 24일에 본격적으로 북한 사역에 뛰어들기 위해서 또다시 인천에서 중국 대련으로 가는 배에 올랐다. 밖은 약간 쌀쌀했지만, 창밖 너머로 보이는 바다와 하늘의 아름다움이 나를 갑판으로 이끌었다. 중국에서 무엇이 나를 기다리고 있는지 아직 아무것도 알 수 없었지만 넓은 바다와 하늘을 바라보고 광대하신 주님의 임재를 느끼며 이렇게 기도했다.

"주님, 주님께서 창조하신 넓은 바다를 바라보면서 제 마음이 더 넓어지는 것을 느낍니다. 주님을 사랑하는 마음으로 새로운 사역을 감당할 수 있게 해 주세요. 저를 통해서 한 영혼이라도 구원받게 해 주세요. 주님께 저를 드리니 사용해 주세요."

다음 날 아침에 대련항에 도착해서 수속을 마치고 마침내 중국 땅을 밟게 되었다. 굶주림과 고통 가운데 신음하는 탈북민들을 돕는 사역을 비로소 본격적으로 시작할 수 있게 된 것이었다.

4. 북한 사람들의 비참한 현실을 보다

내가 기뻐하는 금식은 흉악의 결박을 풀어 주며 멍에의 줄을
끌러 주며 압제 당하는 자를 자유하게 하며 모든 멍에를 꺾는
것이 아니겠느냐 또 주린 자에게 네 양식을 나누어 주며
유리하는 빈민을 집에 들이며 헐벗은 자를 보면 입히며 또 네
골육을 피하여 스스로 숨지 아니하는 것이 아니겠느냐(사 58:6-7)

"북한 사람들이 우리 여관에 방문했어요. 한 번 만나 보실래요?"

중국에 도착한 바로 다음 날, 여관에서 일하던 한 조선족 형제가 나에게 물었다.

"만나볼게. 어디에 있니?"

나는 잠에서 깨어나 눈을 비비며 그에게 대답했다. 조선족 형제를 따라 방에 들어가자 두 사람이 보였다. 굉장히 잘 단련된 몸을 가진 군인과 그의 여동생이었다. 그녀는 21살의 나이였음에도 불구하고 얼굴은 17세, 몸은 15세처럼 어려 보였다. 중국에서 한 명의 북한 사람이라도 구원받게 되는 데 쓰임 받게 해 달라는 나의 선상 기도를 하나님께서 하루 만에 응답해주신 것이었다. 나는 그들에게 가장 궁금한 것을 물어보았다.

"예수님에 대해 들어보셨나요?"

"아니요. 들어보지 못했습니다." 여동생이 대답했다.

"그럼 하나님에 대해 들어 본 적이 있나요?"라고 다시 물었다.

"아니요. 들어보지 못했습니다."

나는 '설마 크리스마스는 알겠지?' 하는 마음으로 물어보았다.

"그럼 크리스마스에 대해 들어본 적이 있나요?"

"아니요. 들어보지 못했습니다." 그녀는 대답했다.

내가 외래어를 써서 못 알아들었나 하는 생각이 들어 애써 한국말을 사용해서 다시 물어보았다.

"성탄절에 대해서 들어 본 적이 있으세요?"

"아니요."

그녀의 모른다는 대답에 나는 커다란 충격을 받았다. '얼마나 고립되고 기독교를 대적하는 국가에 살았으면 세상의 모든 사람이 아는 것에 대해 단 한 번도 들어보지 못했을까!' 마음속에서 거룩한 분노가 일어났다. 그녀에게 꼭 복음을 전해야겠다고 다짐했다. 나는 그들에게 조심스럽게 말씀을 전하다가 주일날에 그들을 조선족 교회에 데려갔다. 예배가 끝난 후에 그 여동생에게 물었다.

"예배는 어떠셨어요?"

"좋았어요. 말로 다 설명할 수는 없지만, 마음에 평안을 느꼈습니다."

나는 좋은 기회가 왔다는 생각이 들어서 그녀에게 담

1부 : 북한을 향한 아버지의 마음 45

대히 복음을 전했다.

"자매님을 위해서 십자가에 돌아가신 예수님께서 자매님의 마음속에 들어가시기를 원하세요. 예수님을 마음에 영접하실래요?"

"네." 그녀는 너무나 쉽게 예수님을 영접하겠다고 말했다. 어린아이 같은 순수함으로 받아들이는 모습이었다. 우리는 같이 영접 기도를 하나님께 드렸다. 그날 밤, 방으로 돌아와서 나를 사용하신 하나님께 감사드렸다. 하나님의 기쁨이 내 안에 넘쳤다. 주님이 나를 이 땅으로 이끄시고, 이들을 만나고 복음을 전하는 귀한 기회를 주심에 감사했다.

며칠 후에 두 사람은 가족들을 위해서 북한으로 돌아가야 한다고 말했다. 아쉬운 마음에 함께 마지막 식사를 했는데 음식 중에는 그녀가 처음 먹는 라면과 다른 기름진 음식들이 있어서 식사 후에 그녀에게 소량의 구충제를 주었다. 다음 날 우리는 대련 역전에 가서 연길로 가는 기차에 몸을 실었다. 기차 안은 사람들로 가득 차 있어서 우리는 공안들에게 걸리지 않으려고 소곤소곤 대화를 나눈 뒤 배정된 침대칸으로 가서 조용히 누웠다. 그런데 갑자기 그녀가 신음을 내기 시작했다. 가서 물어보니 배가 죽도록 아프다는 것이었다. 그녀는 참을 수 없는 고통에 무척 힘들어하고 있었다.

(북한의 길거리 시장 모습. 이들은 늘 굶주리고 있다.)

그녀는 불법 월경자였기 때문에 몸이 아픈 것을 기차 직원들에게 말하기도 어려웠다. 그녀를 위해서 내가 할 수 있는 것은 오로지 기도밖에 없었다. 주님께 매달리며 간절히 기도하는데 갑자기 방언이 터지고 그녀의 배를 향해서 "죽어라! 죽어라!" 명령하는 기도가 나오는 것이었다. 나는 내가 왜 그런 기도를 하는지도 알 수 없었다. 그런데 기도를 받던 그녀가 갑자기 벌떡 일어나서 화장실로 후다닥 뛰어 들어가는 것이 아닌가? '내가 뭘 잘못했지?' 나는 초조한 마음으로 침대에서 그녀를 기다렸다. 얼마 후에 그녀가 다시 돌아왔는데 고통은 사라졌지만 매우 지친 얼굴이었다.

"괜찮아요?"

"지렁이들이 뒤로도 빠져나가고 입으로도 나왔어요."

걱정 어린 내 물음에 대한 그녀의 대답에 마음이 쿵 하고 내려앉았다. 지독한 굶주림에 나무껍질과 풀을 뜯어 먹으면서 몸에 회충이 많이 생긴 북한 사람들의 가슴 아픈 상황을 뼈저리게 느낄 수 있었다. 그들의 사정이 너무도 안타까웠다. "주님, 저들을 구원하소서! 능치 못함이 없으신 주님, 저들을 도우소서!" 나는 북한 사람들을 놓고 간절히 기도하며 잠을 청했다. 그렇게 아침이 되고 연길에 도착하여 그들을 북한으로 돌려보낸 다음, 나는 다시 대련으로 가는 기차에 몸을 실었다.

어느 탈북민의 일기 - 김일성의 사망과 고난의 행군

 1994년 7월 8일은 김일성이 사망한 날이다. 많은 세월이 지났지만 나는 아직도 그때의 기억을 지울 수가 없다. 그것은 김일성 한 사람의 죽음이 북한 땅 전체와 인민에게 헤아릴 수 없는 고통과 아픔을 가져다준 데 대한 원한 때문일 것이다. 지난 50년간 북한을 통치했던 김일성은 1992년 신년사에서 "모든 사람이 고깃국에 쌀밥을 먹으며 기와집에서 살게 하는 것이 자신의 일생의 염원"이라고 했다. 그런데 장장 반세기 동안 추구했던 김일성의 염원이 죽음으로 끝나버리자 1995년에서 1998년까지 이어진 김일성의 사망 애도 기간은 북한 주민 수백만 명이 굶어 죽는 가장 참혹한 시기가 시작되었다.

 국가에서 식량을 공급받지 못한 사람들은 끼니를 때우지 못하여 대부분이 직장에 출근조차 할 수 없었으며, 산에서 자라나는 칡뿌리와 논밭의 벼 뿌리를 캐어 먹고 소나무의 껍질을 벗겨 먹는 등 북한 전역이 먹을 것을 찾아 헤매는 사람들로 가득했다. 이 기간에 평양시와 황해도 일부를 제외한 전국 각지의 역전과 장마당에는 매일 같이 굶어 죽은 사람들의 사체가 널려 있었다. 내가 살던 동네에도 굶주림으로 죽어간 사람들이 일일이다 세지 못할 만큼 많았다. 그중 나이가 많은 노인들과 어린아이들이 절반 이상을 차지했다. 게다가 파라티브스라는 전염병이 북한의 전역에 퍼지면서 허약해질 대로 허약해진 수많은 사람들이 떼죽음을 당했다.

하지만 북한의 김정일과 그 당국자들은 굶어 죽어가는 인민들에게 식량을 공급하려고 하기보다 오히려 아버지 김일성의 시체를 영구 보존하는데 국가의 모든 역량을 집중했다. 북한 전역에서 강냉이 몇 알이 없어서 굶어 죽는 사람들이 끊이지 않았지만, 김정일은 미화 8억 9천만 불을 자신의 아버지 김일성의 시신을 영구 보존하는데 사용했다. 북한의 식량이 매년 200만 톤씩 부족한 것으로 볼 때 8억 9천만 불이라는 액수는 북한 주민들이 3년 동안 주리지 않고 먹을 수 있는 식량과 맞먹는 것이었다. 김정일은 아버지 김일성을 추모하고 보존하기 위하여 300만 명이 넘는 사람들을 굶겨 죽인 것이다.

그것도 모자라 김정일은 굶어 죽어가는 인민들에게 죽은 김일성을 위하여 눈물을 흘리며 슬퍼하도록 강요했다. 김일성을 추모하는 동안 우리는 매일 하루 세 번 아침, 점심, 저녁으로 일주일 동안 기념탑에 동원되어 꽃다발을 드려야 했다. 뿐만 아니라 김일성은 이러한 애도 기간을 10일이나 더 연장하였다.

김일성의 삼년상을 하는 동안 북한 당국의 분위기가 얼마나 살벌하고 험악했는지는 당시 북한의 정치, 경제적 상황들을 보면 명백하게 드러난다. 소위 '지키면 승리요. 버리면 죽음'이라는 생명 포고령을 내걸고 북한은 1995년부터 1997년 3월까지 북한 전역에서 공개 총살형을 감행했다. 여러 큰 사건들이 평성, 순천, 회창, 성천, 무산 등 북한의 전 지역에서 일어났는데 총살된 사람들의 죄명은 하나같이 '민족의 반역자'였다.

북한 전역에서 공개 총살당한 사람들은 모두가 배고픔을 이기지 못하고 공장의 부속품이나 구리선 같은 것을 훔쳐내어 중국에다 팔거나 다른 사람 소유의 농작물을 훔쳐 먹은 사람들이었다. 벼 뿌리와 칡뿌리로 끼니를 때우는 인민들에게 강냉이 한 알이라도 훔치는 자에게는 그 자리에서 총을 쏘아도 무방하다는 김정일의 식량 포고령이 하달되었고, 굶어 죽을 수밖에 없었던 사람들은 너도나도 할 것 없이 가까운 이웃 나라 중국으로 탈북의 길에 오르게 되었다.

김정일은 탈북동포들 때문에 자신의 독재적인 통치가 온 천하에 드러나게 되자 "내 나라 사람들은 내가 먹여 살린다"며 중국과 러시아에 피신하고 있는 탈북동포들을 악착스럽게 붙잡아 내었다. 중국 공안의 협력과 북조선 특무대원들에 의하여 북한으로 붙잡혀간 탈북동포들의 수가 1998년 겨울 한 해만 해도 무려 3천여 명에 달했다. 이들은 엄동설한에 차디찬 맨발로 '사회주의를 버린 민족반역자'란 팻말을 들고 이리 저리로 끌려다니며 매를 맞았다.

탈북한 여성들이 중국에서 인신매매를 당하여 헤이룽장성과 동북 3성 일대를 짐승처럼 이 남자, 저 남자에게 팔려 다니면서 받은 고통과 수치는 어떠한 말이나 글로도 다 표현할 수가 없을 정도였다. 그러나 김정일은 중국에서 체포되어 북송된 여성들에게 중국 남자의 씨를 받아온 것은 나라 망신이라며 임신한 여성들을 강제로 낙태시키는 비인간적인 만행을 서슴지 않았다. 또한, 중국에서 남한 사람이나 기독교인을 만난 사람들은 감옥에서 죽게 하거나 정치범 수용소에 보내어 다시는 바깥세상을 구경하지 못하게 하였다.

우리가 무엇 때문에 정든 고향과 사랑하는 가족을 등지고 낯설고 차디찬 이국땅으로 피난의 발길을 돌려야만 했을까…. 국가에서 최소한 굶어 죽지 않을 정도의 식량만이라도 보장했더라면 우리는 결코 정든 고향 땅을 떠나지 않았을 것이다.

5. 꽃제비 아이들의 눈물

하나님 아버지 앞에서 정결하고 더러움이 없는 경건은 곧 고아와 과부를 그 환란 중에 돌보고 또 자기를 지켜 세속에 물들지 아니하는 그것이니라(약 1:27)

몇 달 후에는 심양 길거리에서 구걸하는 17살 먹은 한 탈북소년을 만났다. 옷도 얼굴도 더러운 모습이었지만 눈은 빛나고 있었다. 나는 그를 도와주면서 예수님을 전했는데 감사하게도 그 소년은 순수한 마음으로 예수님을 영접했다.

며칠 후, 그 소년도 다른 탈북민들이 그랬듯 어머니의 가족을 살려야 한다며 북한으로 들어가겠다고 했다. 나는 이 소년을 데리고 연길로 가서 선교사님 집에 잠시 머무르게 하면서 두만강으로 보내기 전에 100위안짜리(한화 약 20,000원) 중국 지폐를 몇 개 주었다. 그런데 그 돈을 받은 소년이 내 앞에서 그 지폐를 하나하나 접어서 매우 작은 크기로 만드는 것이 아닌가? 게다가 그 후에 그 지폐에 스카치테이프를 촘촘히 두르기 시작했다.

"너 뭐 하는 거야?"

"강에 들어가기 전에 이 돈을 삼켜야 합니다. 몸에

소지하다 군대에 잡히면 다 뺏깁니다. 나중에 집에 도착해서 대변을 보면서 빼낼 겁니다."

그 소년에게 그 돈은 가족들의 생명과도 같았다. 그 돈을 무사히 가져가면 굶주림 가운데 있는 가족들의 생명을 구할 수 있었지만, 만약 군인에게 발각되면 그의 가족을 구할 수 없기 때문이었다. 그래서 그는 어떤 수단과 방법을 동원해서라도 이 돈을 가져가기를 원했다. 그 모습을 보면서 나는 굶주림이 얼마나 무서운가를 뼛속 깊이 느끼게 되었다.

그를 북한으로 보내고 대련에 다시 돌아왔을 때 부둣가에서 떠도는 꽃제비3) 아이들을 많이 보게 되었다. 그 당시 대련항 부둣가에는 인천항을 오가는 남한 사람들이 많이 있어서 꽃제비들이 그 근처에서 구걸하며 살고 있었다. 대부분 슬픈 사연이 있는 아이들이었는데 그들의 사연을 들을 때마다 마음이 찢어지는 것 같았다.

---

3) 북한에서 집 없이 떠돌면서 구걸하거나 도둑질하는 유랑자를 의미한다. 그 어원에 대해서는 정확히 알려진 바가 없으며, 북한은 꽃제비의 존재 자체를 공식적으로 부인하고 있다. 2001년 3월에 발표된 북한의 한 장편소설 "열병광장"에서는 넝마 같은 옷을 입고 시장 바닥을 헤매는 집 없는 아이들을 꽃제비라 칭하고 있다. 북한의 식량난과 경제난이 심해지던 1990년대 중반부터 꽃제비가 급증하였다(출처: 한국민족문화대백과).

(중국 장백에서 떠돌던 꽃제비 아이들의 모습)

"할아버지가 병에 걸려 약 한 첩 쓰지 못하고 돌아가셨습니다. 내 동생도 시름시름 앓다가 아버지 어머니도 없는 집에서 죽었습니다. 그때 마음이 찢어질 듯 아팠고 너무나 억울하여 눈물도 많이 흘렸습니다. 어린 나의 마음에는 세상이 너무도 야속하고 사회가 저주스럽고 아버지 어머니가 원망스러웠습니다."

"엄마가 우리들 먹을 것을 구하러 나갔는데 돌아오지 않았습니다. 제 동생은 시름시름 앓다가 허약해서 병에 걸려 죽었습니다. 중국에서는 강아지 조차도 잘 먹는다고 해서 강을 건넜습니다."

"너무 배가 고파서 여동생과 같이 손을 잡고 두만강을 건넜습니다. 그런데 점점 물이 깊어져 갔습니다. 동생의 손을 놓치고 허우적거리다가 강을 건넜는데 그의 모습이 보이지 않았습니다. 강을 따라가면서 동생을 부르며 찾아봤지만 보이지 않았습니다."

"겨울에 강물이 얼음같이 얼어붙었을 때 강을 건넜습니다. 마침내 중국 땅에 발을 디디자 추위에 언 발이 떨어져 나갈 것 같았습니다. 중국 땅에서 치료를 받지 못해서 발가락이 썩어 들어가서 결국에는 발가락을 잘랐습니다."

(동상 걸린 발을 절단한 탈북소년)

꽃제비 여자아이 중에는 어른들에게 강간을 당하거나 음식 한 끼에 몸을 허락한 아이도 있었고, 어떤 아이는 함께 몰려다니는 아이들과 잠자리를 했다가 성병에 걸리기도 했다. 심지어는 그들을 도와준다고 접근했던 어른들이나 선교사나 목사라고 불리던 사람들에게 강간당하는 일도 있었다. 한 어린 여자아이는 내가 어깨에 손을 얹는데도 몸이 경직되는 모습을 보였는데, 이후 나는 그 아이가 어른에게 강간당한 경험이 있음을 알게 되었다. 초등학교 1학년밖에 안 되었을 때 시키는 대로 남자의 성기를 만지다가 하얀 물(정액)을 보았다는 이야기를 들을 때는 화가 치밀어 올랐다.

나는 그들을 돕기 위해서 조선족인 박 집사님과 함께 집을 임대해서 두 아이를 보호하기 시작했다. 그리고 다른 한 사역자를 통해서는 여섯 명의 아이들을 돌보았다. 그들과 함께 생활하면서 한 달 동안 매일 아침저녁으로 성경을 가르쳤다. 주체사상을 배웠지만 정치가 무엇인지도 잘 이해하지 못할 만큼 어린 백지장 같은 아이들은 성경과 복음을 순수한 마음으로 받아들였다.

하루는 이 여섯 명의 아이들과 함께 예배를 드리며 '천부여 의지 없어서' 찬양을 불렀다. 다들 열심히 불렀지만, 특히 그들 중 한 아이가 '주 나를 박대하시면 나 어디 가리이까?'라는 소절을 부르면서 눈물을 흘렸다. 나는 그 아이로부터 아무런 이야기도 듣지 못했지만, 낯선 이국땅에서 박대당하는 그 아이의 눈물이 어떤 의미인지 느낄 수

1부 : 북한을 향한 아버지의 마음

있었다. 북한과 중국에서 이리저리 쫓겨 다니며 살았던 이 아이들은 자신을 품어주고 사랑해주는 사람을 간절히 찾고 있었다. 오직 하나님께서만 이 아이들을 박대하지 않으시고 완전한 사랑으로 품에 안고 계셨다.

얼마 후 우리는 누군가로부터 집에 공안이 들이닥칠 것이란 소식을 들었다. 그러나 확실하지는 않았기 때문에 함께 모여서 기도를 하면서 하나님의 인도하심을 구했다. 그런데 기도할 때 성령님께서 우리 모두에게 피하라는 마음을 주셨다. 그래서 아이들은 다시 거리로 돌려보내고 나는 심양으로 피신했다.

심양 조선족 마을에 가서 거리를 방황하던 중, 박 집사님으로부터 연락이 왔다.

"박 선생님께서 피한 후 3시간 뒤에 공안들이 들이닥쳤습니다. 다행히 아이들과 의심을 살만한 것들이 없어서 괜찮았습니다."

"다행입니다. 다시 돌아가겠습니다."

다시 대련으로 돌아갔을 때는 아이들이 이미 흩어졌기 때문에 집에는 한 명의 북한 아이도 남아있지 않았다. 사역을 시작하자마자 공안에 의해 서로 흩어질 수밖에 없어 무척 실망스러웠다. 그러나 다시 한번 하나님께로 우리의 시선을 고정시켰다. 아무도 없는 빈집에서 박 집사님과 함께 북한의 지도자로 양육할 수 있는 아이들을 보내 달라는 기도를 하며 주님의 일하심을 기

다렸다.

그 기도의 응답으로 며칠 후에 한 한국인 사장님이 길거리에서 방황하던 두 소년을 우리 사역지로 데리고 오는 일이 있었다. 큰 아이는 19살인 준이, 작은 아이는 16살인 철이였는데, 둘 다 제대로 먹지 못해 남한의 또래 아이들에 비해 키가 상당히 작았다. 게다가 둘 다 부두에서 한국 사람들에게 구걸하면서 꽃제비 생활을 했었기 때문에 차림새가 남루했다.

"우리는 매일 밖에서 자유롭게 생활했는데 밖으로 나가지 않고 집에서 숨어 지낼 수 있을지 모르겠어요." 동그란 눈을 가진 철이가 걱정스럽다는 듯 나에게 말했다.

"지내다가 너희가 원치 않으면 다시 길거리로 돌아가도 괜찮아." 내가 대답했다.

주님께서 주신 귀하고 사랑스러운 아이들, 그날부터 대련의 한 아파트에서 나와 그 두 아이의 동거가 시작되었다. 우리는 안전 때문에 거의 대부분을 아파트에서 숨어 지내면서 하루를 새벽기도로 시작하고 아침과 오후에는 성경과 중국어를 공부하며 저녁에는 예배를 드리는 생활을 반복했다. 함께 계셨던 박 집사님 부부는 아이들에게 가정적인 환경을 제공하는 데 큰 도움을 주셨다. 그곳에서 아이들은 한 걸음씩 주님께 더 나아갈 수 있었다.

준이는 모든 것을 무섭게 학습해 갔고 기도를 시켜도 매우 유창하게 했다. 그런데 이상하게 새벽기도 때 북한의 지도자 김정일을 위해서 기도할 때만은 준이의 입이 굳게 닫혀 열리지를 않았다. 나중에 알고 보니 그 아이의 가정이 김정일 정권에 의해 풍비박산이 났기에 그에 대한 분노가 그의 내면에 가득 쌓여 있었다. 나는 원수를 사랑하고 그를 위해서 기도해야 한다고 했지만, 준이는 가정이 깨어진 아픔 때문에 김정일을 위해서는 조금도 입을 열지 않았다. 다른 아이들이 새벽에 함께 모여서 기도할 때마다 잔뜩 찌푸린 표정으로 겉도는 준이가 계속 눈에 밟혔다.

그러던 어느 날, 새벽기도 때에 이전과 달리 자리에 앉아 김정일을 위해 기도하며 눈물을 흘리기까지 하는 준이의 모습을 보았다. 전혀 변할 것 같지 않았던 그 딱딱하던 마음이 풀어졌다니, 정말 깜짝 놀랄 일이었다. 나중에 알고 보니 준이가 마음이 괴로워 "상한 감정의 치유"라는 서적을 읽을 때 성령님께서 그 아이 속에서 역사하셔서 상처가 치유되고 김정일을 용서할 수 있는 넉넉한 마음을 주신 덕분이었다. 우리의 상처를 치유하시고, 감당하기 힘든 일들을 이겨내고, 자기에게 상처 준 자들을 용서할 수 있는 은혜를 허락하시는 주님께 감사하며 찬양을 올려 드렸다.

(대련 바닷가에서 튜브를 타고 헤엄치는 철이(왼쪽)와 준이)

한편 함께 왔던 철이는 준이에 비해 모든 것이 매우 느렸다. 아무리 반복해서 가르쳐도 잘 이해를 못 해서 답답할 때가 많았다. 게다가 기도를 시켜도 순식간에 끝내고 자리에서 벌떡 일어나버렸고 몇 달이 지나도록 비슷한 기도만 하는 것이었다. 그러나 철이는 정직하고 순수하다는 장점이 있어, 우리 사역지를 거쳐 간 여러 탈북 청소년 중에서 가장 내 마음에 오래 남았다.

처음에는 철이가 아파트 공동체 생활을 오래 견딜 수 있을까 걱정했지만, 우려와 달리 우리 사역지에서 청년 때까지 잘 훈련을 받으며 성장하여 후에는 사역을 돕는 중요한 역할도 감당해주었다. 그러나 우리 사역의 첫 열매와 같았던 철이는 몇 년 후에 결국 중국 공안에 잡혀서 북한으로 압송되었고 생사를 확인할 수 없게 되었다. 하나님께서 그를 순교자로 받으신 것 같다. 마지막으로 철이를 보았던 그의 친구는 그가 모진 고문과 열악한 상황 때문에 보위부 감옥에서 살아남기 힘들었을 것이라고 했고, 나도 북한에 수소문해 보았지만 결국 찾지 못했다. 하나님께서 우리 사역의 첫 열매와 같은 철이를 순교자의 반열에 세우시고 데려가신 것 같다. 철이가 중국 공안에 체포되어 북송될 때 함께 있었던 집사님은 철이가 잡혀갈 때 했던 말을 기억하고 간수소[4])에서 나와 함께 있을 때 그것을 말해주셨다.

"이번에 북한에 들어가면 죽을 각오를 해야 할 것 같아요. 예수님 믿었냐고 물어보면 부인할 수 없잖아요."

철이의 결심은 그리스도의 고난과는 너무나 먼 삶을 살아가고 있는 우리에게 경종을 울리고 예수님의 말씀을 생각나게 한다.

누구든지 사람 앞에서 나를 시인하면 나도 하늘에 계신 내 아버지 앞에서 저를 시인할 것이요 누구든지 사람 앞에서 나를 부인하면 나도 하늘에 계신 내 아버지 앞에서 저를 부인하리라(마 10:32-33)

---

4) 중국 국가안전부 산하 국가안전청 간수소(看守所)는 범죄자를 임의로 수감하는 장소로, 한국의 구치소와 그 개념이 비슷하다.

한 꽃제비 소년의 간증

저는 양강도 혜산시에서 방랑 생활을 하면서 살아왔습니다. 제 삶에는 재미있던 순간도 슬펐던 순간도 있었습니다. 저의 아버지와 어머니는 제가 8~9살 때 돌아가셨고, 고아가 된 저와 누나는 보호자가 없어 꽃제비 생활을 하게 되었습니다. 집이 없었기 때문에 추운 겨울에도 남의 집 복도 아파트, 기차 정거장, 버스 정류장이나 길바닥에서 잠을 청했습니다. 배가 고파서 뭐라도 먹어야 살겠는데, 가진 것이 없어 남의 집 물건, 신발, 옷가지 등 여러 물건을 훔쳐 팔아야만 했습니다. 시장에서도 사람들이 파는 가방이나 물건 또는 음식을 훔치곤 했는데, 그러다 주인에게 걸려서 매를 맞을 때는 너무나 서러웠지만 그렇게 해서라도 살 수 있다는 것이 기뻤습니다.

그 후에도 저와 같이 다니던 16살 된 형이 유혹을 못 이기고 돼지고기 3kg를 훔쳐 먹다가 인민을 지키는 안전원에게 총으로 마구 두들겨 맞고는 한 달을 기어 다니는 일도 있었습니다. 우리는 걷지도 못하는 형을 위해 장마당5)에 가서 다시 물건을 훔치고 먹을 것을 구해 주

---

5) 북한의 농민시장을 뜻한다. 1984년에 공장, 기업소에서 나오는 부산물 등으로 생활에 필요한 물품을 만들어 보급하는 '8·3 인민소비품'이 거래되기 시작하면서 농민시장이 시·군별로 1-2개소씩 생기는 등 전 지역으로 확산되었고, 1990년대 들어 경제가 어려워지며 식량과 생필품이 제대로 배급되지 않자 주민들이 자력으로 살기 위해 장사에 나서면서 농민시장이 활성화되었다(출처: 21세기 정치학대사전).

었습니다. 부모 잃은 아픔과 배고픈 설움이 매일매일 반복되었습니다. 잘 사는 사람들이 꾀죄죄한 우리를 보고 꽃제비라고, 거지라고 손가락질을 할 때는 '우리 부모님이 살아 계셨다면 얼마나 좋았을까?' 하고 생각했습니다. 사람들은 우리를 개나 돼지라고 불렀습니다.

저는 중국이 어떤 곳인지 잘 몰랐습니다. 남조선에는 중국에 가면 조선 사람들을 무서운 곳에 팔아먹고 손발을 모조리 자른다는 헛소문이 퍼져 있어서 겁이 나서 중국으로 건너갈 생각조차 하지 못했습니다. 시간이 지나고 정말로 중국 땅을 밟았더니 오히려 그곳 시장에는 사 먹을 것도 많고 땅바닥에서 주워 먹을 것도 많아 신이 났습니다. 저는 매일같이 옆집에 드나들 듯이 중국에 다녀오곤 했습니다. 배가 고플 때마다 동무들을 이끌고 중국으로 건너갔습니다. 초겨울에는 강에 얼음이 얼면 미끄러지지 않기 위해 동무들과 손을 잡고 조심조심 건너갔습니다. 어느 날은 무사히 강을 건너 중국 땅에 도착했지만 발이 말 그대로 꽁꽁 얼어붙었고 그대로 두니 발가락이 썩어들어가길래 결국 발가락을 모두 잘라낸 적도 있습니다.

작년에 저를 포함한 다섯 명의 아이들은 돌아갈 집이 없어 밖에서 겨울을 이겨내야 했습니다. 우리를 도와줄 사람이 아무도 없었습니다. 11월 17일, 우리는 갑자기 어느 할아버지 할머니 집에 가게 되었습니다. 저는 그

때까지 교회나 하나님을 섬기는 것이 무엇인지 들어본 적이 없었습니다. 그런데 그 집에서 만난 사람들을 통해 하나님을 알게 되었고, 하나님이 남의 것을 훔쳐 먹고 떨어진 것을 주워 먹는 우리 같은 꽃제비들도 살려 주신다는 것을 배웠습니다. 북조선에서 우리처럼 부모 없는 아이들은 항상 짐승이란 말을 들으며 살아갑니다. 조선 땅도 아닌 이 낯선 중국 땅에서 우리가 상상하지 못할 정도로 큰 사랑을 받고 또 안전하게 숨어 살 수 있다는 것은 정말 놀라운 일입니다.

하나님을 알게 된 것이 얼마나 기쁜지 모릅니다. 게다가 저뿐만 아니라 다른 북조선 탈북동포들도 하나님과 예수님을 영접하게 되어 정말 기쁩니다. 북조선에서는 김일성과 김정일을 섬겼지만, 중국에 건너와서 예수 그리스도가 계신 교회에서 천국을 알게 되어 매우 기쁩니다. 저는 커서 하나님의 종이 되어서 성경에 나오는 이삭처럼 살고 싶습니다. 다니엘, 사무엘, 요셉, 바나바, 이삭 등 다섯 명의 저희 동무들을 도와주신 여러 선생님께 감사드립니다. 앞으로도 많이 도와주시기를 바랍니다.

저에게는 소원이 있습니다. 바로 학교에 다니는 것, 장사해서 돈을 많이 벌어 하나님이 기뻐하시는 큰 교회를 세우는 것, 성경을 많이 배우고 열심히 공부해서 중국어와 영어를 잘하는 것, 또 호구증[6]을 발급받아 중국 땅을 자유롭게 돌아다니는 것입니다. 선생님들이 도와주셨으면 좋겠습니다.

  하나님 아버지께 감사드립니다. 여러 선생님을 통해 저를 장백에서 단동을 거쳐 이곳까지 오게 하여 주시고 저 외에도 많은 탈북동포들에게 행복한 삶을 주신 그 사랑에 감사합니다. 하나님, 앞으로 제가 우리 북조선 땅에 돌아가 하나님을 모르는 자들에게 말씀을 전파할 수 있도록 도와주십시오. 또 저를 도와주신 여러 선생님을 축복해 주시고 모든 분이 늘 건강하고 평안하게 해주세요.

---

6) 우리나라의 출생증명서와 비슷한 문서로, 호구증 없이 거주할 경우에는 여러 공공 서비스 이용에 제약을 받는다.

6. 탈북민교회를 세우다

그러므로 너희는 가서 모든 민족을 제자로 삼아 아버지와 아들과 성령의 이름으로 세례를 베풀고 내가 너희에게 분부한 모든 것을 가르쳐 지키게 하라 볼지어다 내가 세상 끝날까지 너희와 항상 함께 있으리라 하시니라 (마 28:19-20)

1999년 12월 28일에는 예수전도단 대학생 팀이 중국에 방문해서 짐을 풀고 우선 우리 집에 있던 준이와 철이와 함께 교제를 나누었다. 북한 아이들과 몇 살 차이 나지 않는 형과 누나들이어서 짧은 시간에도 깊게 정이 들었다. 대학생들은 처음 보는 북한 청소년들을 끔찍이도 아껴주었고 아이들도 그들을 좋아했다. 무엇을 많이 가르쳐 주어서가 아니라 진심으로 사랑해준 것이 아이들의 마음에 놀라운 변화를 가져왔다.

예수전도단 대학팀은 탈북가정에도 방문해서 그들을 위해 기도를 해주며 아름다운 교제를 나누었다. 그 가정이 살아온 삶과 그들이 경험한 하나님의 인도하심에 관한 간증을 들으며 대학생들은 함께 안타까워하기도, 함께 기뻐하기도 했다. 그들은 처음으로 만나게 되는 북한 사람들을 한 형제로 생각했고 온 마음을 다해 사랑하고 축복했다.

그 후 예수전도단 팀, 사역자들 그리고 북한 사람들

과 함께 탈북 교회 창립 예배에 관한 이야기를 나누며, 한 사람 한 사람 교회 이름 후보를 적어 내라고 했다. 여러 교회 이름들이 나왔다. 그중에 하나가 사도마을이었다. 나는 이 이름은 절대 안 될 것이라고 생각했는데, 교회 이름을 투표에 부치자 사도마을이란 이름이 제일 많은 투표를 받았다. 미국에서 가장 큰 교단인 남침례신학대학과 대학원에서 공부한 나에게는 사도마을이란 교회 이름에서 이단 냄새가 솔솔 느껴졌다. 그러나 투표를 거쳤으니 여러 사람의 의견을 존중해야 해서 '사도마을 소망교회'라고 이름을 짓고, 중국에서 탈북동포들을 위한 교회의 입당예배를 드렸다.

(사도마을 소망교회 입당예배)

예수전도단 팀은 떠나야 하는 날이 다가오자 마지막으로 북한 가정에 방문해서 인사를 나누고 축복송을 불러주었다.

"형제의 모습 속에 보이는 하나님 형상 아름다워라. 존귀한 주의 자녀 됐으니 사랑하며 섬기리. 자매의 모습 속에 보이는 하나님 형상 아름다워라. 존귀한 주의 자녀 됐으니 사랑하며 섬기리."

찬양을 부를 때 대학생들과 북한 사람들의 눈에서 쉴 새 없이 눈물이 흐르는 것을 보았다. 하나님의 사랑이 이념의 장벽을 허물면서 연합을 이루어 내는 모습이었다. 오랜 세월 다른 문화 속에서 각기 다른 생각을 하면서 살았던 사람들이지만, 주님의 사랑 안에서 서로를 깊이 이해하고 사랑하는 모습이었다. 오직 하나님만이 하실 수 있는 일이었다. 그때 나는 너무나 아름다운 작은 통일의 모습을 보았다.

그 후 예수전도단 대학팀은 준이와 철이가 머물고 있던 숙소에 와서 마지막 저녁을 먹고 밤늦게까지 교제를 나누었다. 다음 날 떠나가야 해서 밤이 깊어 갈수록 서로 마음속에 있는 이야기를 나누는 모습을 볼 수 있었다. 어린 준이는 대학생 형과 누나들을 보내는 것이 너무 섭섭했는지 말을 하다가 갑자기 눈물을 흘렸다. 우리가 마지막으로 함께 손을 잡고 하나가 되어 기도하는데, 몇 사람이 울음을 터트리기 시작했다. 하나님의 놀라운

사랑이 한마음이 되어서 서로를 사랑하는 우리 위에 임하시는 것을 느꼈다. 북한 가정에서 일어났던 일과 마찬가지로 하나님께서 수십 년 동안 견고히 세워졌던 이념의 장벽을 사랑과 축복의 망치로 힘껏 부수시고 하나 되게 하신 것이었다.

보라 형제가 연합하여 동거함이 어찌 그리 선하고 아름다운고 머리에 있는 보배로운 기름이 수염 곧 아론의 수염에 흘러서 그의 옷깃까지 내림 같고 헐몬의 이슬이 시온의 산들에 내림 같도다 거기서 여호와께서 복을 명령하셨나니 곧 영생이로다(시 133)

그렇게 예수전도단 팀이 한국으로 돌아간 후에 맞이했던 2001년에는 연초부터 사도마을 소망교회에 하나님이 놀라운 은혜를 부어주셨다. 그동안 우리 가운데 여섯 명의 탈북동포들이 예수 그리스도를 새로이 영접했기 때문에 우리는 세례(침례)를 주기로 결정했다. 안전 때문에 좋은 장소를 찾을 수 없어서 아파트 안에 있는 화장실 욕조를 사용하기로 했다.

좁은 아파트에서 여섯 명의 탈북동포들과 네 명의 사역자들이 모여서 조그만 목소리로 찬양을 불렀다. 작게 읊조리는 찬양 속에 하나님의 은혜가 서서히 번져 나갔다. 혹시 주변 이웃이 경찰에게 신고할 수도 있어 우리는 매우 조심스럽게 이 시간을 진행해나갔다. 나는 찬양 후에 세례(침례)의 의미에 대해서 말씀을 전했다.

"세례는 예수님을 믿는 사람들이 받아야 하는 의식입니다. 하나님과 사람 앞에서 나의 옛사람은 죽고 새로운 사람이 되었다는 것을 선포하는 것입니다."

말씀을 마친 후에 탈북민을 한 명씩 물이 가득 차 있는 욕조가 있는 화장실로 데려갔다. 그리고 화장실 욕조로 들어가 서게 한 후에 같이 합심 기도를 드렸다. 그 후 두 손으로 내 손을 잡게 한 후에 머리에서부터 시작해서 욕조의 물 안으로 잠기게 했다. 물에서 나온 후에는 다시 사역자들과 함께 그들을 위해서 기도했는데 하나님의 놀라운 감동이 우리에게 임해서 눈물을 흘리기도 했다. 사람들 보기에는 너무나 초라해 보이는 화장실 침례의식이었을 것이다. 그런데 그곳에 임한 하나님의 은혜는 말로 표현할 수 없는 것이었다. 그 은혜는 전혀 초라하지 않았다. 얼마나 감격스러웠던지 침례 후에 한 탈북동포가 이렇게 말했다.

"오늘은 제 인생에서 가장 기쁜 날입니다!"

아아, 처음으로 북한 사람들을 만날 때 내 마음은 어떠했던가? 나는 그들이 어떻게 반응할지 몰라서 두려워했다. 특히 수십 년 동안 북한의 세뇌 교육을 받은 어른들은 말씀을 받아들이기 어려울 것 같았다. 그런데 그들이 하나둘씩 복음을 받아들이자 복음의 능력에 대해서 다시 실감할 수 있었다. 복음의 능력은 강력하다. 각자가 살아온 환경이 아무리 강퍅할지라도 그 모든 것을 부수고 넘어뜨린다. 하나님의 영원한 진리가, 그 말씀이 우리의 삶을 관통하여 모든 것을 뒤바꾸어 놓는다.

우리는 다른 것들을 다 놓치더라도 복음만은 붙잡고 나아가야 한다. 구원을 주시는 하나님의 능력이 복음 안에만 존재하기 때문이다. 이 복음을 부끄러워하지 않고 가장 소중히 여길 때, 세상의 그 무엇보다도 귀하게 여길 때, 우리는 나 자신뿐만 아니라 다른 사람들도 구원으로 이끄는 자가 된다.

내가 복음을 부끄러워하지 아니하노니 이 복음은 모든 믿는 자에게 구원을 주시는 하나님의 능력이 됨이라(롬 1:16)

탈북 가정의 간증

저는 1999년 3월에 한국행을 목적으로 북한을 탈출하여 중국 대련으로 갔습니다. 원래는 대사관에 진입해서 한국으로 가려고 계획을 세웠지만 현실은 절망적이었습니다. 그 당시 대사관에서는 탈북자들을 받아주지도 않았으며, 한국에 보내주는 일은 더더군다나 없었습니다.

생존 때문에 배고파서 탈북한 사람들은 북한으로 돌아가도 용서받을 수 있었지만, 저희 가족처럼 아예 한국행을 목적으로 탈북한 사람들은 체포되면 입에 재갈이 물리고 팔다리 관절이 다 꺾인 채로 인민들 앞에서 공개 처형당할 위험이 있었습니다. 중국에서 어떻게 살아남을지 걱정하는 것만으로도 힘들었는데, 여기에 예기치 못하게 잡혀서 북송될 수도 있다는 두려움과 공포까지 더해지니 그 고통이 이루 말할 수 없었습니다.

정말로 하루하루가 지옥이었고 더는 견디고 싶은 의지도, 힘이 되는 한 줄기 희망도 없었습니다. 이렇게 사느니 차라리 죽는 게 낫겠다 싶었습니다. 밖에서 공안차가 경음을 울리며 와서 문을 두드릴 때마다 저는 심장이 멎어버리다 못해 까무러치기를 몇 번이나 했는지 모릅니다. 북한에서 태어났기 때문에 하나님을 한 번도 믿어 본 적이 없었지만, 그때만큼은 하늘을 우러러보면서 애절한 마음으로 통곡하며 애원했습니다.

"하늘이시여, 우리를 불쌍히 여겨 주세요. 하나님이 살아 계시다면 우리를 불쌍히 여겨 주세요. 도와주세요! 도와주세요!"

그때에는 잘 몰랐지만, 저를 늘 지켜보고 계셨던 하나님께서는 불쌍한 저의 기도에 응답하셔서 며칠 후 창고같이 허름한 작은 저희 집으로 미국에서 오신 박 선교사님을 보내주셨습니다. 그러나 저희는 북한에 있을 적에 선교사는 자비와 양선의 탈을 쓴 흡혈귀라고 배웠기 때문에 정신을 똑바로 차리고 속아 넘어가지 말자고 속으로 굳게 다짐했습니다.

처음에는 그분이 오실 때마다 불안해서 속으로 덜덜 떨었지만, 시간이 지나면서 마음이 평안해지는 것을 느꼈습니다. 북한에서 배웠던 것과 달리 선교사님은 겸손하시고 진실하셔서 많은 위로와 사랑을 느낄 수 있었습니다.

저희 가정이 처음으로 배운 찬송가는 '멀고 험한 이 세상 길'이었는데 가사가 저희 마음과 어찌 그리 똑같았는지 모릅니다. 그래서 저와 남편과 딸은 그 찬양을 부를 때마다 펑펑 울고 말았습니다. 아버지가 돌아온 탕자 같은 우리를 따스하게 끌어안으시는 것이 느껴져 눈물을 흘린 것 같습니다.

하지만 선교사님이 "예수님께서 우리의 죄 때문에 십자가에서 피 흘리며 돌아가셨고 그때 흘린 피가 우리의 죄를 씻겨 줍니다"라고 하신 말씀은 도무지 믿어지지가 않았습니다. 그게 얼마나 오래된 일인데, 그때 흘리신 피가 다 굳어져 부스러지고 먼지처럼 다 없어졌을 시간인데, 어떻게 그 피가 전 인류의 죄를 씻는다는 것인지 도무지 이해되지 않았습니다.

하루는 도마처럼 의심이 많던 저에게 하나님께서 특별한 은혜를 주셨습니다. 공안의 집요한 탈북민 색출 작업을 앞두고 선교사님과 동역자들이 저의 집에 오셔서 안전을 위해 기도해 주던 날이었습니다. 기도 소리가 다 멈춘 후에도 선교사님은 계속 눈을 감으시고 제 딸의 머리에 손을 얹으신 채 말없이 계셨습니다. 그런데 선교사님이 기도를 마치시고 손을 내리시자 제 딸이 이렇게 소리쳤습니다.

"저 방금 예수님 봤어요!"

우리가 놀라서 무슨 환상을 보았냐고 묻자 아이가 기도 가운데 본 환상을 이야기해 주었는데, 기독교에 대해 전혀 알지 못했던 15살짜리의 북한 아이의 입에서는 도저히 나올 수 없는 이야기였습니다.

"제 몸은 지금 이곳 대련에 있는데, 환상에서는 제가

두만강을 건널 때 걸었던 개산툰의 도로에서 무릎 꿇고 기도하고 있었어요. 하늘에는 흰옷을 입으신 예수님께서 구름을 타고 떠 계셨어요. 그분의 손끝에서 피가 흘러 저에게까지 닿는 순간, 예수님께서 '내가 너의 죄를 사하노라' 하셨고, 조금 지나서 예수님의 손끝에서 무지개가 떠서 저와 연결되는 순간, '내가 너의 길을 밝히리라' 하셨어요!"

선교사님께서도 놀라시며 성경 구절을 찾으셔서 예수님의 피가 우리 죄를 씻는 것과 무지개는 하나님의 언약을 나타낸다고 말씀해주셨습니다. 그때 저는 많은 것을 다 이해하지는 못했지만, 예수님께서 지금도 살아 계시고 그분의 보혈이 죄를 씻는다는 것을 믿게 되었습니다.

그러나 예수님을 믿은 후에도 한국으로 가는 길은 열리지 않아 저의 가정은 하나님의 도우심을 바라고 목숨을 걸고 필사적으로 기도하기 시작했습니다. 3일 금식기도를 밥 먹듯이 했고, 기도할 때마다 무릎을 꿇고 이마가 바닥에 닿을 정도로 고개를 파묻고 간절히 기도했습니다. 마지막 금식기도 할 때 하나님께서 제게 음성을 들려주셨습니다.

"사랑하는 딸아, 내가 너의 마음의 소원을 이루어 주리라."

제 딸에게는 하나님께서 12월에 저희를 한국으로 보내실 것을 환상으로 보여주셨고, 우리는 환상의 예언대로 12월 31일에 위험이 도사리고 있던 몽골 사막을 향해 떠났습니다.

몽골을 통해서 한국행을 택한 많은 탈북동포들은 철조망을 만나지 못해 사막에서 탈진하여 죽어갔습니다. 저는 몽골 철조망 앞에 도착하게 해달라고 쉬지 않고 기도했습니다. 끝없이 아득하게 펼쳐진 눈 덮인 사막을 걷고 뛰었습니다. 철조망에 도착하지 못하면 잡힐 수도 있고 탈진으로 죽을 수도 있다는 두려움과 공포 속에서 저희들은 하나님만 의지할 수밖에 없었습니다.

그러나 30분만 가면 철조망을 만나게 된다는 안내자의 말과는 달리, 여덟 시간을 쉼 없이 달려도 철조망은 보이지 않았고, 11명의 우리 일행은 불안과 공포로 이쪽저쪽으로 왔다 갔다 하다가 지쳐서 기운을 잃기 시작했습니다. 제가 일행들에게 하나님께 엎드려 함께 기도하자고 제안하자 믿지 않던 사람들도 엎드려 기도하기 시작했습니다. 그 후 제가 대표기도를 마치고 일어났을 때, 하나님께서는 우리의 발길을 철조망이 있는 방향으로 돌이켜 주셔서 마침내 철조망을 만나게 하셨습니다.

1부 : 북한을 향한 아버지의 마음

하나님께서는 우리 가족을 눈동자와 같이 보호하셔서 대한민국까지 무사히 오게 하셨습니다. 하나님께 영원한 감사와 찬양을 드립니다.
할렐루야!

7. 북한선교의 부흥

예수께서 이르시되 네 마음을 다하고 목숨을 다하고 뜻을
다하여 주 너의 하나님을 사랑하라 하셨으니 이것이 크고 첫째
되는 계명이요 둘째도 그와 같으니 네 이웃을 네 자신같이
사랑하라 하셨으니 이 두 계명이 온 율법과 선지자의
강령이니라(마 22:37-40)

탈북민교회가 세워지고 침례식을 하고 난 뒤, 하나님께서는 우리 교회에 부흥을 허락하셨다. 2000년 한 해에 하나님께서는 우리 사역지에 무려 20여 명의 탈북동포들을 보내주셨다. 그들 중 대다수가 청소년들이었는데, 팔려간 곳에 우리가 돈을 주고 구출해 낸 자매도 한 명 있었다. 우리는 한 집에 두세명 이상을 두지 않았기에 사역이 부흥할수록 더 많은 아파트를 빌려야 했고 더 많은 사역자를 불러야 했다. 힘은 들었지만, 덕분에 탈북 청소년들을 가정 같은 분위기에서 아름답게 성장시킬 수 있었다.

2000년도에 처음으로 우리 사역지에 온 청소년은 연변의 왕청이라는 지역에서 양 치는 일을 했었던 16세 소년이었다. 그와 함께 지내는 처음 5일 동안은 성경을 가르치는 것보다는 사랑하고 서로 마음을 나누는 것에 초점을 두었다. 그 후에 성경 관련 서적들을 읽게 하며

복음을 전하기 위해 노력했었다. 어린양 예수님과 그분의 보혈에 대해서 전할 때는 특별한 성령님의 능력을 느껴 나도 모르게 강한 어조로 전하게 되었다. 그에게 예수님을 믿고 싶으냐고 물어보자 신기하게도 자신이 방금 들은 복음을 바로 믿겠다고 해서 무척 기뻐하며 영접 기도를 드렸다. 그날 밤 나는 너무나 감격해서 일기장에 이렇게 적었다.

"아버지 감사합니다. 저는 죄악된 모습도 많고 부족하고 연약한데 저를 계속 사용해 주시다니요. 이 은혜가 너무나 크고 놀랍습니다. 아버지께서 모든 영광과 존귀와 능력을 받으세요."

(탈북 청소년의 생일)

주일은 나에게 가장 바쁜 날이었다. 왜냐하면 여러 집을 방문해서 예배를 인도해야 했기 때문이었다. 이곳 저곳을 방문하면서 예배를 인도한 후에 저녁때 집에 돌아오면 몸이 녹초가 되었지만, 마음속에 넘치는 평안은 이루 말할 수 없는 것이었다.

2000년 7월에는 심양 지역에 있던 어떤 사장님의 도움으로 열두 명의 탈북 청소년들과 함께 넓은 장소에서 수련회를 열 수 있었다. 강사님은 한국에서 오신 복음성가 작곡가셨는데, 주로 집에 갇혀서 조용하게 찬양을 부르던 탈북 청소년들에게 이 수련회는 감동적인 모임 그 자체였다.

탈북 청소년들은 말씀을 초롱초롱한 눈으로 빨아들였고 찬양과 기도를 할 때는 눈물을 많이 흘렸다. 그렇게 울고 있는 한 소년에게 물어보았다.

"왜 자꾸 우니?"

"나도 잘 모르겠습니다. 왜 우는지. 자꾸만 내가 죄인인 것이 느껴집니다."

보이지 않는 성령님께서 탈북 청소년들 위에 임하셔서 역사하셨던 것이었다.

(수련회 때 참석했던 남자아이들)

대부분의 탈북 청소년들은 복음성가를 좋아했는데, 처음으로 숨을 필요 없이 크게 소리 내 찬양할 기회가 주어지자, 그들은 마음을 다해 주님을 찬양했고 하나님의 놀라운 임재를 경험했다. 그런데 며칠이 지나자 몇몇 아이들은 크게 찬양을 할 수 없게 되었다. 목청을 다해서 찬양을 부르던 여러 명의 목이 온전히 쉬어버린 것이었다. 비록 더는 목소리가 나오지 않았지만 풍성한 은혜 가운데 수련회를 마쳤다. 그 후에 한 여자아이가 나에게 다가와 다음과 같은 간증문을 건넸다.

망망한 바다 위를 쪽배처럼 외로이 떠다니던 제 인생, 태어난 것을 원망하며 겨우겨우 살아가다 모든 것을 포기

하고 죽을 마음까지 먹었던 저였는데…. 그런데 그렇게 모질었던 순간과 괴로움과 외로움이 이제는 다 꿈만 같이 아득하게 느껴져요. 하나님께서는 외로운 저를 위로하셨고, 부모님을 원망하는 것이 아니라 용서하고 부모님께 감사하게 하셨고, 슬픔이 가득했던 제 마음에 기쁨을 주셨어요. 웃음이 없었던 제게 웃음을 안겨 주셨고 앞날에 대한 새 소망을 주셨어요. 저의 소망은요. 하나님을 기쁘시게 하는 복음성가 가수가 되는 것이에요! 저는 찬양으로 북한의 많은 사람에게 하나님의 사랑을 전하고 싶어요. 또 이런 소망들이 하나님께서 허락하신다면 꼭 이루어지리라 믿어요.

그 후 우리는 수련회에서 은혜받은 아이들 중 10명의 북한 청소년들에게 세례(침례)를 베풀기로 결정했다. 그런데 세례를 베풀기 전에 한 가지 걸리는 것이 있었다. 그것은 세례받을 여러 아이가 담배를 피우는 것이었다. 얼마나 담배에 중독이 되었던지 담배를 사서 피울 돈이 없으면 자꾸 밖에 나가서 꽁초를 찾아 돌아다녔다. 수련회에서 큰 은혜를 받은 후에도 이 버릇을 대부분 고치지 못했다.

내가 그들에게 세례를 받기 위한 마음의 준비를 하라고 하자 담배를 피우던 아이들이 세례받기 전에 담배를

끊게 해 달라고 기도하기 시작했다. 담배를 끊기 위해서 금식을 하는 아이도 있었고 그들을 돌보던 사역자들도 그들을 위해서 전심으로 기도를 했다. 그 후 나는 몇 명이 담배를 끊었다는 이야기를 듣고 예배 중에 그들에게 물어보았다.

"어떻게 담배를 끊었니?"
"담배를 끊게 해 달라고 기도를 했는데 저에게 이상한 현상이 생겼습니다. 담배를 피우려고 하면 구토가 나고 냄새도 싫어졌습니다. 참 이상해서 몇 번 더 시도해 봤는데 계속 똑같아서 담배를 끊게 되었습니다."

기도하던 그들에게 하나님의 특별한 은혜가 나타난 것이었다.

"너는 어떻게 끊었니?"
아무런 증상이 없었던 한 청소년에게 물어보았다.
"예수 그리스도의 이름으로 막무가내로 끊었습니다!"
주님께서 주신 의지로 담배를 끊은 것이었다.

9월에 아침 식사를 마치고 우리는 몇 팀으로 나누어 세례를 위해 대련에 있는 바닷가로 향했다. 곳곳에 사람들이 눈에 띄었지만, 날씨가 조금 쌀쌀해져서 사람들이 이전보다는 훨씬 적었다. 그러나 우리는 안전을 위해서 각자 따로 행동하면서 바닷가에 놀러 온 사람처럼 보이려고 노력했다.

내가 먼저 바다로 들어가서 수영을 하면서 기다리자 탈북 청소년들이 한 명씩 바다로 들어왔다. 나는 하늘을 향해 하나님께 기도드리고 아이들에게 세례를 주었다. 세례를 받은 탈북 청소년이 모래사장으로 돌아가면 다음 아이가 바다로 들어오는 식으로 차례대로 진행되었다.

(대련 바닷가에서 세례를 주는 모습)

세례를 주다가 몇몇 사람들이 이상하게 보는 것 같아 잠시 멈추었다. 눈치를 주니까 탈북 청소년들이 재빠르게 바닷가에 뛰어들어 힘차게 수영을 했다. 수영하러 온 사람들처럼 위장하기 위해서였다. 우리는 모래사장에 앉아서 장난을 치면서 계속해서 사람들의 눈치를 살

폈다. 조금 시간이 지나니 우리를 지켜보는 눈이 없는 것 같아서 나머지 청소년들에게도 세례를 주고 모든 의식을 마쳤다.

그런데 세례 후에 주위를 살펴보니 저 멀리 중국 경찰과 보안대 복장을 하고 있는 사람들이 보였다. 우리를 잡으러 오는 것은 아니었던 것 같은데, 괜스레 움츠러든 우리는 그들에게 계속 감시당하고 있는 것처럼 느꼈다. 그들의 이목을 분산시키기 위해 뭐라도 해야만 할 것 같아서 나는 위험을 무릅쓰고 바다 쪽으로 헤엄치기 시작했다. 목표는 바닷가에 떠 있는 밧줄이었다. 그런데 나는 예전부터 수영을 잘한다고 스스로 자부하고 있었는데, 오랜만에 수영을 해서였는지 열심히 앞으로 나아가도 밧줄에 가까이 갈 수가 없었다. 큰일이었다. 그러나 목숨이 달린 일이라 있는 힘을 다해서 계속 팔다리를 휘저었더니 가까스로 밧줄 있는 곳에 도착할 수 있었다.

줄을 잡고 숨을 가누었다. 얼마 후, 줄을 잡은 손에 힘이 빠지는 것 같아서 밧줄을 겨드랑이에 넣고 휴식을 취했다. 그렇게 다시 힘을 얻고 모래사장을 향해서 헤엄쳤다. 다행히 모래사장으로 돌아가는 것은 훨씬 수월해서 생각보다 일찍 도착할 수 있었다. 도착하자 탈북 청소년들이 바닷가에서 즐겁게 놀고 있는 모습이 보였다. 우리는 그곳에서 조금 휴식을 취하다가 다시 팀을 나누어 집으로 돌아왔다.

집에 도착하자 지쳐서 바닥에 쓰러지다시피 했다. 나는 몸을 움직이지 못하고 가만히 누운 채로 하나님께 감사 기도를 드렸다. 세례를 주다가 물에 빠져 죽을 뻔한 목사는 나밖에 없을 것 같다고 생각했지만, 마음속에 말로 표현할 수 없는 기쁨이 가득했다.

(박 집사님과 침례를 받은 두 자매)

가지 많은 나무에 바람 잘 날이 없다는 말처럼 사역이 잘 진행되어갈수록 더 많은 어려움에 직면해야 했다. 공안에 발각되는 처소가 발생하기도 하고 주위 사람들의 의심을 사는 경우도 생겼다. 우리가 머물던 한 처소를 공안들이 감시하고 있는 것 같아서 방에 있던 두 탈북민 자매들을 내려오게 해서 납치하듯 택시에 태워 도망치기도 했다. 심지어는 우리 사역의 기둥과 같은 역할을 하셨던 박 집사님이 북한 아이들을 데리고 있는 것이 발각되어서 공안에 체포되어 심문받는 일도 있었다. 공안들의 위협 때문에 반복된 이사는 우리에게 육체적으로뿐만 아니라 정신이나 경제적으로도 큰 타격을 주었다.

그러나 북한 사역을 하면서 가장 어려웠던 것은 인간관계에서 오는 마음의 아픔이었다. 누군가와 함께 살 때는 기쁘고 즐거움만이 있는 것이 아니라 갈등, 두려움, 배신감, 분노 등과 같은 감정들도 따라오기 때문이었다. 하루는 데리고 있던 한 탈북 청소년이 사라졌다. 아무리 찾아보아도 보이지 않았다. 그런데 그 소년과 함께 중국 돈 3000위안(한화 약 50만원)도 사라졌다. 우리는 그 소년을 찾으려고 이리 뛰고 저리 뛰었다. 아무리 찾아봐도 찾을 수가 없었다.

결국 그를 찾는 것을 포기하고 집으로 향했는데, 우리를 도와주던 한 조선족 청년으로부터 전화가 왔다. 역전에서 그 소년을 찾았다는 것이었다. 택시를 타고 역전에 가서 두리번거리던 나는 처음에는 그를 알아보지 못했다. 그 아이가 훔친 돈으로 새 옷과 신발 그리고 모자까지 사서 이미 다 갈아입은 상태였기 때문이었다. 나는 다가가 아이의 어깨 위에 손을 올리려고 했는

데, 얼굴을 때리는 줄 오해한 아이가 고개를 홱 돌리면서 피했다. 아이를 무사히 찾았다는 안도감을 느꼈지만, 그와 동시에 아이에 대한 분노와 실망감도 느꼈다. 그 아이를 집으로 데려오는 내내 마음이 복잡했다. 마음을 가라앉히며 기도하던 나는 그 소년에게 말했다.

"우리 새로운 마음으로 다시 시작하자."

매우 심각한 일이 발생한 때도 있었다. 어느 날 탈북 청소년들이 머물던 집에 방문했더니, 글쎄, 한 아이의 머리에서 피가 흐르고 있는 것이 아닌가? 심지어 다른 아이는 칼을 손에 쥐고 있었다. 깜짝 놀라서 자세히 살펴보니 머리에 칼자국이 나 있었다. 서로 싸우다가 한 아이가 칼로 머리를 찍은 것이었다. 급하게 싸움을 말리고 다친 아이를 데리고 병원에 데려가서 치료를 받게 했다. 다행히 칼날이 중요 부위를 비껴가서 아이가 큰 상처를 입지는 않았다.

탈북 청소년들이 계속 늘어나자 그들을 잘 돌보기 위해 그들의 안전과 생활을 책임질 수 있는 사역자가 더 많이 필요해졌다. 그런데 오셔서 아이들을 돌보신 분들 중에는 아이들에게 너무 마음이 상해서 다시는 아이들 얼굴도 보기 싫다고 하시면서 떠나시는 분도 있었다. 우리는 계속해서 더 많은 일꾼을 보내 달라고 기도했고,

1부 : 북한을 향한 아버지의 마음

그 응답으로 하나님께서 한국과 중국에서 더욱더 많은 동역자를 보내주시기 시작하셨다. 주님의 은혜로 그분들을 통해서 탈북 청소년들을 더 잘 양육할 수 있었다. 그렇게 사역하신 분 중에는 탈북민 부부도 있었다. 그분들 또한 탈북자였기에 오히려 우리가 그분들을 보호해야 하는 입장이었지만, 감사하게도 그분들은 이미 좋은 사역자의 자질을 갖추고 계셨다. 그래서 그분들을 훈련시키면서 우리의 사역을 조금씩 맡겨드렸는데 훌륭하게 사역들을 잘 감당해 주셨다.

어느 날은 북한으로 되돌아갔다가 체포되었지만 출옥하여 다시 중국으로 탈출한 한 북한 소년이 우리 사역지에 오게 되었는데, 나는 탈북민 부부 가정에 그를 맡겨 돌보게 했다. 그런데 그 소년은 자꾸 기침을 하고 가래를 뱉었고 입에서는 이상한 냄새가 났다. 처음에는 잘 몰랐는데 시간이 지날수록 그의 병세가 더 심해지기 시작했다. 병원에 데려가서 검사해 보니 결핵으로 판정이 났다. 입원해서 치료를 받아야 했는데 탈북민 신분이라 안타깝게도 입원을 시킬 수가 없었다. 그 소년의 병은 극도로 악화되어 다른 사람들이 전염될 가능성이 있었다.

"이곳에서 죽으면 문제가 많이 생깁니다. 다른 곳으로 보내면 안 되겠습니까?"

내가 미국에 있을 때 한 조선족 사역자에게서 전화가 왔다.

"죽어도 우리가 사역하고 있는 곳에서 죽게 하세요!"

나는 그가 우리와 함께 있어야 살 확률이 높았기 때문에 단호하게 대답했다. 그 후에 사역자들은 그 소년을 위해서 아파트를 따로 빌려서 격리해서 돌보기 시작했다. 나의 사역을 돕는 탈북민 부부와 한 집사님이 그곳에 매일 가서 그 소년에게 말씀을 전하고 기도를 해주었다. 어떤 때는 집사님도 병을 옮아 침상에 며칠 누워있기까지 하셨다. 그러나 그 집사님은 포기하지 않고 결핵약까지 먹으면서 그 소년을 돌보고 먹을 것을 주셨다. 탈북민 부부도 마찬가지로 최선을 다해 주었다.

내가 중국에 도착해서 그 소년이 있는 집의 문을 여는 순간, 썩는 냄새가 코를 찔렀다. 나는 이제껏 그런 지독한 냄새를 맡아본 적이 없었는데, 그 냄새는 그 소년의 입에서 나오는 것이었다. 나는 그 집에 들어가 소년을 위해서 기도해 주고 아이를 잘 먹이려고 노력했다. 내가 그 집을 떠난 후에도 탈북민 부부와 집사님은 그 소년을 포기하지 않고 끝까지 붙잡고 기도하며 돌보아주었다. 그러자 아이가 점점 살도 찌고 얼굴도 좋아지더니 몇 달 후에는 기적처럼 완쾌되었다. 그 소년은 목숨 걸고 자신을 돌보는 사람들의 사랑에 감동되어 예수님을 영접했고, 다시

1부 : 북한을 향한 아버지의 마음 91

북한으로 돌아가 그곳에 예수님의 사랑을 전하기로 결심했다. 행함과 진실함이 있는 진정한 사랑이 그 소년의 마음을 변화시키고 주님께로 이끈 것이었다.

예수님께서 외식하는 바리새인들을 책망하실 때 그들은 말만 하고 행하지 않는다고 하셨다. 그리고 말만 하는 그들이 천국 문을 사람들 앞에서 닫고 자기들도 들어가지 않고 들어가려 하는 자도 들어가지 못하게 하신다고 하셨다. 행함과 진실함이 있는 신앙은 자신과 다른 이들을 천국으로 이끌지만 행함과 진실함이 없는 신앙은 자신과 다른 이들을 지옥으로 끌고 간다.

만약에 우리 사역자들이 결핵에 걸렸던 소년을 행함으로 사랑하지 않았다고 하면 그 소년의 눈에는 복음이 거짓으로 보였을 것이다. 그러나 우리가 그 아이를 목숨 걸고 사랑했을 때, 그 소년은 구원받고 복음 전도자가 되기로 결정했다. 복음을 전하는 자가 복음의 말씀으로 살아갈 때 복음은 생명력 있게 전달된다. 그러므로 우리는 말로만 사랑하는 자가 아니라 행함과 진실함으로 사랑하는 자가 되어야 한다.

자녀들아 우리가 말과 혀로만 사랑하지 말고 오직 행함과 진실함으로 하자(요한일서 3:18)

결핵이 치유된 탈북 소년의 간증

 저는 북한 땅의 사망의 그늘에 앉아 굶주리며 절망 속에서 살아가던 한 소년입니다. 저는 탈북하기 전 북한 땅 단천시에서 아버지와 어머니 그리고 동생과 함께 살았습니다. 그러나 배급도 못 받고 식량이 없어 굶주리게 되자 아버지 어머니는 저와 동생을 남겨두고 돈을 벌어 오겠다며 집을 떠나셨습니다. 그런데 금방 온다던 부모님은 시간이 아무리 오래 흘러도 돌아오지 않았고, 기다리다 못한 열네 살의 제 동생은 배가 고프다고 울기 시작했습니다.

 저는 집에서 굶주린 배를 움켜쥐고 있다가 동생과 함께 할아버지 집을 찾아 떠났습니다. 그러나 겨우 도착한 그 집에서도 할아버지가 병에 걸리신 것을 발견했습니다. 돈이 없어 약 한 첩 쓰지 못하고 할아버지마저 떠나보내고 저와 동생은 다시 집으로 돌아와야 했습니다. 집으로 돌아온 동생은 배가 너무 고파 시름시름 앓다가 아버지와 어머니도 없는 곳에서 그렇게 죽었습니다. 저만 남겨두고 가족들이 모두 떠나서 마음이 많이 아팠습니다. 내 삶은 왜 이래야 하는지 하늘이 원망스러워 눈물도 많이 흘렸습니다.

세상이　너무도 야속하고, 태어난 것이 저주스럽고, 아버지와 어머니가 원망스러웠습니다. 집에 혼자 남은 저는 아버지 어머니를 기다리다 먹을 것을 찾아 밖으로 나가 방황하기 시작하였습니다. 어떻게든 살아야겠어서 길에서 빌어먹고 주워 먹기도 하며 기차를 타고 황해도, 평양시, 양강도 등 여러 곳을 방황하며 거지 생활을 하였습니다. 그러던 중에 기차를 타고 온성까지 오게 되었습니다.

　그곳에서 저는 중국으로 건너갈 결심을 하였습니다. 부모님은 어디에 계신지 알 길이 없었고, 북조선 땅은 제게 지옥과도 같이 느껴졌습니다. 2001년 여름, 고향을 뒤로하고 저는 캄캄한 밤에 소낙비를 맞으며 허기진 배를 움켜쥐고 두만강을 건넜습니다. 몸에 병이 있고 제대로 먹지 못해 허약한 상태인지라 사나운 장맛비가 오는 날 물속에 조금 들어가니 몸이 떠내려가기 시작하였습니다. 더는 몸을 일으킬 힘도 없었습니다. '결국 이렇게 죽고 마는구나' 하고 눈을 감았습니다.

　그러나 떠내려가던 몸이 무엇인가에 탁 걸려 구사일생으로 살게 되었습니다. 정신을 차리고 살펴보니 제 발이 돌에 걸려 있었습니다. 번쩍 정신이 들어 다시 힘을 내서 중국 땅을 밟았습니다. 지금 생각해보면 죽어가던 제 생명을 하나님이 살리신 이유는 북조선 땅에 예수님의 십자가 사랑을 전할 사람이 필요했기 때문이 아닌가 싶습니다.

중국 땅을 밟은 저는 돈이 없어 먹을 것을 구걸하며 다녔습니다. 그런데 어떤 조선족 집에 들어가니 "너희 북조선 사람들 이제는 보기도 싫어! 안 나가면 공안국에 고발할 거니까 빨리 꺼져!"라고 하며 저를 내쫓았습니다. 제가 기대했던 것과 다른 모습에 깜짝 놀랐습니다. 중국은 먹을 것이 흔하고 개나 돼지도 낱알을 먹는다고 북조선에서 듣고 왔는데 그렇게 멸시와 천대를 받으니 억울해서 눈물까지 나왔습니다.

한참을 걸어가다 조선족 할아버지와 아줌마를 만나 반가운 마음에 먹을 것을 좀 달라고 하니 "북조선에서 왔는가?"라고 물어보았습니다. "예, 조선에서 왔습니다"라고 대답하자 따라오라며 저를 자기 집에 데려가 먹을 것과 돈을 주면서 교회를 찾아가라고 이야기하였습니다. 저는 "고맙습니다"라고 인사하고 교회에 가라는 말은 그저 무시한 채 밖으로 나와 먹을 것을 먹으며 걸어서 도문까지 오게 되었습니다. 도문에서 다른 북조선 아이들을 만나 함께 지냈습니다. 공원과 교두에서 한국 사람들이 지나갈 때면 동무들과 같이 돈을 구걸하며 하루하루 먹고 살았습니다.

그러다가 도문 파출소에 동무들과 함께 체포되었는

데, 감옥에서 예수님을 믿는 한 탈북자를 만나게 되었습니다. 감옥에서 기도하고 찬송하는 것은 우습기도 했고 이상해 보이기도 했습니다. 보이지 않는 하나님께 기도 드리고 찬송가 부르는 것이 난생처음 보는 장면이었기 때문이었습니다. 그러나 신기하게도 그 사람이 찬송할 때마다 괜스레 제 마음이 다 기쁘고 힘이 나는 것이 아니겠습니까?

그 사람은 저를 보고 집이 어디냐고 물어보더니 너도 하나님을 믿어야 한다고, 우리 북조선 사람들이 다 같이 하나님을 믿으면 이런 고생을 안 한다고 하면서 자기 집 주소를 적어주었습니다. 저는 그 주소를 간직하고 있다가 감옥에서 나온 뒤에 그곳을 찾아가 보았습니다. 그렇게 저는 하나님의 집으로 들어오게 되었고 예수님을 영접하고 하나님의 자녀가 되었습니다. 그러나 하나님의 집에 들어간 후에 제 몸에 있던 병이 다시 발생하여 저는 끙끙 앓기 시작하였습니다. 그런데 그런 저를 싫어하지 않으시고 정성껏 돌봐주시는 분들을 보며, 오히려 아픈 시간 동안 하나님의 크신 사랑과 은혜를 체험하게 되었습니다. 그분들 덕분에 저같이 정말 보잘것없는 죄인을 위하여 십자가에 돌아가신 예수님을 깊이 사랑하게 되었습니다.

주님께서는 저를 사랑하시고 우리 북한 땅을 사랑하시는 줄 믿습니다. 다 죽어가던 저를 치유해주시고 회복시키신 것처럼 우리 민족을 회복시키실 것이라고 믿습니다. 저는 앞으로 하나님의 말씀을 열심히 공부하여 하나님의 귀한 종이 되어 헐벗고 굶주리는 북조선에 예수 그리스도의 십자가 사랑을 전하는 데 목숨도 아끼지 않고 다 드리기로 결심하였습니다.

내가 주의 목소리를 들은즉 이르시되 내가 누구를 보내며 누가 우리를 위하여 갈꼬 그 때에 내가 가로되 내가 여기 있나이다 나를 보내소서(사 6:8)

주님이 부르실 때에 "내가 여기 있나이다"라고 고백하며 사명감을 가지고 주의 종으로 열심히 공부하고 생활하겠습니다.

제2부

정금 같이 단련하심

1. 현실의 벽, 재정 훈련
2. 중국 안전국에 체포되다
3. 중국 공안에 체포되다
4. 감옥(간수소) 생활
5. 죄인들에게 찾아오신 하나님
6. 광야학교(간수소)에서 배운 교훈
7. 석방과 동시에 추방되다

"내가 느꼈던 부족함이야말로 예수님의 능력을 온전케 하는, 넘치는 하나님의 은혜였다.
…
자유를 빼앗긴 간수소 안의 삶이 나의 마음을 짓누르고 있었지만, 동시에 하나님의 은혜가 점점 더 크게 다가오기 시작했다."

1. 현실의 벽, 재정 훈련

내게 이르시기를 내 은혜가 네게 족하도다 이는 내 능력이 약한 데서 온전하여짐이라 하신지라 이러므로 도리어 크게 기뻐함으로 나의 여러 약한 것들에 대하여 자랑하리니 이는 그리스도의 능력으로 내게 머물게 하려 함이라 (고후 12:9)

하나님께서 북한 사역을 부흥시키시면 부흥시키실수록 재정의 통로 역할을 했던 나는 힘들어졌다. 북한을 탈출한 탈북동포들은 스스로 주거와 생활을 책임질 수 없으니 더 많은 사람을 붙여주시면 더 많은 재정이 필요했기 때문이었다. 사역이 더 크게 일어나기 시작해서 고정적인 후원자들로 감당이 되지 않을 때 우리는 현실의 벽에 부딪혔다.

그러나 "날이 저물어 갈 때, 빈 들에서 걸을 때" 늘 은혜를 경험하게 하시는 하나님, 그 하나님께서 다양한 방법을 통해서 우리들의 필요를 채워나가 주셨다. 어떤 때는 사역지를 방문한 사람들이 감동을 받아 후원을 해주었고, 어떤 때는 알지도 못하는 사람을 통해서 후원금이 들어오기도 했다. 또 한 번은 예수전도단을 통해서 부흥 콘서트 때 모였던 재정 천만 원을 받게 되어 절실하게 필요했던 곳에 사용할 수 있었다. 그러나 재정적인 압박은 항상 있었기에 나는 자주 사역지를 떠나

미국에서 말씀을 전해야 했다.

한국에서도 지원은 받았지만, 한국에 기반이 약했던 나는 주로 알고 있는 분들을 통해 미국 세인트루이스, 콜롬비아, 시카고, 시애틀 지역에서 다니면서 간증을 했다. 어차피 재정은 주님께서 허락하시는 것이니 헌금해야 한다는 메시지보다는 하나님께서 사역지에서 보이신 일들에 대해 전했다. 하나님께서는 나의 간증을 통해서 여러 기독교인들에게 북한 사람들과 사역을 통한 하나님의 역사를 알리셨다. 어떤 교회에서는 감사하게도 사례비와 더불어 특별헌금을 주었는데, 그 중 기억에 남는 몇 가지 사건이 있었다.

첫 번째는 2002년 1월 13일에 미주리 콜롬비아 교회에서 말씀을 전한 것이다. 완전히 잘 정리된 말씀은 아니었지만 나름대로 최선을 다하려고 노력했다. 주님이 도우셔서 교회 분들이 은혜를 받으셨고 목사님께서는 예배 후에 특별헌금시간을 갖도록 하셨다. 그런데 그때 미화 3,000불 이상이 들어왔다. 게다가 교회에서 선교헌금을 따로 해 주셨다. 총액을 세어보니 미화 4,710불이었다. 그것도 모자라서 어떤 한 성도분은 수표를 가져오지 않았다고 하시면서 미화 20불을 주셨다. 주께서 주님의 일을 사랑하는 자들을 통해 사역에 필요한 것들을 채우신 것이다.

두 번째로는 한 나이든 권사님이 어려운 여건 속에서

도 나에게 미화 200불을 건네주신 일이 있었다. 이것은 그분에게는 과부의 두 렙돈과 같은 재정이었다. 그 귀한 재정을 받으면서 하나님께 참으로 감사를 드렸다. 그러나 나의 마음을 크게 감동시켰던 세 번째 사건은 내가 전혀 생각지도 않은 곳에서 일어났다. 예기치 않은 일들을 일으키시는 주님, 늘 내 생각을 뛰어넘어 역사하시는 주님이 내게 선하게 갚아주신 사건이었다. 어느 날 나에게 세인트루이스의 어떤 교회에서 말씀을 전할 수 있는 기회가 생겼다. 그런데 그 교회의 교인 한 분이 예전에 나를 보신 적이 있다며 잊을 수 없는 말씀을 하셨다.

"제가 미국에 이민 와서 한창 어렵고 힘들 때 이 교회에 나왔었어요. 그때 아무도 저에게 관심을 두지 않았었는데 전도사님이 오셔서 웃으면서 음료수를 주신 것이 정말 감사했습니다."

전혀 기억이 없었다. 큰 것도 아니고, 어떻게 10년 전에 음료수를 준 것을 기억할 수 있단 말인가? 그러나 이민 온 지 얼마 되지 않아 힘들어하셨던 그분에게는 나의 작은 행동이 잊히지 않았던 것이었다. 그 외에도 주님은 또 한 번 나에게 선하게 갚아주셨다. 어느 한 교회에서 소천하신 성도 분이 남기신 돈을 나에게 전달해 주신 적이 있다. 이번에도 나는 그 성도님을 기억하지 못했는데,

나중에 어머니께서 그분에 대해서 말씀해주셨다.

"그분 남편이 돌아가셔서 집안일을 돌볼 사람이 없을 때 네가 그 집에 가서 지붕 위에 쌓여 있던 나뭇잎들을 다 쓸어내려 드렸어. 그분께서 너에게 고마운 마음을 갖게 되셔서 나에게 몇 번 고맙다고 말씀하셨단다."

하나님께서는 그 두 가지 사건을 통해서 성공 지향적인 성격이 강한 나에게 분명히 무엇인가 말씀하시는 것 같았다. 내가 한 아주 작은 일, 그것을 주님이 기억하시고 선하게 갚으셨다. 절대 큰일이 아니었다. 남의 눈에 띄는 일도 아니었으며, 세상적으로 볼 때는 참 가치 없고 볼품없는 일이었다. 그런데 주님의 눈에는 그 일이 중요하게 보였던 것이었다. 그 일들에 대해 깊이 묵상할 때 이런 생각이 들었다.

'사랑이 가장 중요하다. 커다란 일을 이루는 것보다 다른 사람을 배려하고 섬기는 사랑이 더 중요하다.'

우리의 사랑의 행위는 때로는 참 작아 보인다. 누군가의 물건을 들어주고, 아픈 사람을 한 번 더 챙기는 일이 뭐가 그리 크겠는가? 또 이렇게 작아 보이다 보니 소홀하기에 십상이다. '다음에 하면 되겠지 뭐.' 하는 생각에 내 눈에 보이는 큰일에 집중하느라 정작 중요한 소자들

을 향한 일들은 뒤로 미뤄진다. 우리는 잊지 말아야 한다. 그들 한 명 한 명을 안타까워하시는 주님의 마음을 늘 품고 기억해야 한다.

그 때에 임금이 그 오른편에 있는 자들에게 이르시되 내 아버지께 복 받을 자들이여 나아와 창세로부터 너희를 위하여 예비된 나라를 상속하라 내가 주릴 때에 너희가 먹을 것을 주었고 목마를 때에 마시게 하였고 나그네 되었을 때에 영접하였고 벗었을 때에 옷을 입혔고 병들었을 때에 돌아보았고 옥에 갇혔을 때에 와서 보았느니라 이에 의인들이 대답하여 가로되 주여 우리가 어느 때에 주의 주리신 것을 보고 공궤하였으며 목마르신 것을 보고 마시게 하였나이까 어느 때에 나그네 되신 것을 보고 영접하였으며 벗으신 것을 보고 옷 입혔나이까 어느 때에 병드신 것이나 옥에 갇히신 것을 보고 가서 뵈었나이까 하리니 임금이 대답하여 가라사대 내가 진실로 너희에게 이르노니 너희가 여기 내 형제 중에 지극히 작은 자 하나에게 한 것이 곧 내게 한 것이니라 하시고(마 25:34-40)

나는 북한선교를 위해 중국으로 들어갈 때 결코 나 자신을 위해서 재정을 사용하지 않겠다는 결심을 했었기 때문에 모인 재정을 조심해서 사용하려고 노력했다. 그래서 비싼 음식과 옷 구입을 자제했고 매우 검소한

생활을 하며 살았다. 그러나 스스로 물건을 구매하지 않아도 미국에 가면 어머니를 비롯한 다른 분들이 필요한 것들을 다 사 주셔서 딱히 어려움을 느끼지 못했다.

그런데 딱 한 가지 내가 받지 못한 것이 있었다. 옷에 가려서 사람들에게 잘 보이지 않던 허리띠였다. 그 당시 수년 동안 차고 다니던 내 허리띠는 거의 망가져 있었지만 어쩌다 보니 어머니도 주위 분들도 나에게 비싼 물품은 쉽게 사 주시면서도 허리띠는 사 주지 않으셨다. 중국으로 돌아온 나는 북한 사역을 시작할 때 했던 결심을 깨고 시장에 가서 허리띠 하나를 사고 말았다. '이건 필요한 거니까, 이 정도는 괜찮겠지?' 하는 생각이었다.

그런데 그 다음 날, 나와 같이 생활하던 한 북한 소년이 나에게 돈을 모아서 선물을 하나 사 주는 것이 아닌가? 바로 허리띠였다. 나와 같이 생활을 했기 때문에 끊어져 가는 허리띠를 본 것이었다. 마음이 먹먹해졌다. 방에 들어가서 홀로 두 개의 허리띠를 보며 '하루만 더 참으면 되었는데 나의 결심을 버렸구나!'라는 생각에 마음이 무거웠다. 주님은 정말 우리의 필요를 다 알고 계신다. 우리에게 정작 없는 것은 재물이 아니라 주님을 믿는 믿음이 아닐까?

그때 나에게 돈은 북한 사람들을 살리는 중요한 도구였다. 나에게 돈이 없다면 온 식구가 다 굶어야 했다. 돈을 버는 것을 포기하고 신학교를 선택했었지만, 사역 때문에 돈에 대해 매우 민감해진 나였다. 순진했던 동생이 돈에 민감하게 변해가는 모습을 감지한 누나가 하루는 내 자존심을 건드리는 이야기를 했다. 그때는 북한 분들을 한국으로 보내는 일들이 진행되어 보통 때보다도 더 힘든 시간이었다. 브로커들은 탈북민들을 남한으로 보내면 보낼수록 돈을 벌었지만 우리는 반대로 보내면 보낼수록 힘들어져 갔다. 화가 났던 나는 누나에게 다음과 같은 감정을 잔뜩 실은 메일을 써서 내 힘든 상황을 토로했다.

내가 중국 사정을 정확하게 이야기해 줄까? 이번에 여러 가지 일 때문에 재정적으로 힘들어. 특별히 북한 분들 한국으로 보내는 일 때문에 재정을 많이 써서 힘들어. 어느 정도로 힘드냐 하면 식사를 못 할 정도로 힘들어! 내가 가지고 있는 재정을 다 중국에서 사역하는 데 쓰고 한국으로 나왔는데 돈이 없어서 지하철카드를 충전하지 못할 정도였고, 음료수를 마시고 싶어도 돈이 없어서 마시지를 못했고, 음식점에서 식사를 못 하고 라면을 끓이면서 돈을 최대한 아끼면서 지냈어.

그런데 나에게 들어오는 돈이 없었냐면 그렇지 않았어. 사실 나만 살려고 하면 지금 4년 동안 아주 많은 돈을 모았을 거야. 선교비 외에 내가 말씀을 전해서 사례비로 교회들에서 준 돈과 개인적으로 일부러 쓰라고 했던 돈들이 많이 있었는데 몇만 불은 넘었을 거야. 얼마 전에도 외국에서 오셨던 분이 중국에 있는 우리 집에 방문하시더니 너무 미안해하시면서 중국 돈 천 원을 주면서 다른데 쓰지 말고 가정을 위해서만 쓰라고 했어. 그런데 그렇게 됐을까? 나는 북한 사역을 위해서 썼어. 내가 중국에 있으면서 옷 한 벌이라도 사 입은 줄 알아? 다른 사람들이 사준 적은 있어도 내가 직접 사서 입은 적은 단 한 번도 없어! 내가 중국에 있으면서 돈을 얼마나 아끼는 줄 알아? 미국 돈 30센트 아끼느라 메뉴판을 보면서 싼 음식을 찾는 일이 많아. 어떨 때는 중국에 있으면서 다른 지역을 다니면서 미국에서는 개나 돼지가 먹을 수 있을 것 같은 음식을 먹어.

내가 중국에 보통 3달을 있는데 왜 한 달만 있다가 나왔는 줄 알아? 먹여 살릴 식구들 때문에! 아이들 학비도 내지 못했고 식비도 주지 못했어! 북한 사람들과 사역자들 누가 부담을 해야 하는 줄 알아? 지금 먹을 것이 없는 고아 아이들 누가 먹을 것을 대야 하는 줄 알아? 누나는 하나님이라고 말을 하겠지. 맞아, 하나님이야! 그러나 누군가는 하나님의 통로가 되려고 노력을 해야 하잖아! 하나님이 비를 주시고 자라나게 하셔도 누군가는 땅을 파야 되잖아! 나는 선비 같은 모습으로 자기 자식 굶기는 아버지가 되기보다는 거지라는 소리를 듣거나 우리 아버지처럼 청소를 해서라도 자기가 책임지는 사람을 굶기지 않는 사람이 되고 싶어!

당시의 내 마음은 사실상 아무 잘못도 없었던 누나에게 이렇게 화풀이할 만큼 잔뜩 요동치고 있었다. 재물의 압박은 실로 엄청나 내가 견디지 못할 정도였다. 또 한 가지 기억나는 일이 있다. 자기 남편을 구하기 위해 이리 뛰고 저리 뛰던 한 북한 분을 돕기 위해서 너무 급한 마음에 잘 알지 못하던 분에게 돈을 얻어 준 적이 있었다. 내가 받은 돈을 고스란히 전달해 주었는데 그 후 내가 북한 사람을 이용해서 돈을 받아내고 마음대로 썼다는 이상한 이야기가 들려왔다. 안 그래도 화가 나 있었는데, 억울한 일까지 생기니까 머리가 다 아플 지경이었다. 나는 돈을 빌려주신 분께 절대 돈을 낭비한 적이 없으며, 한 푼도 남김없이 북한 분에게 썼지만 그래도 전액을 다 갚겠다는 편지를 부쳤다.

적지 않은 선교비가 들어왔었지만, 선교 사역에 끊임없이 돈이 들어갔기에 나는 참 가난하다는 생각이 들었다. 한국의 빌딩 숲을 걸어가면서 높은 건물들을 바라볼 때 세상에는 돈이 아주 많다는 생각이 들었다. 그런데 정작 하늘과 땅을 지으신 하나님의 아들인 나는 항상 재정이 부족하다니! 기분이 좋지 않았다. 심지어는 화가 나기까지 했다. 그래서 하나님께 재정을 달라는 기도를 하는데 마치 불의한 재판관에게 간청하는 과부와 같은 끈질긴 기도가 나왔다. 나중에는 시편의 다윗처럼 자신의 감정을 드러내는 기도를 드렸는데 기도가

2부 : 정금같이 단련하심

약간 과격해지기까지 했다. "재정을 주지 않으시면 사역을 그만두겠습니다!" 재정이 부족하더라도 사역을 그만두겠다는 마음은 진심이 아니었는데 그렇게 함부로 내뱉어 버렸다. 그 후 이상하게도 하나님께서 항상 더 많은 재정을 채워주시는 것을 경험했다. 그러나 그것이 주님의 진심이셨을까? 주님이 그것을 정말 기뻐하여 나에게 허락하셨을까? 떼쓰는 나의 모습에 어쩔 수 없이 허락하신 것이 아닐까?

이윽고 풍부에 처하자 변질되는 나의 모습이 눈에 들어오기 시작했다. 풍성함 속에 축복의 근원이신 하나님께 더 감사해야 하는데 오히려 나는 하나님이 아닌 하나님의 손에서 나오는 재물에 시선을 돌리고 있었다. 먹음직하고 보암직하고 탐스럽게 보이는 풍요가 나에게 축복이 되지 않았음을 느꼈다. 그 풍요는 도리어 하나님과 나의 거리를 벌려 놓았다. 내가 느꼈던 부족함이야말로 예수님의 능력을 온전케 하는, 넘치는 하나님의 은혜였다.

내 은혜가 네게 족하도다 이는 내 능력이 약한 데서 온전하여짐이라 (고후 12:9)

귀한 재정을 주신 한 간사님께 드리는 편지

그동안 안녕하셨어요? 저를 기억하실지 모르겠네요. 저는 연길에서 북한 아주머니와 함께 만났던 박다니엘입니다. 저는 신학교를 졸업한 후 DTS를 마치고 주님을 섬기다가 중국으로 가서 탈북동포들을 양육하고 있는 사람입니다.

그때 처음 만난 저를 도와주셔서 감사합니다. 그 도움을 통해서 하나님께서 특별히 행하신 일을 알려드리고 싶습니다. 그때 베푸셨던 은혜 때문에 감옥에 계신 북한 분께서 나오시는 데 도움이 되었습니다. 그리고 한 북한 소년이 구원을 받게 되었습니다. 간사님께서는 어떻게 그 작은 일이 그런 열매를 맺었는지 궁금하실 것입니다. 자세히 설명해 드리도록 하겠습니다.

제가 그곳에서 간사님을 찾았을 당시 **에서는 큰일이 발생했었습니다. 학습 받던 50여 명의 북한 분들이 잡힌 사건입니다. 그런데 잡혔던 사람 중에는 저희가 양육하던 북한 소년의 아버지께서 계셨습니다. 그분은 그들 중 중요한 지도자 중 한 명이었습니다.

저는 그 사건 후에 연길로 갔었습니다. 그곳에서 저희가 양육하던 아이의 어머니, 즉 잡힌 북한 분의 부인을 만나서 식사를 같이했습니다. 그분은 근심으로 가득

차 있었고 눈물을 흘리며 남편 이야기를 했습니다. 그리고 모든 것을 포기하고 북한으로 다시 들어가겠다고까지 말했습니다. 그분의 이야기를 들으면서 처절하게 찢긴 마음을 느끼게 되었습니다.

그분의 남편은 기독교를 믿었고 북한 사람들에게 복음을 전하다가 잡혔기 때문에 북한으로 압송되면 죽거나 폐인이 될 수밖에 없는 상황이었습니다. 아직은 중국에 있었지만 언제 북으로 압송될지 모르는 아주 안타까운 상황 속에 공안에 아는 사람이 있어서 돈을 주면 풀려날 수도 있었습니다.

그전에 저는 한 번도 북한 사람을 데리고 가서 모르는 사람에게 그렇게 구걸한 적이 없었습니다. 그렇지만 그분의 상황을 들을 때 마음에 안타까움과 돕고 싶은 마음이 불타올라서 가만히 있을 수가 없었습니다. 누군가가 물에 빠져 죽어 가는데 물에 들어가면 옷이 젖을까봐 두려워서 가만히 지켜만 보고 있을 수는 없는 일 아닙니까? 내가 섬기는 예수님은 나를 위해서 십자가에서 모든 수치와 조롱을 당하신 분이신데, 나의 자존심이나 마음이 불편하다는 이유로 돕는 것을 포기할 수는 없지 않습니까?

너는 사망으로 끌려가는 자를 건져주며 살육을 당하게 된 자를 구원하지 아니하지 말라 네가 말하기를 나는 그것을 알지 못하였노라 할지라도 마음을 저울질하시는 이가 어찌 통찰하지 못하겠으며 네 영혼을 지키시는 이가 어찌 알지 못하시겠느냐 그가 각 사람의 행위대로 보응하시리라(잠언 24:11-12)

감사하게도 그분은 북송되지 않고 감옥에서 나오시게 되었습니다. 뿐만 아니라 또 한 가지 놀라운 역사가 일어났습니다. 그분이 감옥에서 찬양을 부르시다가 그 찬양에 감동받은 북한 소년 한 명에게 복음을 전하셨는데, 그 소년이 감옥에서 나와서 저희 사역지로 오게 된 것입니다. 저희에게 온 그 소년은 예수님을 영접하고 병이 나았으며 지금은 하나님의 종이 되길 원하고 있습니다. 그 소년의 간증문 일부를 소개하고자 합니다.

그러다가 저는 도문 파출소에 동무들과 함께 체포되었는데, 감옥에서 예수님을 믿는 한 탈북자를 만나게 되었습니다. 감옥에서 기도하고 찬송하는 것은 우습기도 했고 이상해 보이기도 했습니다. 보이지 않는 하나님께 기도드리고 찬송가 부르는 것이 난생처음 보는 장면이었기 때문이었습니다. 그러나 신기하게도 그 사람이 찬송할 때마다 괜스레 제 마음이 다 기쁘고 힘이 나는 것이 아니겠습

니까? 그 사람은 저를 보고 집이 어디냐고 물어보더니 너도 하나님을 믿어야 한다고, 우리 북조선 사람들이 다 같이 하나님을 믿으면 이런 고생을 안 한다고 하면서 자기 집 주소를 적어주었습니다. 저는 그 주소를 간직하고 있다가 감옥에서 나온 뒤에 그곳을 찾아가 보았습니다. 그렇게 저는 하나님의 집으로 들어오게 되었고 예수님을 영접하고 하나님의 자녀가 되었습니다.

 탈북 소년이 "그 사람"이라고 부르는 사람이 간사님께서 재정으로 도움을 주었던 사람이고, "하나님의 집"은 저희들의 사역지입니다. 하나님께서는 작은 희생의 재물을 세상의 모든 재물보다 더 귀한 영혼을 구원하시는데 사용하셨습니다.
 힘드신 상황에서도 힘껏 돈을 모아주셔서 감사합니다. 그때 제가 받았던 모든 재정은 감옥에서 나오신 탈북민의 부인께 다 드렸지만 그 재정을 다시 돌려드리겠습니다.

 그가 만일 네게 불의를 하였거나 네게 빚진 것이 있으면 그것을 내 앞으로 계산하라…내가 갚으려니와……(몬 1:18-19)

감사합니다.
2002년 1월 21일 박 다니엘 선교사 올림

2. 중국 안전국에 체포되다

하나님을 사랑하는 자 곧 그 뜻대로 부르심을 입은 자들에게는 모든 것이 합력하여 선을 이루느니라 (롬 8:28)

"큰일 났어요. 우리를 앞서갔던 자매들이 다 사라졌어요."

2002년 3월 중국의 A란 지역에서 지금도 잊히지 않는 큰 사건이 터졌다. 사역자들과 함께 모여서 성경공부와 중보기도를 마친 후에 남녀 두 그룹으로 나누어져 택시를 탔는데 여자들 3명을 태운 택시가 오랜 시간 기다려도 오지 않았다. 어두워질 때까지 오지 않아서 우리는 집에 가서 기다리기 시작했다. 너무 답답해서 이리저리 수소문해도 소식을 알 수 없었다. 미칠 것 같은 답답함이 우리를 덮쳤지만, 할 수 있는 것은 아무것도 없었다. 밤에도 실종된 자매들이 걱정되어 눈만 감았지 제대로 쉬지를 못했다.

그렇게 일주일이 지난 후, 사라진 자매 중 한 명에게서 전화가 왔다. 수화기 너머로 떨리는 목소리가 느껴졌다.

"지금 저희는 안전국[7]에 잡혀있습니다. 박 선생님께

서 이곳에 오셔서 보증을 서시면 다 풀어주고 박 선생님도 처벌을 안 한대요."

"알았어요."

의심스러운 약속이었지만 우선 잡힌 사람들을 위해서 택시를 타고 안전국으로 갔다. 안전국에 들어가자 사복을 입은 몇 사람이 나를 마중 나와서 이렇게 말했다.

"걱정하지 마세요. 다 괜찮습니다. 당신이 보증만 하면 당신도 이곳 사람들도 다 풀어 줄 겁니다. 여권과 당신의 소지품을 가져오세요."

"알겠습니다. 약속 꼭 지키세요."

나는 다시 내가 머물던 숙소로 돌아가서 노트북, 돈, 그리고 여권을 챙긴 후에 다시 안전국으로 갔다. 그러자 그들은 잡힌 사람 중에서 두 명은 풀어주었지만 중요한 조선족 사역자와 한 북한 사역자는 풀어주지 않았다. 오히려 내 물건과 여권을 압수한 후 그들의 태도는 180도로 바뀌었다. 의심이 현실이 되는 순간이었다. 50살 정도 되는 중국인과 40살 정도 되는 조선족 통역이 전담으로 나에게 붙어 내 개인적인 신상, 내가 한 일들, 그리고 동역자들에 대한 여러 질문을 이어갔다.

"당신의 직업은 무엇입니까?"

---

7) 정식명칭은 국가안전국으로, 대한민국의 국가정보원(국정원)에 해당하는 중국 국가안전부 산하에 속해 있다.

"…"

"언제 중국에 들어왔습니까? 중국에서 무슨 일을 했습니까?"

"…"

나는 그들의 질문에 아무런 대답을 하지 않고 시편 23편을 묵상하기 시작했다. '주께서 내 원수의 목전에서 상을 베푸시고 내 머리에 기름을 부으셨으니 내 잔이 넘치나이다.' 안전부 직원들은 아무 대답을 하지 않는 내 모습을 지켜보며 계속해서 대답을 기다렸다. 나는 나대로 그들의 질문을 무시하고 두세 시간 동안 시편 말씀만을 묵상했다.

여호와는 나의 목자시니 내가 부족함이 없으리로다 그가 나를 푸른 초장에 누이시며 쉴 만한 물가으로 인도하시는도다 내 영혼을 소생시키시고 자기 이름을 위하여 의의 길로 인도하시는도다 내가 사망의 음침한 골짜기로 다닐지라도 해를 두려워하지 않을 것은 주께서 나와 함께 하심이라 주의 지팡이와 막대기가 나를 안위하시나이다 주께서 내 원수의 목전에서 내게 상을 베푸시고 기름으로 내 머리에 바르셨으니 내 잔이 넘치나이다 나의 평생에 선하심과 인자하심이 정녕 나를 따르리니 내가 여호와의 집에 영원히 거하리로다

묵상하는데 하나님의 사랑과 은혜가 넘치도록 밀려오기 시작했다. 몸은 그 조그만 경찰 사무실 의자에 앉아 있었고, 체포된 상태였지만 내 영혼은 하나님의 넘치는 은혜 속에서 평안하기만 했다. 말로 표현할 수 없는 짜릿한 하나님의 감동이 계속해서 나의 맘속에 샘솟아 올라왔다. 원수의 목전에서 상을 베푸시고 기름을 부으셔서 내 잔을 넘치게 하시는 하나님의 은혜가 안전국 안에서 실체화된 것이었다. 주님께서 나를 안위하시기에 사망의 음침한 골짜기에서도 해가 두렵지 않았다.

경찰들은 심문하는 동안 가끔 나에게 질문만 할 뿐, 무례하거나 거칠게 대하지는 않았다. 몇 시간이 지난 후에 나는 간단한 대답들은 해주었다. 이후에도 그들은 계속해서 저녁 6시부터 밤 12시까지 나를 조사했고, 마침내 다음 날 다시 와야 한다고 통지한 후 집으로 보내주었다. 밤늦게 근처 모텔에 돌아온 나는 극심한 피로감 때문에 침대에 쓰러져 잠들었다가 다음 날 그들에게서 온 전화를 받고 일어났다. 그 후 안전국으로 다시 들어가서 6시간 이상 심문을 받고 숙소로 돌아왔다. 가끔 전화가 오지 않아서 쉬는 날도 있었지만 보통 하루에 6시간 이상 심문을 받았다. 취조를 받는 시간 외에는 자유로워서 도망칠 수도 있었지만, 체포된 탈북동포들을 풀어준다는 약속 때문에 나는 계속해서 그곳에 돌

아가야만 했다.

  그들은 내 컴퓨터에서 내가 쓴 일기들과 비밀 자료들을 보면서 나를 심문해 나갔다. 그런데 이상하게도 그들이 종교적인 것에 별로 관심이 없고 무엇인가 다른 것을 찾고 있다는 느낌을 받았다. 계속되는 심문 때문에 어떤 날은 마음이 무거워지기도 했는데, 그럴때마다 주님의 은혜 때문에 새 힘을 얻기도 했다. 심문을 받다가 경찰들이 밖으로 나가면 때때로 안전국 안에서 조용히 찬송하면서 주님을 묵상했다. 공산당이란 거대한 산 앞에서 내가 신뢰할 수 있는 분은 오직 주님뿐이었다. 대략 한 달 이상 계속된 막무가내식 취조에 지쳐갈 때 마침내 그들이 나에게 중요한 질문을 던졌다.

  "당신이 우리 지역에 정보국이 있다는 말을 다른 사람에게 했습니까?"

  "아니요. 그런 적 없는데요!"

  "솔직하게 말하시오! 당신이 그런 말을 한 것을 들은 사람이 있습니다!"

  "나는 그런 말 한 것이 생각이 안 납니다. 내가 이곳에 정보국이 있는지 없는지 어떻게 압니까?"

  그들은 자꾸 사실대로 고백하라고 했다. 나는 계속 그런 적이 없다고 버티었다. 이 부분이 왜 그 사람들에게 중요한지 모른 채 계속 실랑이를 벌였다. 아무리 아

니라고 말해도 통하지 않아서 6시간 넘게 묵비권을 행사하기도 했다. 그러나 그 후에도 그들은 그 질문에 집착했다. 너무 그 부분에 대해서 물고 늘어지는 것에 질린 나는 결국 이렇게 대답했다.

"알겠습니다. 했다고 칩시다."

"그런 대답은 안 됩니다. 솔직하게 말씀해주세요!"

안 했다고 해도 안 되고 했다고 치자고 해도 안 돼서 골치가 아파 나는 머리를 흔들면서 반문했다.

"그럼 거짓말을 할까요?"

그들은 뜸을 들이다가 숨겨놓은 비장의 카드를 꺼내놓았다.

"우리는 다 알고 있습니다. 당신이 활동 자금을 심양의 한국 사람한테 받지 않았습니까?"

"무슨 말씀을 하시나요? 나는 한국 사람에게서 활동 자금을 받은 적 없습니다."

"서탑의 한인 거리를 기억하시나요?"

그들은 나에게 힌트를 주었다. 한참을 생각하다가 서탑에서 환전한 적이 있어서 대답했다.

"그것은 자금을 받은 것이 아닙니다. 환전한 것입니다. 제가 가지고 있던 미화를 바꾼 것입니다."

나의 직설적인 대답에 그들은 약간 당황하는 것 같았다. 그 후에는 계속 겉도는 질문만 던지기 시작했다. 나

중에야 나는 왜 안전국에서 우리를 특별 조사 사건으로 취급하였는지 알게 되었다. 우리가 보호하고 있었던 한 탈북자가 남한으로 가려고 시도하다가 체포된 적이 있었다. 그런데 그분이 우리가 하던 말을 잘못 알아들으셨는지 조사과정 중에 내가 그 지역에 정보기관이 있다고 말했다고 자백한 것이었다. 이로 인해 그 중국 경찰은 나를 미국 스파이로 의심했던 것이다. 나를 미행하면서까지 얻은 비장의 카드가 먹혀들지 않자 그들은 나에 대한 의심을 풀기 시작했다. 분위기가 풀리자 우리는 농담도 던지고 개인적인 이야기도 나누었다.

"하나님 아버지가 더 강합니까, 아니면 석가모니가 더 강합니까?" 나를 취조하던 안전부 직원이 물었다.

"하나님은 하늘과 땅을 만드셨는데 니 샹이샹바!(당신이 생각해보세요)"라고 내가 대답했다.

이 사람들이 나를 심문하다가 내가 생각이 잘 나지 않는다고 하면 자주 나에게 말하는 말이 "니 샹이샹바!"였다. 33일 동안 수백 번도 더 들은 말을 내가 그대로 써먹은 것이었다. "중국어를 잘하십니다." 안전부 직원이 말했다. "저는 안전국에 중국어를 배우러 옵니다." 농담으로 웃으며 이야기를 하자 그는 "학비를 내십시오!"라고 말했고 우리는 서로를 바라보면서 웃었다. 내가 "당신들이 미국에 오면 경찰에 신고하겠습니다"라고

말하자 그가 크게 웃었다.

그 후 어떤 안전국 직원은 진짜 하나님이 있냐고 묻기도 하였고, 어떤 사람은 또 하나님에 관한 책자를 달라고도 했다. 나는 취조 중에도 전도하면서 그 사람들과 점점 친구가 되어가고 있었다. 안전국 안에서 서로를 향한 적대감이 사라지고 서로에게 호감을 느끼기 시작하는 놀라운 일이 일어난 것이었다.

그러던 어느 날 그들이 나에게 함께 체포된 사람들에 대한 모든 책임을 진다는 서류에 서명을 하라고 했다. 나는 영문도 모른 채 그 서류에 서명했다. 그러자 그들이 나에게 깜짝 놀랄만한 이야기를 했다.

"지금 함께 체포된 사람들을 데리고 나가도 됩니다. 그러나 우리가 부르면 그 사람들을 데려와야 합니다. 만약 그들을 데려오지 않으면 당신이 모든 책임을 져야 합니다."

잡혀있는 분들을 보내준다는 놀라운 내용이었지만 부를 때 다시 데려와야 한다는 내용은 무슨 의미인지를 잘 몰라서 물어보았다.

"내가 그들을 밖에 데리고 가서 다른 곳으로 가도 괜찮나요? 아니면 이 근처에 머물다가 다시 그들을 데리고 와야 하나요?"

그러자 옆에서 통역을 해 주셨던 조선족 경찰이 눈치를 주면서 그냥 데리고 나가면 된다고 말했다. 바로 그때 나는 이것이 무엇을 의미하는 것인지 깨닫게 되었다. 그들이 공식적으로 북한 사람들을 풀어줄 수는 없지만 보내주는 것이었다. 다시 데려와야 한다고 이야기한 것은 나중에 무슨 일이 생길 때 자기들을 보호하기 위한 일종의 형식적 발언이었다. 사역자들을 풀어주겠다는 기적 같은 결정을 듣고 나는 정말 꿈을 꾸는 것만 같았다.

나는 몇 가지 서류에 서명하고 인주를 바른 손가락으로 지장을 찍었다. 그리고 그들이 인도하는 대로 어두운 안전국 복도에서 박 집사님과 북한 자매님을 기다렸다. 얼마 후 잡히셨던 두 분이 천천히 걸어 나왔는데 심하게 고문을 당하셨는지 얼굴이 많이 상해 보이셨고 한 분은 다리를 절뚝거리기까지 하셨다.

"안녕하세요? 고생하셨습니다."

나는 그분들에게 다가가서 인사를 했다.

"어떻게 된 거예요?"

나를 알아보시고는 놀라시며 물어보셨다.

"우리 이제 나가도 됩니다."

나의 이 말에 두 분이 깜짝 놀란 표정을 지었다. 나갈 수 있다는 사실이 믿어지지 않으시는 것 같았다. 나는 그분들을 안전국에서 데리고 나와서 택시에 태웠다. 혹

시나 공안들이 뒤를 쫓을 것 같아서 이리저리 돌다가 숙소로 돌아왔는데 다행히 미행은 없었다. 두 분은 안전국에서 나보다 훨씬 더 심한 고문을 당하셨다. 안전원들은 자기들이 원하는 정보를 얻기 위해서 두 분을 때리며 협박을 했었다고 한다. 한 분은 구둣발로 맞은 자리가 낫지 않아서 한동안 절름거리며 걸어 다녀야만 했다.

그분은 출소하시기 바로 전날까지도 자신이 밖으로 나가게 될 것을 상상도 못했는데, 내가 웃는 모습으로 다가가서 나가자고 했을 때 정말 믿을 수 없는 일이 일어나서 많이 놀랐다고 하셨다. 며칠 뒤에는 우리 셋과 다른 사역자들과 그리고 북한 동포들이 함께 모여서 교제하게 되었다. 그중에는 내가 안전국에 자진해서 출석하였을 때 풀려났던 기영이와 그를 돌보던 사역자도 있었다. 두 분은 너무나 재미있는 이야기를 우리에게 들려주셨다. 먼저 기영이가 입을 열었다.

"체포된 지 며칠 후에 안전국에서 저에게 중국 돈 100위안(한화 약 20,000원)을 주면서 집에 가라고 했습니다. 그런데 집에 도착했는데 아무도 없었어요. 저는 실망했습니다. '어려운 일 생기니까 다 나를 버리고 갔구나'라고 생각하고 하나님께 사람들을 보내 달라고 기도했습니다. 기다리다 지쳐서 하루는 '오늘도 아무도 오지 않으면 하나님은 없는 것이다'라고 생각했습니다. 그런데 그

날 밤 누군가가 오는 소리가 들렸습니다. 조용히 문을 열었는데 누군가의 손이 안으로 들어왔어요. 저는 우리 식구 중 한 명이라고 생각하고 기쁜 마음으로 들어오는 손을 잡았습니다. 그런데 그 사람이 갑자기 제 손을 뿌리치고 뛰어서 도망쳤습니다. 저는 '이번에 놓치면 다시 만날 기회가 없다'고 생각하고 도망치는 그 사람을 있는 힘을 다해 무조건 쫓아갔습니다. 그 후 막다른 골목에 도착했는데 아무도 보이지 않았어요. 주위를 살펴보니 나무가 쌓여 있는 곳이 있어서 가까이 가니까 나무 뒤에서 김 선생님이 부들부들 떨고 있었습니다. 저는 어깨를 툭 치면서 김 선생님의 이름을 불렀습니다."

우리가 배꼽을 잡고 웃자 기영이를 돌보던 김 선생님이 자신의 이야기를 나누었다.

"여러 사람이 다 잡혀간 후에 기영이가 밖으로 나왔다는 이야기를 들었어요. 그래서 저는 위험을 무릅쓰고 원래 있던 집으로 갔습니다. 어두운 밤이라 무서웠습니다. 열쇠로 문을 열고 조심스럽게 들어가려고 했습니다. 그런데 갑자기 한 손이 나와서 제 손을 잡는 게 아닙니까? 저는 경찰인 줄 알고 깜짝 놀라서 손을 뿌리치고 있는 힘을 다해서 무조건 뛰었습니다. 가는 방향은 특별히 생각하지 않고 열심히 도망쳤습니다. 그런데 도착한 장

소가 막다른 골목이었습니다. 너무 무서워서 나무가 쌓여 있는 곳에 가서 머리 위에 손을 두고 숨었습니다. 그런데 누군가의 인기척이 들렸습니다. 저는 너무 놀라 부들부들 떨었습니다. 잠시 후 누군가 제 어깨에 손을 대었을 때는 심장이 멎는 것 같았습니다. 그런데 반가운 목소리가 제 이름을 불렀습니다. '김 선생님!' 돌아보니 다름 아닌 기영이었어요. 심장이 떨어지는 줄 알았는데 기영이의 모습을 보고 안도의 한숨을 쉬었습니다."

우리는 웃느라 정신이 없었다. 그 후 기영이는 공안이 차비로 쓰라고 준 100위안을 헌금했고 우리는 다 함께 감사 기도를 드렸다. 그 순간, 다음과 같은 성경 구절이 떠올랐다.

내 형제들아 너희가 여러 가지 시험을 만나거든 온전히 기쁘게 여기라(약 1:2)
고난당한 것이 내게 유익이라. 이로 인하여 내가 주의 율례를 배우게 되었나이다(시 119:71)
하나님을 사랑하는 자 곧 그 뜻대로 부르심을 입은 자들에게는 모든 것이 합력하여 선을 이루느니라(롬 8:28)

잡히셨던 두 분은 33일 동안 감옥에서 기도하시면서 하나님과의 깊은 만남 속에 주님의 음성을 듣는 경험을

하셨다. 우리는 이 일 때문에 재정과 노트북은 잃었지만, 사람은 단 한 명도 잃지 않았다. 어려움 속에 역사하시는 하나님을 바라볼 때 오히려 얻은 것이 많았다. 이 일 덕분에 하나님께 더 가까이 나갈 수 있었고, 서로서로 더 깊이 신뢰하고 아끼게 되었다. 이 일을 통해서 우리는 하나님께서 모든 것이 합력해서 선을 이루게 하시는 것을 깊게 깨달을 수 있었다.

그러나 아직도 수수께끼처럼 풀리지 않는 의문이 있다. 잡히기 바로 전에 우리는 두 택시로 움직였다. 첫 번째 택시에는 자매님들이 있었고 두 번째 택시에는 나를 포함해서 다른 형제들이 있었다. 그런데 안전국은 정작 목표물이었던 나는 잡지 못하고 자매들만 붙잡았다. 지금 와서 생각하면 안전국의 체포 작전에 큰 문제가 있었던 것 같다. 그 이유가 무엇이었을까?

이 사건이 있기 얼마 전에 내가 한 기도 모임에 참석한 적이 있었다. 그곳에서 한 번밖에 만나지 않아 나를 잘 모르던 미국인 한 분이 하나님께서 나를 위해 기도하라고 강하게 말씀해주셨다고 했고, 그러자 여러 사람이 나를 위해서 기도해 주었다. 하나님께서 그 기도를 들으시고 우리들을 보호하셨던 것이다. 할렐루야, 주님 감사합니다!

안전부에 갇혔던 자매님의 간증

하나님께서는 저희 식구를 중국 대련에 있는 교회로 보내 주셨습니다. 그곳은 10대~20대의 탈북민 청소년들이 하나님의 말씀으로 양육 받고 있었습니다. 하나님께서는 그 교회에 저희를 보내셔서 남편은 말씀 전하는 자로 세우시고, 저에게는 교회의 재정을 맡아보는 직분을 담당케 하셨습니다. 하나님께서는 사도마을 교회에서 양육 받는 탈북 청소년들이 신실하게 양육될 수 있도록 당신께서 아끼시고 귀히 쓰시는 주의 종들을 그곳으로 보내주셨고 북조선을 위한 24시간 중보기도의 불길이 일어나도록 하셨습니다. 어린 탈북 자매들이 방언으로 기도하며 울었고 형제들은 조선 땅의 죄악을 회개하며 금식하였습니다.

저는 2002년 2월 26일 박다니엘 목사님과 박 집사님과 함께 중국의 한 지역에서 국가안전부에 체포되어 33일간 삶과 죽음의 경계를 넘나들고 있었습니다. 그들은 미국 사람과 중국 사람, 한국 사람과 조선 사람으로 구성된 우리 교회가 국제 간첩 같은 조직망인 줄 오해하고는 악착같이 사건을 조사하려 했습니다. 또한, 그곳이 일반 경찰서가 아니라 국가안전부였기 때문에 잡혀 들어간 사람들은 더욱더 앞일을 장담할 수 없었습니다.

저는 불법체류와 탈북동포들을 기독교 사상으로 양육했다는 죄명으로 북조선에 송환될 위기에 처해 있었습니다. 그 당시 스페인 대사관 사건(탈북민 외국 공관 침입 사건) 등으로[8] 세계 여론이 중국의 자국 내 탈북자에 대한 조치를 문제 삼고 있었는데, 만약 중국 정부가 저를 북조선으로 송환하면 저는 반드시 목숨을 잃게 되는 상황이었습니다.

시간도 알 수 없고 빛도 차단된 방에서 원하는 대답을 하지 않는다고 주먹으로 맞고 발에 차이던 저는 하나님께 살려주시면 평생을 충성하겠다는 기도밖에 올릴 수 없었습니다. 북조선 땅으로 잡혀가는 것이 두렵고 죽는 것도 너무 무서웠습니다. 물론 죽으면 천국에 갈 수 있다는 믿음은 있었지만, 그래도 만약 제가 죽게 되면 세상에 엄마 없이 남겨질 어린애들과 12년 위의 누나를 엄마처럼 믿고 살아가는 남동생을 위해서라도 아직은 아

---

[8] 탈북자 25명이 중국 베이징 주재 스페인대사관에 진입하여 한국행을 요청하였으나, 중국이 이들을 사건 발생 하루만에 제3국인 필리핀으로 추방한 사건이다. 중국은 자국 내에서 체포된 탈북자를 북한에 인도한다는 협정을 맺고 있었기 때문에 수년간 수천 명의 탈북자의 난민 지위를 거부하고 북한으로 송환하다가 국제사회의 비판을 의식하여 이례적인 조치를 취하였다. 그러나 여전히 이들을 망명대상국인 한국이 아닌 제3국으로 보냈다는 점에서 북한을 의식하였다는 지적을 받았다. (출처: 이상민, "中, 탈북자 추방으로 인권문제 여전히 취약", 연합뉴스, 2002.03.16. https://news.naver.com/main/read.nhn?mode=LSD&mid=sec&sid1=104&oid=001&aid=0000140913)

니라는 애달픈 기도를 드렸습니다.

그로부터 20일 후에 저는 박 집사님과 한방에 있게 되었습니다. 우리는 뼈만 남은 서로의 얼굴을 마주 보며 뜨거운 눈물을 흘렸습니다. 서로 대화할 수 없도록 밖에서 감시해서 하고 싶은 말을 할 수 없었지만 의를 위하여 핍박을 받는 자는 천국이 저희 것이며, 하늘의 상도 클 것이라는 하나님의 약속의 말씀이 기억나면서 더욱 슬픔이 북받쳐 올라왔습니다.

화장실 철창 너머로 빨갛게 피어나는 살구꽃 봉우리를 보면서 한번 왔다가는 인생, 35년 동안 살아온 저의 길을 돌아보고 있을 때 하나님께서 다음과 같은 말씀을 주셨습니다.

"네가 법 아래 있는 것이 아니라 은혜 아래 있다."
"보라 내가 새 일을 행하리니 이제 나타낼 것이다."

그 후 하나님의 약속의 말씀대로 저는 33일 만에 기적처럼 출옥할 수 있었습니다. 감옥에서 나온 후에 하나님께서는 저를 강하고 능력 있게 사용하여 주셨습니다. 감옥에서 나온 지 보름 만에 탈북민 가족을 데리러 멀리 있는 연길로 떠났던 저는 열차 안에서 예수님을 보았습니다. 중국 경찰이 신분증을 검사하려고 서 있어서 탈북민 가족들의 얼굴이 새카맣게 질린 채로 저만

쳐다보고 있었습니다. 그분들이 잡히면 저도 또다시 감옥으로 가야 했기에 어찌하면 좋을지 눈앞이 캄캄했습니다.

저는 '하나님, 저 방금 나왔잖아요. 벌써 또 잡혀가라고요? 이제 들어가면 진짜 죽어요! 죽으면 천국이지만 저를 천국 보내시는 게 그렇게도 급하신가요? 저는 아직 할 일이 많잖아요.'라고 넋두리처럼 눈을 꾹 감고 기도했는데 눈을 떴더니 예수님께서 경찰이 서 있던 그 자리에 하얀 옷을 입으시고 지팡이를 들고 서 계시는 모습이 환상으로 보였습니다. 마치 꿈을 꾸고 있는 것 같았는데, **"평화 평화로다 하늘 위에서 내려오네 그 사랑의 물결이 영원토록 내 영혼을 덮으소서"**의 찬송이 저도 모르게 제 입에서 흘러나왔습니다.

그때 하나님께서 기적처럼 우리를 보호해 주셔서 공안들이 우리들의 신분증을 검사하지 않고 넘어갔습니다. 덕분에 무사히 가족들을 저희 사역지로 데려와서 양육할 수 있었고, 후에는 그 가족이 한국으로 넘어올 수 있었습니다. 그들은 지금 서울에서 하나님께서 주신 삶을 열심히 살아가고 있습니다.

3. 중국 공안에 체포되다

몸은 죽여도 영혼은 능히 죽이지 못하는 자들을 두려워하지 말고 오직 몸과 영혼을 능히 지옥에 멸하실 수 있는 이를 두려워하라 (마 10:28)

중국 안전국이 우리의 사역지를 알아냈기 때문에, 우리는 돌보던 탈북 청소년들을 다른 도시들로 보내야 했다. 나는 탈북 청소년들을 옮기기 전에 어떤 분의 소개로 심양 경찰서에서 상당히 높은 직위에 있는 분과 만나 식사를 했다. 그분은 그리스도인이었는데 자기가 탈북동포들을 안전하게 보호해 주겠다고 하셨다. 나는 그분의 말을 철석같이 믿고 탈북 청소년들을 심양으로 보냈다. 그런데 탈북 청소년들이 심양으로 간지 얼마 안 되어 체포되고 마는 큰 사건이 터져버렸다.

"Bie Dong(꼼짝 마)!"

여러 공안이 심양에 비밀리에 마련한 우리 쉼터에 들이닥쳐 탈북민 7명과 사역자 4명을 붙잡아간 것이다. 체포된 탈북민 중 한 명은 결핵에 걸렸다가 치유 받은 소년이었다. 그들은 공안들을 피해서 달아나려 했지만, 갑자기 쳐들어오는 공안 여러 명을 피하기에는 역부족이었다. 나는 예전에 함께 식사할 때 나중에라도 도움이 필요하면 언제든지 전화를 달라고 했던 그분에게 연락을 취했다. 그러나 그와 연결이 닿지를 않았는데, 아무래도 그가 어디론가 피해있는 것 같았다. 결국 조선족 사역자 4명은 풀려났지만 탈북민 7명은 북한으로 호송되었다. 나중에 그들 중 2명이 죽었을 것이라는 소문을 들었을 때 마음이 찢어질 듯이 아팠다. 사랑하던 사람들이 고통 속에 떠났다고 생각하니 자책감마저 들었다.

위험 때문에 수십 번을 이사했어도 우리가 오직 하나님만을 바라보았을 때는 사람들이 잡히지 않았다. 그런데 하나님보다 눈에 보이는 사람을 더 의지했더니 소중한 사람들을 잃어버렸다. 그 대가는 아주 큰 것이었다. 나는 이 사건을 통해서 이사야 2장 22절의 말씀을 뼈저리게 묵상하게 되었다.

너희는 사람을 의지하지 말라 그의 숨이 코에 달려 있나니 수에 셈할 가치가 어디 있느냐

그 일 후에 우리는 나머지 탈북동포들과 함께 모여서 청소년들이 좀 더 안전하게 지낼 수 있는 도시를 찾기 위해서 기도하기 시작했다. 얼마 후에 한인들이 많은 지역인 청도가 눈에 들어와서 그곳에 방문해 보니 다행히 동북 3성보다는 많이 안전해 보였다. 우리는 나머지 식구들과 함께 청도로 사역지를 옮겼다. 그 후 얼마 되

지 않아서 한 사역자가 나에게 전화를 해서 청도로 옮겨간 한 북한 자매님에 관한 이야기를 해 주었다.

"북한에서 오신 자매님이 흉막성 결막염에다가 임신 2개월째였습니다. 병원 세 곳을 돌아다니며 최종적으로 결핵 전문병원에서 CT 촬영을 했는데, 병원에서는 병을 치료하는 과정이 배 속의 아이에게는 치명적일 수도 있고 그 몸으로 아기를 출산할 수 있을지도 의문이라서 먼저 아이를 유산시켜야 한다고 했습니다. 그런데 일요예배를 마치고 자매님이 주님이 주신 선물인 아이를 낳아야겠다고 말했습니다. 그 말을 들은 우리는 함께 산모와 아이를 위하여 기도하였습니다. 그런데 아이를 건강하게 낳기 위해서 우선 산모를 치료해야 했습니다. 15일 동안이나 밥을 제대로 먹지 못했고 몸에 열이 아주 많았습니다."

나는 직접 임신한 자매님에게 전화해서 안부를 물어보았다. 자매님은 자신의 안전이나 임신, 결핵, 태아를 살리고자 하는 간절한 마음 등 여러 문제로 인해 정신적으로 힘들어했고, 쇠약해진 마음 탓에 낙태까지도 고려하고 있었다. 나는 자매님에게 무슨 일이 있더라도 하나님께서 주신 생명을 죽이는 낙태는 하지 말라고 거듭 당부하고 수화기를 내려놓았다. 통화 후에 아는 중보자

들에게 자매님의 사정을 나누고 함께 기도하자고 부탁을 했다. 그분들 중에 자매님을 남한으로 데려오는 것에 대한 응답을 받으신 분들이 있었다. 나도 중국에서 안전하게 아이를 낳는 것이 매우 어려울 것 같다는 생각이 들어서 태아와 산모를 살리기 위해서 결국 그들을 남한으로 데려오기로 했다.

그 당시만 해도 임신한 사람을 안전하게 남한으로 데려오려면 많은 재정이 필요했다. 그래서 나는 그분을 한국으로 보내는데 필요한 재정을 모으기 시작했다. 감사하게도 하나님께서 짧은 시간 안에 필요한 재정들을 채워주셔서 브로커를 통해서 산모를 한국으로 보낼 수 있었다.

(한국 하나원(북한 이주민 정착지원사무소)에서 찍은 사진.
오른쪽에 임신하신 자매님)

그 후 일을 처리해주었던 브로커를 만나서 잔금을 주자 자기는 이러한 일을 할 때마다 너무 스트레스를 받아 한 건을 마무리한 후에는 잔뜩 취할 정도로 술을 마신다고 했다.

나와 동역자들은 자매님의 가족들이 헤어지게 되지 않도록 자매님의 남편, 아들, 그리고 동생을 함께 남한으로 보내는 일에 착수했다. 그리고 그들을 한국으로 보낸 후에는 한국에 가기를 원하는 형제자매들을 또 하나둘씩 보내주기도 했다. 그러나 브로커에게 많은 돈을 줄 수가 없어서 사람들을 북경에 있는 한국 대사관 안으로 보내는 일을 직접 시도하다가 그 과정에서 엄청난 스트레스를 받았다.

나는 당시에 정탐을 위해 다른 사역자와 함께 공안들이 사방에서 감시하는 북경에 있는 주한 대사관을 방문하였다. 대사관 안으로 들어가기 위해서는 중국 경비원들이 경비를 보는 두 문을 통과해야 했다. 첫 번째 대문은 여권의 겉표지를 보여주면 들어갈 수 있었지만 두 사람이 경비를 보고 있던 대사관 건물의 문은 쉽지 않았다. 그들은 여권을 자세히 살펴보고 사람들을 들여보냈다. 만약에 문제가 발생하면 근처에서 감시하던 공안들에 의해 곧바로 체포될 수 있었다.

나는 탈북한 형제와 자매를 한국 대사관 안으로 들여

보내기 위해서 여권을 빌리기도 하고 중국인에게 돈을 주고 여권에 있던 사진의 얼굴을 바꾸기도 했다. 너무나 위험한 일이라서 나와 사역자들은 탈북동포들과 함께 하나님께 간절히 기도를 드렸다. 다음 날 나는 탈북한 형제와 자매들이 사용할 여권을 주고 그들을 북경에 있는 주한 대사관으로 앞서서 보냈다. 그리고 그들의 뒤를 따라갔다. 예상했던 대로 처음 경비는 쉽게 통과했다. 그러나 북한 형제자매들이 여권을 대사관 건물 경비원에게 넘겼을 때는 경비원들이 여권을 자세히 들여다보았다. 그 모습을 볼 때 어찌나 긴장되는지 시간이 그대로 멈춰 버린 줄 알았다. 다행히 경비원은 북한 형제와 자매들을 한 명씩 들여보내 주었다.

그들이 다 들어간 것을 확인한 후, 나는 그들을 따라서 대사관 건물로 들어가서 그들에게 주었던 여권을 회수하고 다시 밖으로 나왔다. 마침내 숙소로 돌아왔을 때는 긴장이 풀려서 쓰러지고 말았다. 브로커가 한 건을 성사시킬 때마다 왜 그렇게 술을 마셨는지 이해할 수 있을 것 같았다. 그 후에도 한국으로 가려는 형제와 자매들을 같은 방법으로 한국 대사관에 보내주고는 했다.

조금씩 한국으로 보내는 일에 성공하자 한국에 있는 탈북동포 중에서 몇 사람들이 나에게 자기 친척을 보내달라고 부탁을 했다. 마음속으로는 하나님께서는 내 본업인 선교 활동으로 다시 돌아가기를 원하신다는 것을

알고 있었지만, 거절하지 못하고 계속해서 브로커들이 하는 일들을 진행했다. 그러다가 대사관 안으로 사람을 보내는 일에 실패해서 쓰라린 좌절을 맛보기도 했다. 한 번은 대사관으로 보내는 데 실패하여 체포된 탈북 여성들을 감옥에서 만나게 되어 미안함과 안타까움에 시달리기도 했다.

그러다 2003년 7월 말에는 내 인생을 또다시 바꾸어 놓는 큰 사건이 터졌다. 사역자들과 함께 몇 명의 탈북 동포들을 한국으로 보내는 시도를 하다가 연길에서 온 변방대9)와 북경의 공안들에 의해 잡히고 만 것이다. 공안들은 우리들을 차에 태워서 도시에서 40분 정도 떨어진 별장으로 데려갔다. 그리고 잡힌 우리를 떼어 놓고 각자 다른 방에서 심문하기 시작했다. 심문은 밤새 계속되었다. 만약 우리가 진술한 내용을 대조했을 때 맞지 않는 부분이 있으면 서로 말이 맞을 때까지 거듭해서 질문했다.

공안의 또 다른 목적은 우리가 보호하고 있던 다른 탈북동포들을 잡아들이는 것이었다. 그런데 같이 잡혔던 한 조선족 사역자가 고문을 못 견디었는지 공안들을 북한 동포의 쉼터까지 안내해 주는 바람에 몇 사람들이

---

9) 중국 경찰인 공안이 운용하는 기관으로, 북한과 중국의 국경선을 관리한다.

잡혀가는 일도 있었다. 나는 빨리 심문이 끝나는 것이 더 좋을 것으로 생각하고 다른 사람들의 진술과 말을 맞추려고 노력했다. 그리고 이전처럼 얼마 되지 않아서 풀려나거나 추방당할 것으로 생각했다. 그러나 예상과 달리 그들은 나에게 체포장에 서명할 것을 요구했다.

2003년 8월 5일, 변방대 경찰들이 나에게 수갑을 채웠다. 태어나서 처음으로 수갑을 차게 되니까 이상한 기분이 들었다. 죄수의 마음과 사도 바울의 마음을 조금은 이해할 것 같았다. 사람들의 눈을 의식해서 공안이 손을 채운 수갑을 수건으로 덮고 나를 북경 역으로 데려갔다. 열차에 오르자 공안은 한쪽 수갑을 풀어서 침대 옆에 있는 가느다란 쇠기둥에 걸었다.

이틀 후에 연길에 도착하자 변방대 경찰은 나를 변방대 사무실에서 하룻밤을 자게 한 후에 감옥(간수소)으로 데려갔다. 간수소로 갈 때는 마치 아무 소망도 없는 캄캄한 흑암으로 들어서는 것 같은 느낌이 들었다. 그러나 그 고난의 시간은 날 괴롭힌 것이 아니라 도리어 예수 그리스도의 사랑을 잃고 살아가는 나의 삶을 놀랍게 회복시켰다. 우리에게 찾아오는 고난에는 하나님의 축복이 담겨있다. 고난 중에 우리의 은밀한 죄가 드러나고 회개를 통해 하나님께 더 가까이 나아가게 된다. 하나님께서는 그 시간을 통해 우리를 더 성장시키신다.

(연길시 변방대)

고난의 시기는 하나님이 우리를 버리는 때가 아니라 찾아오시는 때다. 내가 중국 공안에 의해서 잡혀서 어려움을 겪을 때 하나님의 임재는 점점 더 깊어만 갔다. 석방 후에도 감옥에서 만난 하나님의 영광 때문에 때때로 다시 감옥에 가고 싶은 마음도 생겼다. 고난의 시기에 겪는 아픔은 우리가 받을 영원한 영광과는 비교할 수 없다.

고난 받는 것이 내게 유익이라 이로 말미암아 내가 주의 율례들을 배우게 되었나이다(시 119:71)
우리가 지금 겪고 있는 가벼운 환난은 장차 우리가 받게 될 영원하고 큰 영광을 가져다줍니다(고후 4:17, 쉬운성경)

어느 임산부의 간증

 "감옥에서 나오게 하신 하나님께서는 중국 청도로 사역지를 옮기게 하셨고, 그곳에서 우리 부부가 독립적으로 탈북동포들을 양육하게 하셨습니다. 더 많은 고향 사람들을 하나님께로 안내하기 위해서 애쓰던 어느 날, 저는 이유 없이 쓰러져 병원으로 실려 갔습니다. 결핵이란 진단과 함께 임신 3개월이란 뜻밖의 소식도 들었습니다. 쌍둥이를 잃고 3살 된 딸애를 남의 집에 보내고 홀로 남은 외기러기 같은 아들 때문에 마음이 아파서 한나와 같은 서원 기도를 몇 번 했는데, 정작 저는 까맣게 잊은 그 일을 하나님께서 응답하신 것입니다. 하지만 결핵이 이미 나의 온몸에 전이되어 배 속의 태아에게도 영향이 미친다며 결핵 전문병원에서는 아기를 속히 유산시킬 것을 요구했습니다.

 저의 병 상태가 하도 위급해서 사역자들이 미국에 계신 박다니엘 목사님께 연락하였습니다. 그분은 어떻게 해서라도 하나님이 주신 생명을 살려야 한다며 미국에서 국제전화를 하셨지만 저는 거의 혼수상태였고 사역자들과 함께 아이를 유산하러 갔습니다. 그런데 의사가 유산을 집도하려고 저를 진찰하더니 갑자기 '아깝게도 쌍둥이네'라고 말하는 것이었습니다. 저는 그 말을 듣고 벌떡 일어나 앉으며 아이를 낳겠다고 했습니다. 쌍둥이 딸을 전에 잃은 경험이 있었던 저에게 하나님께서 쌍둥이를 다시 선물로 허락하셨다고 생각했기 때문입니다. 그때부터 사투를 벌이기 시작했습니다. 옆구리에 통증이 올 때마다 "**나의 병을 고쳐주심을 내가 믿사옵니다. 지금부터 영원토록 주 찬송하겠네. 나를 구원하신 말씀 어디든지 전하오리 나의 병을 고쳐주심 참 감사합니다**"라고 온 힘을 다해 찬송했습니다. 모든 사역자가 저의 병이 낫게 해 달라고 금식하며 기도했습니다.

그때 저의 남편이 금식기도 중에 깜박 잠이 들었는데 어떤 커다란 분이 큰 손바닥 위에 우리 가족을 올려놓고 이쪽에서 저쪽으로 쑥 옮겨 놓더랍니다. 꿈에서 놀라 깨어난 남편은 '이상하다. 우리 가족을 어디로 보내시려나?' 하며 의아해 했습니다. 그런데 얼마 되지 않아 미국에 계신 박 다니엘 목사님이 저를 한국에 보내서 안전하게 해산시킬 수 있겠다고 연락이 왔습니다. 며칠 후에 저는 북경에 있는 한국영사관으로 들어갔습니다.

영사관에 들어가서 병이 더 심해지자 의사를 불렀는데 배 속의 아기가 태동을 멈추었다고 난리가 났습니다. 영사관은 배 속의 아기가 죽으면 저의 생명에 지장이 있을까 봐 당장 저를 한국으로 보낸다고 했습니다. 다른 사람들은 영사관에 들어와서 6개월씩 있어도 한국

으로 가지 못했는데 저는 일주일 만에 그것도 사스가 터져서 중국에서 한 사람도 출국시키지 않는 비상시국에 비행기 1등석에 앉아서 한국으로 왔습니다.

한국에 도착한 뒤, 성애병원에서 검사를 했는데 놀랍게도 아기 심장이 너무 기운차게 뛰었습니다. 게다가 결핵을 진단하려고 CT 촬영을 했는데, 이게 무슨 일입니까? 결핵이 흔적도 없이 사라졌습니다! 저도 놀랐지만 국정원 직원도 아주 놀라 자빠지며 "어떻게 결핵도 없고 아기 심장도 정상인데 거짓으로 입국할 수가 있는가?" 하고 저에게 거짓말탐지기와 별의별 조사를 다 했습니다. 저를 조사한 국정원 과장은 생명이 위급하지도 않은 탈북민을 위하여 대한민국에서 비행기 한 대가 날아갔는데 이게 도대체 어떻게 된 일이냐고 저에게 따졌지만 제가 무슨 말을 할 수 있었겠습니까? "나는 하나님을 믿는 사람이니까 하나님께서 하신 일입니다"라고 하는 것 말고는 달리 할 말이 없었습니다. 그 후 하나님의 기적으로 저의 아들이 무사히 세상으로 나오게 되었습니다.

4. 감옥(간수소) 생활

"또 '보아라, 여기에 있다' 또는 '저기에 있다' 하고 말할 수도
없다. 보아라, 하나님의 나라는 너희 가운데에 있다."
(눅 17:21, 새번역)

"옷을 모두 다 벗고 갈아입으시오."

담장이 매우 높은 간수소 담벽을 지나 철장 문 안으로 들어간 나에게 중국 간수가 명령했다. 내가 시계, 옷, 그리고 속옷까지 벗은 후에 그들이 주는 빨간 티셔츠와 검은 반바지를 입자 열쇠 꾸러미를 든 간수가 따라오라고 손짓을 했다. 그를 따라서 좁은 복도를 걷기 시작하자 왼쪽에 보이는 쇠창살 문으로 머리를 빡빡 깎은 사람들을 볼 수 있었다. 피부가 검은 그들이 나를 흥미롭게 바라보았고 나도 창살 안에 갇힌 그들을 동물원의 원숭이 보듯 흥미롭게 바라보았다. 그러나 간수가 32호 칸의 문을 열고 들어가라고 했을 때 나는 그들 중 한 사람이 되었다.

내가 들어가자 10평 정도 되어 보이는 곳에 12명 정도 되는 사람들이 마루에 앉아 있었고 문 옆에는 화장실이 보였다. 대다수가 10대에서 40대였고 중국인과 조선족 그리고 한 한국인이 섞여 있었다. 그 호실에는 왕처럼 군림하는 절대자인 호장과 그의 부하들이 있었고

그들이 섬기는 밖에서도 유명했다던 보스가 있었다. 호장의 부하들은 나에게 보스를 가리키고는, 그의 말을 잘 들어야 한다고 하며 분위기를 잡았다.

호장은 그곳을 상푸(윗침대), 중푸(중간침대), 그리고 샤프(아래침대) 세 등급으로 나누어서 사람들을 다스렸다. 상푸는 돈과 뒷배가 있는 사람들이 차지하여 간수소 안에서도 좋은 대접을 받았고, 중푸는 상푸보다는 낮았지만 그런대로 사람대접을 받았다. 샤프에는 주로 돈도 뒷배도 없거나 호장에게 미움을 받은 사람들이 있었는데, 청소를 도맡았고 화장실도 마음대로 갈 수 없었다. 그들은 사람대접을 못 받아서 많이 힘들어했다. 처음에 들어갈 때 나에게는 돈도 뒷배도 없었지만 호장은 나를 중푸에 올려놓았다. 외국인이라 약간의 배려를 해준 것이었다.

중국 정부에서 하루 세끼 배급으로 주는 것은 모래가 섞인 것 같은 옥수수떡과 멀건 죽이었다. 그것만 먹는다는 것은 매우 고통스러운 일이었지만 돈이 있는 사람들은 음식을 따로 사서 먹을 수 있었다. 상푸에 있는 사람들 대부분은 음식을 구입해서 먹었고 남은 음식을 중푸와 샤프에 넘겼다. 그러면 샤푸에 있는 사람들이 그것을 기쁘게 받아서 게걸스럽게 먹었다.

저녁 늦게는 간수소에 있는 사람들의 자살을 방지하

기 위해서 두 사람씩 돌아가면서 두 시간 동안 직발(불침번)을 서야 했다. 그러나 불침번을 서는 사람들은 또 다른 임무를 호장에게 부임 받았는데, 그것은 코고는 죄수를 깨워서 보스와 호장의 잠이 방해 받지 않도록 하는 것이었다.

나는 간수소로 들어간 날 새벽 1시 30분부터 3시 30분까지 다른 사람과 함께 빨간색 옷을 입고 불침번을 섰다. 너무 피곤해서 눈이 감기면 내 파트너나 호장이 나를 깨웠다. 매시간 발소리가 들려와서 창살 밖을 바라보면 간수가 창살 밖에서 우리를 지켜보다가 이상이 없으면 떠났다. 나는 3시 30분이 됐을 때 다른 사람을 깨워서 유니폼을 준 후에 빈자리를 찾아 잠자리에 들었다. 간수소 규정상 밤에 불을 끄지 않아서 잠자는 것이 불편했지만 너무 피곤해서인지 곧 잠이 들었다.

다음 날 아침 여섯 시에 일과가 시작되었다. 일어나서 이불을 정리하고 식사를 한 후에 하루 4시간 정도 조호를 했다. 조호는 바른 자세로 앉아서 움직이지 않고 반성의 시간을 갖는 것이었다. 점심 식사 후에는 낮잠을 한 시간 정도 잤다. 그 후에 다시 일어나 조호를 했다. 저녁때는 좀 더 자유로웠다. 어떤 사람들은 장기를 두기도 했고, 어떤 사람들은 화투를 치기도 했다.

(연길 간수소)

처음에는 적응이 되지 않은 몇 가지 문제들이 나를 힘들게 했다. 첫 번째 문제는 공간이 너무 부족해서 칼잠을 자야 하는 것이었다. 잠잘 적에 항상 양옆에 거친 남자들이 있어서 조심하지 않으면 자다가 다른 남자 얼굴에 키스하는 끔찍한 일이 생길 수 있었다.

두 번째는 화장실 문제였다. 12명에서 15명의 사람이 한 변기를 사용해야 했기 때문에 정해진 시간 외에는 대변을 보지 못했다. 더구나 용변을 보는 것 자체가 수치심을 유발했다. 밀폐된 공간이 있는 것이 아니었기 때문에 용변을 보는 것을 다른 사람들이 볼 수 있었기 때문이었다. 나는 참다가 될 수 있으면 모두가 잠든 새벽에 용변을 보았다.

세 번째는 뜨거운 물이 없는 것이었다. 호장과 보스는 물을 콜라병에 담아놓은 후 햇빛을 비추게 해서 미지근하게 만든 물을 사용했지만 다른 사람들은 추운 겨울에도 수돗물로 목욕을 해야 했다. 여름이나 가을에는 참을 만했지만, 겨울에는 수돗물로 목욕을 하는 것이 매우 어려웠다. 그래도 그것마저도 조금씩 익숙해져 갔다.

 마지막으로는 그곳에 있는 사람들과의 문제였다. 그곳에는 깡패 두목, 살인한 사람, 강간한 사람, 강도, 뇌물 받은 사람, 사기꾼 등 여러 종류의 사람들이 있었다. 수많은 음담패설과 욕설이 오갔고 가끔 싸움이 있어 말려야 했다. 마음이 맞지 않는 사람들이 내 주위를 에워싸고 있어도 피하지 못하고 24시간 그들의 모습을 바라보며 살아야 했다. 자유를 빼앗긴 간수소 안의 삶이 나의 마음을 짓누르고 있었지만, 동시에 하나님의 은혜가 점점 더 크게 다가오기 시작했다.

5. 죄인들에게 찾아오신 하나님

하나님께서는 간수소에서 최 목사님, 김 집사님, 김 전도사님, 정 목사님, 이 집사님, 최 사모님과 이 권사님 등 여러 믿음의 사람들을 만나게 해 주셨다. 그들은 북한 사람들을 돕다가 발각이 되어서 간수소로 들어온 분들이었다. 철저한 통제 때문에 얼굴을 맞대어서 교제를 나눌 수는 없었지만, 비밀리에 쪽지를 통해서 교제할 수 있었다. 내가 그곳에 머물 때만큼이나 많은 기독교인이 잡혀 온 적이 없었던 것 같은데, 하나님께서는 감사하게도 우리를 복의 근원으로 삼으셨다.

하나님께서는 우리가 간수소 안에서 비밀리에 드리는 예배를 통해서 죄인들을 축복하셨다. 정 목사님이 있었던 4호실에는 로쌍이라는 유명한 깡패가 있었다. 그는 자기 부하에게 어느 한 사람 손 좀 봐주라고 했는데 부하가 너무 과격하게 손봐주다가 그 사람을 죽여서 감옥에 들어오게 되었다. 그는 가끔 "나는 억울해! 내가 손만 봐주라고 했지 언제 죽이라고 했냐!"라고 하소연을 했다. 그는 처음 공판 때 10년 이상의 형벌을 받자 충격을 받아서 이제는 착한 마음으로 살기로 결심하고 예배에 참석하기 시작했다. 그런데 그렇게 예배에 참석한 후에 두 번째 공판에서는 기적처럼 형기가 절반 정도로 감형되었다.

그 소문이 우리 호실까지 들리자 호장이 갑자기 자기도 예배에 참석하겠다고 했다. 호장은 절대 그 소문 때문이 아니라고 우겼지만, 우리 호실에 있는 사람들은 모두 분명히 그 이유 때문이라고 생각했다. 호장이 참석하면서 우리 호실의 예배 분위기가 달라지기 시작했다. 호장 없이 4~5명이 모일 때에는 나와 함께 예배드리는 사람들이 목소리를 낮추어 이야기를 나누어야 했다. 그러나 호장이 참석하기 시작한 후에는 반대로 예배시간에 떠드는 사람들이 호장을 의식해서 조용히 해야 했다. 예배시간에 떠드는 사람들은 호장의 핍박을 받았다. 공산당의 영향력이 가장 강력하게 미치는 간수소에서 아주 흥미로운 일이 일어난 것이었다.

하루는 밖에서 우리 호실을 바라보던 간수소 대장이 예배를 드리는 우리를 보고 무섭게 소리를 질렀다. 그 후 우리는 모여서 계속 예배를 드려야 하는지에 대해 상의를 했다. 결론은 성경을 인용하면 "죽으면 죽으리라"였고 우리식대로 말하면 "죽이려면 죽여라!"였다. 그래서 우리는 간수소의 가장 높은 대장의 협박에도 굴하지 않고 조심스럽게 예배를 이어나갔다. 하루는 우리가 예배드릴 때마다 주변에서 바라만 보고 있던 한 중국인이 내 침대로 와서 무릎을 꿇으며 곧 법정으로 가게 되니 자기를 위해 기도를 해 달라고 하는 일도 있었다. 그래서 나는 그의 손을 잡고 뜨거운 마음으로 기도를 드렸다. 참 감사한 일이었다.

그 당시 주위에 있는 기독교인들과 함께 쪽지를 전하다가 놀라운 사실을 발견하게 되었다. 북한 사역을 하다가 잡혀 온 사역자들이 1호에서 6호 칸까지 있었는데, 그들이 각 방에서 비밀리에 예배를 드리고 있다는 것이었다. 그 후 이른 새벽, 귀를 기울이니 옆 칸에서 세미한 찬양 소리가 들렸다. 공산당의 심장과 같은 이러한 간수소 안에서 결코 일어날 수 없는 일이 일어나고 있는 것을 보면서 하나님의 역사하심에 감격했다.

하루는 여자 호실이었던 4호 칸에서 예배를 인도하시던 한 집사님이 석방되어서 나가게 되었다. 그 후에 그 집사님의 후임으로 예배를 인도하시던 한 여자분에게서 쪽지가 날아오기 시작했는데 쪽지의 내용을 보니 참 한심하다는 생각이 들었다.

"목사님, 할렐루야가 뭐예요? 아멘이 뭐예요?"

그런데 그 쪽지에 답하면서 이런 생각이 나의 머리를 스치고 지나갔다. '하나님께서는 지식을 많이 가지고 있지 않아도 사용하시는구나. 우물가에서 예수님을 만난 후에 다시 마을로 달려가서 메시야를 만났다고 기쁨으로 외쳤던 사마리아의 여인처럼 말이다.'

또한 하나님께서는 우리를 사용하셔서 죄인들을 구원하셨다. 간수소에서는 다른 방에 있는 사람들과의 연락

이 철저하게 금지되었다. 그러나 음식물을 배식하는 사람들과 친해지면서 그들을 통해서 우리는 비밀리에 서로 연락을 취할 수가 있었다. 간수소에 입소한 지 얼마 되지 않아서 나와 함께 체포되었던 이 집사님으로부터 쪽지를 받았다.

박목사님 안녕하세요? 저는 잘 지내고 있습니다. 이곳에서 한 북한 자매를 만났는데 복음을 듣고 예수님을 영접했습니다. 성경책을 구하실 수 없으신지요?

나는 간수소 안에서 북한 자매가 예수님을 영접했다는 소식을 듣고 너무 기뻐서 성경책을 구해서 보내주었다. 그 외에도 내가 전도한 사람 중에서 가장 기억에 남는 사람이 있는데, 바로 우리 호실에 있는 사람들에게 철저하게 자신의 죄목을 숨긴 사람이다. 그는 자기의 죄목을 철저하게 감추려 했지만 다른 죄수들이 그의 죄목이 자기의 딸을 강간한 것이라는 알게 되었을 때 호실에서 왕따를 당하고 손가락질을 받았다. 호실의 모든 사람이 그를 혐오했지만 나는 그를 따뜻하게 대하면서 복음을 전하고 성경 읽기를 권했다. 나도 그와 똑같은 죄인이고 예수님께서는 죄인들의 친구라는 말씀 때문이었다. 그 후 그는 호실의 누구보다도 더 열심히 기도했고 성경을 읽었다. 하루는 그가 쓴 기도문이 적힌

쪽지를 보게 되었다. 그 쪽지에는 다음과 같은 회개의 기도가 적혀져 있었다.

믿음과 구원을 주시는 하나님 아버지, 저는 일개 하찮은 인간으로 간수소에 체포된 죄인입니다. 저와 같은 죄인도 아버지의 구원을 바라고 그 은혜를 얻으려고 나왔습니다. 반생을 넘겨온 저의 생애에서 언제 한번 인간답게 살아보지도, 그런 마음을 가져보려고도 하지 않고 들에서 헤매는 야생마 같은 사람으로 살았습니다. 남은 것이라고는 온몸에 베인 죄의 근원과 술의 악취와 영혼이 마귀에게 빼앗긴 빈 둥지입니다. 이제까지 찌들고 역겨웠던 구겨진 몸을 바로 잡아주시고 성령의 힘으로 저의 죄를 씻어주옵소서.

주님 저는 저의 죄를 인정합니다. 날마다 스스로를 의지하며 교만과 거친 본능과 술의 노예가 되어 찌들고 병이 든 몸뚱이를 제멋대로 내두르며 살았습니다. 언젠가 정신이 들어 사람 구실 부모 구실을 하려 해도 끊임없이 부딪히는 술의 유혹과 냄새에 끝내 버티지 못했습니다. 주님 저를 붙잡아 주십시오. 아니, 제가 주님의 옷자락을 붙잡습니다. 제발 뿌리치지 말아 주십시오. 주님 이곳은 너무나도 곤욕스러운 곳입니다. 누군가 들어오지 않으면 어찌 알겠습니까? 외롭고 절망과 고통과 비참하고 처참한 신세 때문에 꿈속에서라도 이곳을 나가고 싶은 간절한 마

음입니다. 하나님, 가련하고 연약한 죄인을 붙잡아 주시니 감사합니다. 그 은혜 잊지 않고 하나님을 따르고 섬기겠습니다.

몇 달이 지난 후에 그는 나에게 세례를 받고 싶다고 했다. 나는 그에게 새벽 5시에 일어나서 변기가 있는 곳으로 오라고 말했다. 우리는 다음 날 모든 사람이 잠들어 있을 때 일어나서 화장실로 향했다. 나는 냄새 나는 변기가 있는 곳에서 그의 머리에 물을 뿌리며 성부와 성자와 성령의 이름으로 세례를 베풀었다. 비록 냄새나는 곳이었지만 한 영혼이 하나님께서 기뻐하시는 제물로 바쳐진 것이었다. 그 화장실이 죄인의 눈물겨운 회개가 가득 찬 향기로운 제단이 되었다.

하나님께서는 우리를 통해서 간수소 안으로 신앙 서적들을 들여오게 하셨다. 내가 처음에 간수소에 들어갔을 때는 읽을거리도 거의 없었고 성경책이나 신앙 서적은 하나도 없었다. 읽을 것이 너무나 부족해서 신문지 하나만 있어도 서로 가져가려고 안달이었다. 그래서 나는 성경책과 신앙 서적들을 얻게 해 달라고 주님께 기도드렸다. 그 후 한 달이 지난 후에 신앙 서적 몇 권을 최 목사님을 통해서 얻게 되었고, 두 달 정도가 지나서 영사와 간수를 통해서 성경책까지도 얻을 수 있었다.

나는 간수소의 복음화를 위해서 성경책과 전도 책자

를 들여오기로 결심하고는 누나에게 영사를 통해서 성경책과 신앙 서적을 많이 넣어달라고 부탁을 했다. 대부분의 중국인은 간수소 안에서 성경책이나 신앙 서적들을 받을 수 없었지만, 다행히도 나는 미국 시민이었기 때문에 영사관을 통해서 성경책과 신앙 서적들을 받을 수가 있었다.

그런데 이런 책들을 영사관에서 눈치껏 잘 나누어 보내주어야 하는데 하루는 영사가 누나가 미국에서 보내준 십여 권의 책과 50권이 넘는 전도 책자를 모두 한 박스에 넣어 가져와 버렸다. 면담을 마친 후에 그 박스를 들고 호실로 가는데, 관교가 나를 붙잡고 박스를 열어보라고 했다. 내가 두려운 마음으로 박스를 열자 간수가 서적들을 뒤지기 시작했다. 그런데 "이 책은 왜 이렇게 똑같은 것이 많아?"라고 하면서 전도 책자 몇 권만 빼앗고는 나머지는 호실에 다 가지고 들어가게 해주는 것이 아닌가? 기적 같은 일이 일어난 것이었다. 나는 주님의 은혜로 들여온 성경책과 신앙 서적들을 감방 동기들과 함께 돌려본 후에 다른 호실로 보냈다. 얼마 후에 이 집사님이 답례로 베개와 쪽지를 보내 주었다.

성경책과 신앙 서적을 받았습니다. 귤껍질로 베개를 만들어 보냅니다.

대부분의 사람은 간수소 안에서 시간이 빨리 가기만을 기다리는 지루한 삶을 살고 있었다. 매일 반복되는 자유 없는 삶은 사람들의 소망마저 앗아갔다. 심지어 자기의 팔이 잘리더라도 나가서 자유를 얻고 싶다는 사람도 있었다. 그들은 밖에서는 거들떠보지도 않던 성경과 신앙 서적들에 흥미를 갖고 그 책들을 읽기 시작했다. 그중 어떤 사람들은 감동적인 간증 서적을 읽으면서 눈물을 보이기까지 했다. 하나님께서 우리를 통해서 간수소 안으로 가져온 서적들을 통해서 죄인들에게 자신의 사랑을 느끼게 해주신 것이었다. 하늘을 두루마리 삼고 바다를 먹물 삼아도 다 기록할 수 없는 주님의 그 사랑을 찬양한다.

6. 광야학교(간수소)에서 배운 교훈

하나님께서는 간수소에서 우리를 훈련하시고 하나님과 더욱 친밀한 관계로 이끄셨다. 그래서 우리 중 몇 사람은 간수소를 광야학교라고 부르기를 좋아했다. 우리는 하나님께 훈련을 받으면서 다음과 같은 것들을 깊이 깨달을 수 있었다.

첫째, 거룩하신 하나님께 더 가까이 갈수록 죄에 대해서 더 민감해진다. 간수소 안에 있던 사역자들은 말씀과 기도에 힘썼다. 우리 중 몇 명은 일 년에 몇 번 성경을 통독하고 매일 장시간 기도에 전념했는데 광야학교의 선배셨던 최 목사님은 나에게 다음의 글을 쪽지에 써서 보내주셨다.

우리는 일반 사람들하고는 죄목이 다른 것으로 들어와서 체면이 세워진 것 같습니다. 그러나 우리의 내면을 주님 앞에 비춰보면 일반 사람보다 더 흉악한 죄인인 것을 봅니다. 진짜 죄인이 되어 죄인 중에 있으면서 겸손을 배우고 죄인의 모습을 실질적으로 배우고 있으니 그것도 감사합니다. 1년 11개월 동안 갇혀 있는 동안 감당할 수 없는 많은 일을 체험했습니다. 이곳에 56세에 들어왔는데 이제는 58세가 되었습니다.

대부분의 죄수는 흉악한 죄를 짓고도 죄책감 때문에 고민하는 일이 별로 없었다. 사람을 죽이고도 재수 없어서 붙잡혀왔다고 말하는 사람도 있었다. 그러나 북한 사람들을 돕다가 체포되셨기에 다른 사람들에게 죄인 취급 받지 않으셨던 최 목사님은 자신을 죄인 중의 괴수로 보셨다.

나에 대해서 알고 있었던 간수와 죄수들도 나를 죄인으로 취급하지 않았다. 그러나 오히려 나는 간수소 안에서 생활하는 동안 하나님 앞에서 많은 회개 기도를 했다. 그동안 선교 활동을 하면서 하나님 앞에서 지은 죄와 하나님께 영광을 돌리지 못한 것들에 대해 용서를 구했다. 한번은 기도하는데 마음속에 이런 강한 생각이 들었다. "하나님의 일을 가장 방해하는 것은 바로 나 자신이다. 나의 옛사람이다." 사도 바울은 로마서 8장 12절에 "육신에게 져서 육신대로 살 것이 아니니라"라고 말했는데 내 삶의 어떤 부분은 육신에 패배한 모습이었다. 그러나 간수소 안에서 과거의 잘못을 회개하고 하나님께 집중하면서 말씀과 기도의 삶을 살 때, 주님께서 승리하는 삶을 허락하심을 경험했다.

둘째로 나는 우리가 가진 작은 것도 감사할 조건임을 깨달았다. 음란 비디오를 중국으로 들여오시다가 적발되셨던 한국 사장님도 간수소에 계시면서 많은 것을 배우셨다고 하셨다. 그분은 한국으로 추방되어 간수소를 떠나시기 전에 나에게 이런 쪽지를 남기셨다.

저는 인생 최대의 고비를 맞이하면서 참으로 많이 당황했습니다. 지금까지는 문제의 본질을 회피하려고 했습니다. 그러나 이제는 당당하게 맞서겠습니다. 이제 저는 편안한 마음으로 영적인 인생 순례의 길을 떠날 수 있는 용기를 얻은 것 같습니다. 좀 더 깎이고 좀 더 낮아지겠습니다. 목사님과의 인연을 마음에 간직하고 이곳을 떠납니다.

또한 그분은 떠나시면서 아래의 시를 나에게 남겨 주셨다.

'내 탓이로다.'
또 다시 하루가 멀어져 간다.
내뿜는 담배 연기처럼
짧기만 한 내 기억 속엔
무엇을 찾아 헤메었는지
아무것도 찾을 수 없네
아직도 나는 꿈을 꾼다.
나를 사랑하는 사람들과의 평범한 일생
범사에 감사하라
이제야 알게 됐네 하나님의 말씀

내 탓이로다 내 탓이로다
눈물이 샘물처럼 흘러내릴 때에야 알았네
내 탓이로다 내 탓이로다

세상의 모든 것을 내려놓고 들어간 간수소에는 모든 것이 부족해서 평상시에 아무 생각 없이 사용하던 물품도 구하기 어려웠다. 너무나 평범해서 대수롭지 않게 여겼던 것들, 가족들과 보낸 평범한 삶. 그 모든 것을 얻으려고 우리는 발버둥 치면서 매우 귀중한 교훈을 깨달았다.

'작은 것도 감사해야 하는 것이 마땅한 조건이고 소중한 은혜이다. 평범하게 살았던 일상의 삶 자체가 축복이다. 내가 아무 생각 없이 누리는 많은 것들은 하나님께 감사드릴 중요한 조건이다.'

많은 것을 가지고 있었을 때의 우리는 더 많이 가진 자들과 스스로를 늘 비교했고, 갖지 못한 것들에 초점을 맞추고 불행을 곱씹었다. 그러나 모든 것들을 잃고 나서 간수소에서 주어지는 작은 것들에 대해 비로소 감사했을 때, 하나님께서는 우리가 진정한 행복을 경험하게 해 주셨다. "범사에 감사하라"라는 말씀은 하나님께서 우리를 축복하시기 위해서 주신 말씀이다. 진정으로 모든 것에 감사할 줄 아는 자들은 하나님의 나라를 누리며 산다.

셋째로 내가 느낀 것은 어떠한 상황에서도 예수님을 바라볼 때 하나님의 나라를 경험할 수 있다는 것이었다. 우리가 자주 불렀던 찬송은 '내 영혼이 은총 입어'였다. 우리는 가사를 자주 바꾸어 불렀다.

내 영혼이 은총 입어 중한 죄 짐 벗고 보니
슬픔 많은 이 세상도 천국으로 화하도다
할렐루야 찬양하게 내 모든 죄사함 받고
주 예수와 동행하니 간수소도 하늘나라

우리가 간수소를 "하늘나라"라고 선포하면서 나아갈 때 하나님께서는 우리들의 마음을 변화시키셔서 천국을 경험하게 해 주셨다. 간수소를 천국이라고 고백하는 찬양을 들으며 어이가 없어 웃던 사람들도 나중에는 이러한 찬양을 들으며 마음의 평안을 느끼는 것을 보게 되었다. 세상의 낮은 곳, 죄인들이 모인 그곳에 하나님의 나라가 임했다. 다른 호실에 계시다가 우리 호실로 오셔서 같이 예배드리던 어느 집사님이 이런 고백을 하셨다.

"이곳은 제가 있던 호실과는 너무나 다릅니다. 그곳에 비하면 이곳은 천국입니다."

어느 날은 창살 넘어 하늘을 바라보면서 '내 구주 예수님(Shout to the Lord)'이라는 찬양을 부르는데 눈물이

계속해서 흐르기 시작했다. 감옥 안에서의 삶이 쉬운 것은 아니었지만 결코 비통해서 우는 눈물이 아니었다. 내가 어느 곳에 있든 절대 나를 버리시지 않고 감옥 안에서도 함께 하시는 아버지의 사랑에 감동하여 운 것이었다. 사단은 감옥을 통해서 여러 사람에게 지옥을 맛보게 하려고 했지만 "천국은 너희 가운데 있다"고 말씀하신 예수님께서는 감옥을 천국으로 바꾸시는 기적을 행하셨다.

넷째로 나는 예수님의 보혈의 은혜와 사랑은 영문 밖에서 더 강력하게 역사하고 계신다는 것을 깨달았다. 나는 간수소 생활을 영적 도약의 기회로 생각하고 매일 3시간 이상 성경을 읽고 묵상했다. 따라서 간수소에 있으면 있을수록 영성이 더 깊어져 가는 것을 느꼈다. 하루는 히브리서 13장과 계시록을 묵상할 때 하나님의 깊은 계시가 나에게 임하는 것을 느꼈다.

죄를 위한 짐승의 피는 대제사장이 가지고 성소에 들어가고 그 육체는 영문 밖에서 불사름이라 예수도 자기 피로서 백성을 거룩하게 하려고 성문 밖에서 고난을 받으셨느니라 그런즉 우리도 그의 치욕을 짊어지고 영문 밖으로 그에게 나아가자(히 13:11-13)

그들 (두 증인)의 시체가 큰 성 길에 있으리니 그 성은

영적으로 하면 소돔이라고도 하고 애굽이라고도 하니 곧 그들의 주께서 십자가에 못 박히신 곳이라(계 11:8)

말씀을 연구하고 묵상하면서 내 마음속에 강한 전율이 흐르기 시작했다. 문득 이런 생각이 들었다.

'성막 안에 있는 사람들이 부정하게 되면 영문 밖으로 쫓겨났다. 영문 밖은 부정한 자들이 쫓겨나서 머물러야 했던 곳이었기에 죄인들로 가득했다. 죄인들을 구원하시기 위해서 오신 예수님은 부정한 자들이 있던 성문(영문) 밖에서 돌아가셨다. 영적으로는 타락한 죄인들이 많았던 소돔과 애굽에서 예수님께서 십자가에 매달려 돌아가신 것이다. 아! 죄인들의 친구이신 예수님께서는 더러운 사람들이 머무는 곳에서 십자가 지시기를 원하셨구나! 살인자, 강간범들이 있는 이 간수소에 주님의 보혈의 은혜가 넘치는구나! 영문 밖에 예수님이 계시구나! 그렇다면 나도 영문 밖에 계신 예수님께 나아가야겠다. 내가 소돔과 고모라 같은 이 간수소에서 십자가를 져야겠다.'

나는 그 결심 후에 호실 안에서 날마다 내 자아를 죽이면서 주위 사람들을 섬기는 삶을 살았다. 호장이 핍박하더라도 인내하기 위해 노력하고, 불이익을 당할 때라도 반응하지 않으려고 애썼다. 그러자 하나님께서는

나를 통해서 호실을 변화시키기 시작하셨다. 앞서 말한 것처럼 호장이 예배에 참석하기로 결정한 것이다.

때때로 그분의 사랑과 임재는 영문 밖에서 오히려 더 크게 느껴질 수 있다. 어둠 속에 빛이 더 강렬하게 비추는 것처럼 십자가 보혈의 역사가 그곳에서 더욱 강력하게 나타나기 때문이다. 더 나아가서 우리가 그의 치욕을 짊어지고 영문 밖으로 나아갈 때, 우리는 아픔과 슬픔 속에서 십자가의 예수님을 깊이 만나게 된다. 실로 우리의 질고를 지고 우리의 슬픔을 당하신 주님, 그 주님을 더 아는 은혜가 주어진다. 또한, 영문 밖에서 십자가를 지는 우리를 통해 축복이 흘러가서 다른 이들이 예수 그리스도를 만나 하늘나라를 경험하게 된다.

7. 석방과 동시에 추방되다

주께서 원수들로 우리 머리를 밟고 지나가게 하셨습니다.
우리는 불과 물 속을 지나가게 되었습니다. 그러나 주는 끝내
우리를 풍부한 곳으로 데려다 주셨습니다. (시 66:12, 쉬운성경)

"박용하, 준비하고 나오시오."
"알겠습니다."

2004년 9월에 법정에 출두하라는 명령을 받은 나는 1년 만에 밖으로 나갔다. 동역자인 정 목사님과 경찰들이 나를 기다리고 있었다. 경찰들은 내 손에 수갑을 채우고 나를 차 안으로 밀어 넣었다. 정 목사님과 1년 넘도록 만나지 못해서 너무 반가워 인사를 하는데 경찰이 무섭게 소리를 지르는 바람에 대화를 멈추어야만 했다.

차가 법정에 도착하자 경찰들은 우리를 조그만 방으로 데려갔다. 그곳에서 우리는 법정이 시작되기를 기다렸다. 기다리는 동안 하나님께 기도를 드리고 있는데 옆방에서 정 목사님이 하나님께 감사드리며 찬양하는 노래가 들렸다. 그 노래를 듣는 나에게도 힘이 생겨 더 열심히 기도를 하는데 문득 이런 생각이 들었다.

'세상 사람들이 보면 그리스도인들은 참 정신 나간 사람이다. 북한 사람들을 돕다가 1년 넘게 감금이 되었

는데 어떻게 감사가 나올까? 어떻게 찬양이 나올까? 하나님께 감사 기도를 드리는 나도 신앙의 눈으로 보지 않으면 정신 나간 사람이다.'

법정에 나갔더니 오랜만에 반가운 얼굴들이 보였다. 여러 사람이 죄수복을 입은 나의 모습을 보며 안쓰러워하는 것이 느껴졌다. 곧 판사가 나와서 법정이 시작되었다. 원래 검사 쪽에서 나를 기소한 것은 월경죄였는데 이것은 기각되어 있었다. 그 후에 같은 죄목으로 또 한 번 기소가 되었는데 이전 사람이 동일한 일로 기소되었다가 무죄 판결을 받았었기 때문에 다시 기각을 시켰다.

그 후에 고민하던 검사들이 세 번째는 공문서위조라는 죄목으로 나를 기소했다. 처음 두 번 기소할 때 언급도 하지 않았던 죄목이었다. 그러나 그것밖에는 기소할 것이 없었던 것 같다. 물론 내가 위조를 한 것이 아니었지만 위조범들에게 의뢰를 했기 때문에 기소할 수 있었던 듯했다.

우선 검사 측의 심문이 있고 난 뒤에 중국에서 선임한 국선 변호사의 변론이 있었다. 나는 하나님만을 신뢰하기를 선택하고 돈을 지출해 가며 굳이 변호사를 선임하지 않았기에 국선 변호사가 나와서 나의 변호를 맡았다. 그 변호사는 검찰과 대립하지는 않았고 형기를 줄이기 위해서만 노력하는 것 같았다. 그가 특별히 한 변론은 없었으나 나에게 한 가지 중요한 질문을 했다.

"돈을 받으면서 이 일을 했습니까?"
"한국으로 무사히 탈북한 사람들이 북한에 있는 자신들의 가족들을 구출하기 위해 필요한 경비를 주기도 했지만, 대부분의 경우 돈을 받지 않고 일을 진행했습니다. 나는 예수님을 믿는 사람이기 때문에 돈 때문에 이 일을 하지 않았습니다."

그 후 내가 최후의 진술을 하고 법정이 끝나자 경찰들은 우리를 다시 감옥으로 데려갔다. 나는 간수소에 돌아와서 이전과 동일한 삶을 살았고, 호실에서 열심히 전도하는데 집중했지만, 자꾸만 판결이 기다려지는 것은 막을 수 없었다. 어떤 판결이 나오든 상관없이 간수소는 떠나야 할 것 같아서 짐들도 정리했다. 그러나 시간은 이전보다 더 더디게 가는 것 같았다. 그래서 판결에 대한 생각은 잊어버리고 나의 본분에 집중하려고 노력했다.

그렇게 시간이 흘러 2004년 11월 2일에 법정에 다시 출두하라는 명령을 받았다. 법정에 가자 내가 아는 여러 사람이 나와서 나의 판결을 기다리고 있었다. 판사가 나와서 판결을 내렸다.

"주범 박용하에게 벌금 50,000위안(대략 한화 8,600,000원)과 추방판결을 내린다."

5년 이상의 형기를 받을 수도 있었는데 추방판결이 내려지자 나를 보러 온 사람들이 매우 기뻐했다.

추방판결 후에 경찰이 다시 간수소로 우리를 데려갔다. 간수소로 돌아가서 방에 있는 친구들에게 이야기를 나누자 다들 부러워했다. 얼마 후에 간수가 와서 창살 밖에서 소리쳤다.

"박선생! 빨리 짐 싸세요."

나는 내가 가지고 있던 여러 짐을 주위 사람들에게 나누어주고 필요한 짐들만 꾸렸다. 그러자 간수가 나를 데리고 사무실로 데려가서 몇 가지 서류에 서명하게 했다. 그 후에 간수가 나를 감옥 밖으로 데려다주었고, 나는 그곳에서 동역자들을 만나 숙소로 이동했다. 법정에서 추방판결을 받았지만 10일간의 상소 기간 동안 중국에 자유의 몸으로 머물 수 있게 해준 것이었다. 참 놀라운 일이었다. 5년 넘는 형량을 받을 수도 있었는데 자유의 몸으로 중국을 다닐 수 있게 되었다니!

추방판결을 받는 데 여러 원인이 있었겠지만 근본적인 원인은 하나님의 역사하심이었다. 참새 두 마리가 한 앗사리온에 팔리는 것에도 간섭하시는 하나님께서 기도하는 자들에게 응답해주신 것이다. 하나님께서는 나를 단련하신 후에 정금처럼 나오게 하셨다.

간수소에서 나온 나는 그날 밤을 뜬눈으로 지새우고 다음 날 새벽 3시 30분쯤에 연길교회에 나갔다. 너무 일찍 나간 탓에 교회의 문은 닫혀있었다. 11월의 연길 날씨는 매우 쌀쌀했지만 집으로 돌아가지 않고 교회 밖에서 문이 열리기를 기다렸다. 한 시간 반쯤 지나자 누군가 교회 문을 열었고 한 사람 한 사람 교회 안으로 들어오기 시작했다. 그렇게 예배당에 1년 3개월 만에 들어가 예배를 드릴 때의 감격은 이루 말할 수 없었다. 교회 목사님께서 예배를 시작하시며 시편 66편 10~15절의 말씀을 읽으셨다.

"오 하나님, 주는 우리를 시험하셨습니다. 주는 은처럼 우리를 불 속에서 달구셨습니다. 주께서 우리를 감옥에 집어넣으시고, 우리 등위에 무거운 짐을 지어 주셨습니다. 주께서 원수들로 우리 머리를 밟고 지나가게 하셨습니다. 우리는 불과 물속을 지나가게 되었습니다. 그러나 주는 끝내 우리를 풍부한 곳으로 데려다 주셨습니다. 내가 태워 드리는 제물인 번제물을 주의 성전에 가지고 가서 주께 맹세한 것을 갚겠습니다. 이 맹세들은 내가 어려움을 겪고 있을 때에 주께 약속드리고 말씀드렸던 것입니다. 나는 주께 살진 것으로 제물을 드리며, 숫양과 소와 염소를 제물로 드리겠습니다."

마치 하나님께서 나에게 직접 얼굴을 맞대고 하시는 말씀처럼 들렸다. 내 마음에는 전율이 일어났다. 그 후 미국으로 추방된 뒤에 나의 동역자였던 홍 선생님이 2003년 9월에 내가 체포된 후 후원자들에게 쓰신 기도편지를 보고 깜짝 놀랐다. 그 기도편지에도 동일한 구절이 적혀있었기 때문이었다.

위험한 상태에 있는 북한 분들을 연계 받는 과정에서 박 다니엘 선교사님과 조 선교사님, 그리고 조선족 사역자 두 분이 중국 공안에 체포당하는 사건이 발생했습니다. 또한 A 지역에서 보호 양육 받던 4명의 북한 지체들도 붙잡히게 되었습니다. 약 한 달가량 조사가 이루어질 것이라고 가족들에게 연락이 왔고 지금까지 계속되고 있습니다. 처음에는 왜 이런 일들을 우리에게 허락하셨을까 매우 당황스럽고 염려가 되기도 했지만, 지금은 조금씩 이런 일들을 통해 하나님께서 우리를 어느 곳으로 인도하실까, 하나님께서 어떤 계획을 갖고 계시는가 여쭤보고 있습니다. 어제는 성경을 보면서 하나님께서 주시는 말씀을 읽게 되었습니다.

우리를 끌어 그물에 들게 하시며 어려운 짐을 우리 허리에 두셨으며 사람들로 우리 머리 위로 타고 가게 하셨나이다 우리가 불과 물을 통행하였더니 주께서 우리를 끌어내사 풍부한 곳으로 들이셨나이다(시 66:11-12, 개역한글).

좋은 목자는 양 떼에게 좋은 꼴을 먹이기 위해서 양을 데리고 사망의 음침한 골짜기를 지나간다. 선하신 목자이신 예수님도 우리를 은처럼 불에서 달구시고, 감옥에도 들어가게 하시고, 물과 불을 통과하게 하신다. 풍부한 곳으로 인도하시기 위해서다. 그런데 나에게는 감옥 자체가 풍부한 곳이었다. 그곳에서 세상에서 느낄 수 없었던 하나님의 은혜를 깊이 느끼며 다시 첫사랑을 회복했기 때문이었다.

나는 석방된 후에 채 며칠이 지나지 않아서 간수소를 다시 찾아갔다. 내가 1년 3개월 동안 머물렀던 곳이어서 그런지 마음속에 커다란 설렘이 있었다. 내가 간수소를 찾는 목적은 두 가지였다. 첫째는 내가 머물던 호실에 있던 형제, 자매들과 친구들에게 밖에서 구입한 서적들을 들여보내는 것이었다. 두 번째는 간수소에 잡혀있던 탈북동포들에게 영치금[10]을 넣어주기 위해서였다.

북한에서 두만강을 넘어서 중국에서 생활하던 사람 중에 범죄를 저지르던 사람들이 적지 않았는데, 그들 중 중국 공안에 잡힌 자들은 판결을 받기 전까지 간수소에 갇혀 지내야만 했다. 그런데 수감된 대부분의 탈

---

10) 죄를 지어 교도소에 갇힌 사람이 교도소의 관계 부서에 임시로 맡겨 두는 돈. 수감자가 체포 당시 지니고 있었거나 가족, 친지 등이 수용자 앞으로 넣어준 돈을 이른다. 교도소를 통하여 음식이나 물품을 구입하는 데 쓴다. (출처: 표준국어대사전)

북동포들은 밖에서 영치금을 넣어주는 사람들이 한 명도 없어서 간수소 안에서 비참한 생활을 했다. 간수소 안에 있던 모든 북한 사람들을 찾아내지는 못했지만, 나와 쪽지를 주고받던 한두 사람과 소문을 통해서 알게 되었던 몇 사람들에게 간수를 통해서 영치금을 넣어주었다.

내가 다른 일을 하기 전에 먼저 간수소를 찾은 이유는 자유의 몸이 되면 밖에서 필요한 물건을 보내주겠다고 약속을 해놓고 실제로 자유의 몸이 되자 연락이 끊긴 사람들 때문이었다. 감옥에 있으면서 나는 그들처럼 되지 않겠다고 결심한 적이 있었다. 두 번째 이유는 "너희도 함께 갇힌 것 같이 갇힌 자를 생각하고 너희도 몸을 가졌은즉 학대 받는 자를 생각하라"라는 히브리서 13장 3절의 말씀 때문이었다.

내가 갇힌 자들과 함께 아픔과 고통을 겪어봤기 때문에 작은 관심이 그들에게는 매우 소중하다는 것을 알고 있었다. 그래서 밖에서 사람들을 만나거나 즐기는 것보다 우선 그들의 아픔에 동참하고 싶었다. 도둑질이나 사기처럼 작은 범죄를 저지른 사람들은 중국의 형을 받아서 복역을 하다가 북한으로 후송되는 경우가 있었지만, 마약 판매나 살인과 같은 큰 범죄를 저지른 사람들은 형장의 이슬로 사라지는 경우도 있었다. 그런데 사형선고를 받은 사람 중에는 우리와 똑같은 보통사람이었는데 탈북한 후에 살기 위해서 발버둥 치던 중 큰 범죄를 저지른 경우도 적지 않았다. 내가 간수소에 있던 동안에도 북한 사람 한 명이 사형되었다는 이야기를 들었다.

다음에 나오는 편지는 어느 북한 사람이 사형집행을 받기 전에 부모님에게 쓴 편지다. 다행인 것은 그가 사형집행 전에 간수소에서 복역하시고 계셨던 어느 집사님에게 복음을 들은 것이었다. 이러한 죽음도 분단된 조국이 겪는 아픔의 일부가 아닐까?

탈북민 사형수의 마지막 편지

☀☐ ☁☐ ☁☐ 보고 싶은 부모님 에게.

아버지 어머니 저 갑니다.
지금 모두 건강히 잘 있는지 보고싶고 자식으로서 부모의
사랑이 그리워 마지막으로 이못난자식의 마음을 얘기.
하여주고싶어 이렇게 글을씁니다.
아버지 어머니 지금 이못난자식은 죽음의 하루를앞두고 건강.
한 몸으로 중국훈련시 감방에 갇겨있읍니다 그래 다시는.
만나뵈올수없고 또 만나지못하고 보내는. 이아들을 그리여
슬퍼할 부모들이 불쌍하고 가엾어 마음속의 슬픔을 이렇게
글로적으니 너무슬퍼말고 읽어보시오.
아버지 어머니 그동안. 이못난 자식을 장가위 사람을 만들어
보겠다고 고생한 부모님께 감사를 드립니다.
그리고 그렇게 이못난자식을위해 고생많이해온 부모님께 단한.
번이라도 효도하지못한 이못난자식을 부디 용서해주시고 자식들이
다못한 인생을합쳐 오래 오래 건강히 살아주십시오.
그렇게만되다면 이불효자식도 편안한 마음으로 눈을감겠읍니다.
꼭 부탁이니 앓지말고 건강히 오래 앓아주십시오.
그리고 아버지 다음해는 아버지의 환갑이되여돌을렌데
혹시 자식들이 없다고 그저보내지말고 꼭환갑잔송을 받으십시오.
그럼 이만쓰겠읍니다. 길게써야 슬픔이 심했지 그저 너무.
섭섭해말고 꼭오래앉아주시오 하나님께 복도받아. 이세상에
다시태여난다면 그땐꼭 자식으로서 효도를하겠읍니다.
그럼 건강히 세월을 보내길 바라며 불효자식.
　　　　　　　2007. 8. 29　　　　　　　동렬.

174 꽃제비들의 아바아버지

제3부

깊어지는 북한 사랑

1. 북한 그루터기 교인과의 만남
2. 사랑의 꾸러미 사역
3. 박해 받는 지하교인들과의 만남
4. 중국에 팔려간 북한 여성들
5. 꽃제비 사역
6. 40일간의 선물, 감옥 속 천국

"중국과 북한을 왔다 갔다 하면서 구걸하거나 쓰레기통을 뒤지는 아이들이 보였다.

…

평양의 아이들은 국가의 모든 혜택을 받는 것처럼 보였는데 이 아이들은 북한, 중국, 그 어느 품에서도 쉴 수 없는 아이들이었다. 그런데도 아직 맑고 천진한 모습에 연민이 느껴졌다."

1. 북한 그루터기 교인과의 만남

2005년도 여름. 나는 미국에서 새로운 여권을 발급받은 후에 추방 당한 중국으로 향하는 비행기에 다시 올랐다. 중국에 도착하여 비행장에서 경찰에게 여권을 넘겨줄 때 많은 두려움이 엄습했다. 그 순간 내가 할 수 있는 것이라곤 오로지 살려 달라고 간절히 애원하는 기도뿐이었다. 다행히 아무런 제재를 받지 않고 다시 중국 땅을 밟을 수 있었다. 주님의 이끄심 속에 두 번째 중국 사역이 새롭게 시작된 것이었다.

하나님께서는 이 사역을 놀랍도록 축복하셨다. 전에 했던 사역을 계속할 수 있었을 뿐만 아니라 지하교인들을 위한 새로운 사역까지도 열어주신 것이다. 이 기간에 나는 꽃제비들, 탈북에 성공하였으나 중국에서 다시 인신매매되어 전혀 모르는 곳으로 팔려 가신 분들, 그리고 중국에 잠시 방문하셨다가 북한으로 다시 들어가시는 분들 등 이전보다 더 다양한 사람들을 만날 수 있었다. 그들 중에는 지하교인들과 그루터기 교인들도 포함되어 있었다.

나는 이렇게 백여 명이 넘는 사람들을 만나면서 교제하고 말씀을 전했는데 그중 가장 인상에 남는 분은 2010년 1월에 단동 시에 있는 한 커피숍에서 만난 분이

었다. 70세가 넘는 호리호리한 할머니이셨는데, 평양 말씨를 사용하시던 그분은 처음에 나를 많이 경계하셔서 깊은 이야기는 하지 않으셨다. 그러나 시간이 흐르면서 우리 사이에 신뢰가 쌓이자 조금씩 자신의 이야기를 풀어 놓으셨다.

그분의 아버지와 어머니는 모두 독실한 기독교인이셨다. 아버지는 장로님이셨고 어머님은 집사님이셨는데 어릴 때 두 분과 함께 교회에 다니셨던 일들이 기억난다고 하셨다. 북한의 지하교인 중에서도 특히 극심한 핍박 속에 할아버지 할머니로부터 믿음을 물려받아 해방 전부터 믿음을 지켜온 북한의 기독교 가정을 그루터기 지하교인이라 부른다. 이렇게 모태신앙을 가진 북한의 그루터기 신자들을 만나는 것은 매우 어려운데 그런 분이 바로 내 눈앞에 있는 것이었다. 그분은 다음과 같은 이야기들을 들려주셨다.

"6.25 전쟁은 모든 것을 빼앗아갔습니다. 그런데 참으로 이상한 것은 도시 전체가 다 폭격으로 불바다가 되었는데 교회 건물들은 파괴되지 않았다는 것입니다. 지금까지도 그때 파괴되지 않은 교회 건물들이 극장이나 다른 용도로 사용되고 있습니다.

저희 어머니는 북한에서 비밀리에 신앙생활을 했습니다. 자주 부엌에 앉아서 기도하셨고 저에게 찬송가도 가르쳐 주셨습니다. 부모님이 돌아가신 후에 저는 라디오로 기독교 방송을 몰래 들었습니다. 설교보다는 어머님이 들려주시던 찬송가를 듣고 싶었습니다. 저는 '고요한 밤 거룩한 밤' '하늘가는 밝은 길이', '예수사랑 하심은' 등과 같은 찬송가 듣기를 좋아합니다. 그러다 보안원들에게 발각되어 모진 고통을 당했습니다.

성경책은 이번에 처음 보게 되었습니다. 북한에 있을 때는 성경책을 보지 못했습니다. 중국에 와서 성경책을 계속 읽고 믿는 사람들을 만나면서 신앙이 더 깊어졌습니다. 계속 공산주의식 세뇌 교육을 받는 북한에 있을 때는 의심도 있었습니다. 그런데 중국에 와서 말씀도 읽고 여러 체험을 하면서 진정으로 하나님을 믿게 되었습니다. 비록 짧은 시간이었지만 많은 것들을 배웠습니다."

할머니의 이야기를 계속 듣고 있던 사역자가 살짝 끼어들며 이야기했다.

"내일 할머니가 북으로 돌아가십니다. 할머니에게 세례를 주세요! 이번에 들어가시면 언제 나오실지 모릅니다. 북한에서는 세례를 받을 수 없답니다."

우리는 다 함께 내가 피난처로 머물고 있던 아파트에 들어가 세례 준비를 시작했다. 우선 집에 있는 한 형제에게 '하늘가는 밝은 길이'를 기타로 반주해 달라고 하고는 국그릇에 수돗물을 받았다. 세례를 베풀기 위한

3부 : 깊어지는 북한 사랑

물이었다. 많은 준비를 할 시간이 없어서 초라하고 미미한 방법을 택한 것이었다. 그렇게 준비를 마치고, 한국에서 온 형제, 조선족 형제, 조선족 사역자, 나, 그리고 북한에서 온 할머니가 모두 함께 마룻바닥에 앉아서 할머니가 좋아하시는 '하늘가는 밝은 길이'라는 찬송가를 부르기 시작했다.

"하늘가는 밝은 길이 내 앞에 있으니
슬픈 일을 많이 보고 늘 고생 하여도
하늘 영광 밝음이 어둔 그늘 헤치니
예수 공로 의지하여 항상 빛을 보도다
내가 걱정하는 일이 세상에 많은 중
속에 근심밖에 걱정 늘 시험하여도
예수 보배로운 피 모든 것을 이기니
예수 공로 의지하여 항상 이기리로다
내가 천성 바라보고 가까이 왔으니
아버지의 영광 집에 가 쉴 맘 있도다
나는 부족하여도 영접하실 터이니
영광 나라 계신 임금 우리 구주 예수라"

찬송을 인도하는 나의 귀에 너무나 아름다운 할머니의 목소리가 들려왔다. 할머니는 찬송을 부르시면서 계속해서 눈물을 흘리셨다. 넘치는 감동의 물결 아래서 온

마음을 다해 찬송가를 부르고 계신다는 것이 느껴졌다. 함께 부르는 찬송가 가사 한 구절 한 구절마다 내 마음에 깊숙이 파고들었다. 참으로 가슴 벅찬 순간이었다.

찬송 후에는 마태복음 28장 18절에서 20절의 말씀을 가지고 말씀을 전했다.

"세상에는 많은 권세자들이 있습니다. 북한에는 김정일, 중국에는 후진타오가 있습니다. 그러나 이 세상의 가장 큰 권세를 가지신 분은 예수님이십니다. 그분께서 우리에게 세례를 베풀라고 명령하셨습니다. 세례는 나의 옛사람이 죽고 새사람이 살아나는 것을 뜻합니다. 세례를 받은 사람은 예수님을 위해 살아야 합니다. 복음을 전파해야 합니다. 잃어버린 양들을 제자 삼아야 합니다. 그때 예수님께서는 우리와 영원히 함께하실 것입니다."

말씀을 전한 후에 나는 할머니에게 다음과 같이 물었다.
"성도님은 예수님께서 자신의 죄를 위해서 십자가에 돌아가신 것을 믿습니까?"
"아멘."
"성도님은 예수님을 위해 살아가실 것을 결심합니까?"
"아멘."
할머니의 믿음의 고백이 선포되고, 나는 아버지와 아들과 성령의 이름으로 세례를 주었다.

세례를 베푼 후에 또다시 함께 찬송가 '하늘가는 밝은 길이'를 불러야 한다는 생각이 강하게 들었다. 감동을 따라 찬송을 하자 더 강력한 하나님의 임재가 느껴졌다. 할머니를 바라보았는데 처음에 찬송하실 때보다도 더 큰 감동을 받으시는 것 같았다. 마치 절규와도 같은 찬송이었다. 그분의 인생의 희로애락이 동시에 교차하는 것 같았다.

(북한 할머니에게 세례주는 모습)

할머니는 찬송할 때도 기도할 때도 계속해서 눈물을 흘리셨다. 감정을 주체하지 못하셔서 두 손으로 얼굴을 감싸시며 흐느껴 우셨다. 나는 예배 후에 할머니에게 중국 돈 3,000위안(한화 약 50만원)과 생필품이 들어있는 사랑의 꾸러미를 드리면서 이런 말씀을 드렸다. "이 물품들은 캐나다에 있는 기독교인들이 준비해서 주시는 거예요. 캐나다뿐만 아니라 미국, 영국, 한국 등 여러 나라에서 북한과 북한에 있는 기독교인들을 위해서 기도하고 있어요."

(함께 기도할 때도 할머니는 계속 울고 계셨다.)

다음 날, 할머니와 같이 동행했던 사역자 분이 나에게 할머니가 어제 있었던 일과 내가 했던 말을 듣고 충격을 받았다고 전해 주었다. 할머니가 이렇게 말씀하셨다고 했다. "철천지원수라고 생각하던 사람들이 우리를 돕고 있구나. 북조선에서도 내가 혼자가 아니었구나. 내가 이렇게 살아있을 수 있는 것은 그들의 기도 때문이구나."

이후 그는 나에게 할머니의 편지를 전달해 주었다.

박 목사님께

이 시간 너무나 감격해서 무엇이라 말씀드려야 좋을지 모르겠습니다. 먼저 우리에게 만남을 허락하여 주신 하나님 아버지께 감사를 드리고 목사님에게도 감사를 드립니다. 벌레만도 못한 죄인이 뭐길래 이처럼 크나큰 사랑을 주시는지. 오늘 목사님을 만나면서 목사님의 모습에서 예수님을 볼 수 있어 얼마나 감사한지 말로 다 표현할 수 없습니다. 그렇게 많은 돈과 물품을 받은 것만으로도 너무 고맙고 황송한데, 또 세례까지 받았으니 지금도 가슴이 벅차올라 잠을 이룰 수 없습니다. 많은 것을 받아서라기보다는 하나님께서 나를 사랑하신다는 것과 우리 조국을 위해 기도하는 사람들이 많다는 것을 듣고 우리 조국 사람들이 결코 외롭지 않다고 느껴 마음이 기뻤기 때문입니다.

여러분의 그 기도로 인해 분명히 하나님께서 우리 조국을 축복하시고 회복시켜 주실 것을 믿습니다. 지금은 이렇게 어렵고 힘들어도 언젠가는 우리 함께 온 조선 땅이 울리도록 찬양할 그 날을 기대해 봅니다. 제가 북에 있는 집에 돌아가면 어떤 환란과 핍박이 닥쳐올지는 알 수 없지만 믿음 변치 않고 신앙을 지킬 수 있도록 기도해 주세

요. 그루터기 지하교인 모임을 위해서도 기도 많이 해주시면 감사하겠습니다. 언제 다시 만날 수 있겠는지요? 조국에 돌아가서도 잊지 않고 기도하겠습니다. ○○에 한번 오십시오. 북과 남이 갈라져 분단의 장벽은 갈수록 두꺼워가지만 우리가 이렇게 주 안에서 극적으로 만나게 하신 것에 감사드립니다. 이 모든 것이 하나님 은혜가 아니고서는 이루어질 수 없다는 것을 고백합니다.

북에 돌아가면 목사님 부탁 명심하고 받은 사랑 감사하며 얼마 남지 않은 나의 삶을 주를 위해 살겠습니다. 죽도록 충성할 것을 결심합니다. 그리고 물심양면으로 후원해주신 모든 분에게 진심으로 감사를 드립니다.

목사님, 오래오래 건강히 지내십시오!

> 2010년 1월 27일 밤
> ** 에서
> 목사님 제자 *** 올림

그 후 할머니에 대한 소식을 오랫동안 접하지 못했다. 그런데 하루는 할머니가 보낸 북한 사람이 중국에 들어와서 나를 만나고 싶어 한다는 반가운 이야기를 들었다. 2011년 1월 6일, 나는 할머니가 보낸 북한 분을 만나기 위해 단동으로 떠났다.

그 당시 ○○지역에는 두 개의 DTS팀이 있었다. 첫 번째 팀은 한국에서 온 대학생 팀이었고 두 번째 팀은 중국팀으로, 두 팀 모두 단기선교(비전트립) 중이었다. 그런데 그 두 팀에 북한 분을 만날 기회를 주어야 한다는 마음이 강하게 들었다. 그래서 나는 그들을 사역센터로 초대했다. 한국에서 온 팀과 중국 팀이 함께 모이니 집안이 꽉 찬 느낌이 들었다.

똑똑똑! 얼마 후에 문을 두드리는 소리가 들렸다. 문을 열자 몸이 작은 50대 후반의 여자가 자신의 동역자와 함께 들어섰다. 문 앞에 가득한 신발에 놀란 것 같았다. 들어오시기를 조금 꺼리시는 듯했다. 조심스럽게 방에 들어오신 그분에게 나는 방 안에 있는 한 사람 한 사람을 소개해 주었다. 그러자 그 북한 분이 이렇게 말씀하셨다.

"중국에 오기 전에 북한에서 몇 가지를 하지 말라고 했는데, 그 중에 하나는 남한 사람을 만나는 것이었고, 다른 하나는 교회에 가는 것이었습니다. 처음에 방안으로 들어올 때 신발이 너무 많은 것을 보고 조금 두려웠습니다. 이번이 제가 중국에 와서 처음으로 남한 사람을 만나는 것입니다."

내가 대답했다. "여기에 있는 한국에서 온 대학생들도, 중국인들도 모두 처음으로 북한 분을 만나는 것입

니다. 북한 사람들을 사랑해서 북한을 위해 기도하고 있는 분들이니 걱정하지 않으셔도 됩니다."

나 또한 그분을 처음 만나는 것이었는데 크게 경계하시지는 않는 것 같았다. 아마 세례받고 파송된 할머니가 나를 소개해 주셨기 때문인 듯 했다.

"할머니는 잘 계시나요?"
"잘 계십니다. 할머니가 중국에 가면 꼭 목사님을 뵙고 오라고 했습니다. 북한에서 열심히 전도하고 계십니다."
"어떻게 할머니를 아시게 되셨어요?"
"제가 할머니 댁 근처에 살고 있는데, 할머니가 저에게 복음을 전해 주셨습니다."

너무나 기쁘고 감사했다. 내가 세례를 베푼 분이 북한에서 그렇게 열심히 전도하고 계셨다니! 소식을 들으니 할머니가 북한으로 돌아가신 후 1년 사이에 무려 20여 명도 넘게 전도하셨다고 했다. 복음을 전하면 목숨을 잃을 수 있는 그토록 위험한 곳에서 20여 명에게 전도한 것은 기적과도 같은 일이었다. 이렇게 북한에서 할머니의 소개를 통해 찾아온 최 자매님은 우리에게 자신의 간증을 들려주셨다.

"재작년 12월의 화폐개혁 후에 저는 모든 것을 잃어

버렸습니다. 가지고 있던 돈의 가치가 100분의 1이 되었습니다. 남편은 몇 년 전에 죽었는데 저 또한 도저히 남아 있는 가족들과 함께 살아갈 수 있을 것 같지 않았습니다. 모든 희망을 잃고 자살까지 생각하고 있었습니다. 한 달 동안 앓아 누워 있었습니다. 그렇게 아무런 희망이 없다고 생각할 때 오씨 할머니를 만나게 되었습니다. 오씨 할머니는 살길이 있다고 말해주었습니다. 살길이 무엇이냐고 묻자 하나님을 믿어야 한다고 말했습니다. 처음에 들을 때는 믿어지지 않았습니다. 그러나 오씨 할머니는 두만강 강가에서 만날 때마다 기독교에 대해서 알려주셨습니다.

또 할머니는 우리 집에 방문해서 몰래 성경 말씀을 가르쳐 주었습니다. 제가 사는 곳은 매우 감시가 심한 곳이었기 때문에 발각되지 않기 위해 우리는 나지막한 소리로 찬송가를 불러야만 했습니다. 오씨 할머니가 가르쳐 주신 찬송가는 '하늘가는 밝은 길이'와 '예수 사랑하심은'입니다. 찬송가 '하늘가는 밝은 길이'에는 다음과 같은 가사가 있습니다.

> 내가 걱정하는 일이 세상에 많은 중
> 속에 근심, 밖에 걱정 늘 시험하여도
> 예수 보배로운 피 모든 것을 이기니
> 예수 공로 의지하여 항상 이기리로다

이 부분을 부르는데 가사가 제 심장을 파고 들어오는 것 같았습니다. 그 당시 저의 삶은 정말 힘들고 비참했습니다. 극심한 고통 속에서 부르는 이 찬양은 제 마음에 깊이 새겨져 제가 주님을 더욱 의지하도록 이끌어주었습니다.

이곳 중국에 와서 저는 여러 가지 것들을 생각하게 되었습니다. 북한 정부의 거짓 우상화 작업에 빠져 김일성을 신처럼 섬겨왔던 제 모습이 그릇되었다는 것을 알게 되었습니다. 평생 김일성과 김정일 부자를 섬겨왔는데 우리에게 남은 것은 하나도 없었습니다. 이제는 사람이 아니라 하나님만 섬기려고 합니다."

간증을 들은 후, 우리는 함께 '예수 사랑하심은'과 '하늘가는 밝은 길이' 찬송가를 부르며 자매님을 위한 파송예배를 드렸다. 나는 방 안에 있는 모든 사람에게 함께 기도하자고 말했다.

"최 자매님께서 다시 북조선으로 들어가시게 됩니다. 자매님의 성령충만을 위하여 이 시간 다같이 손을 얹고 기도하시겠습니다. 자매님이 조선 땅, 어둠의 땅에 들어가서 빛의 역할을 할 수 있도록, 하나님의 도우심을 구하며 함께 기도하시겠습니다."

(북한의 최 자매님에게 손을 얹고 기도하고 있는 모습)

자매님을 위한 중보기도 속에 강한 성령님의 임재가 느껴졌다. 기도 가운데 흐느끼는 사람들이 생겨났고, 기도하면 할수록 점점 더 깊은 주님의 임재로 들어가는 것을 느꼈다. 기도가 갑자기 방언으로 바뀌는 사람들도 생겨났다. 어떤 사람은 좀 더 담대하게 울부짖는 강력한 기도를 드리고 있었다. 한 중국 학생은 아무 소리도 못하고 그저 울고만 있었다. 북한에서 온 자매님의 눈에서도 계속 눈물이 흘러내렸다. 기도 중에 남한에서 온 대학생 형제가 예언의 말씀을 전하기 시작했다.

"사랑하는 딸아, 두려워하지 말지어다. 강하고 담대하라! 나에게 간구하여라! 네가 간구하는 것을 다 줄 것이다. 나의 군사야 일어나라! 언제까지 움츠러들겠느냐? 믿음으로 구하라! 내가 부어줄 것이다. 내가 땅을 유업으로 주겠다. 강하고 담대하라! 네가 밟는 땅을 다 너에게 주겠다. 너의 기도를 다 들어줄 것이다. 나는 너의 아버지고 너는 내가 사랑하는 딸이다. 내가 너의 기도를 다 들어줄 것이다. 너를 통해서 많은 사람이 나에게 돌아오게 할 것이다. 네가 있는 땅에서 나를 경배하는 소리가 울려 퍼질 것이다. 나는 네가 흘려버린 작은 기도도 다 들으며 너를 결코 잊지 않을 것이다. 나는 언제나 너와 함께하는 하나님이다. 두려워하지 말지어다!"

그 후에 성령님께서 특별히 한 중국 자매에게 기도를 시키라는 감동을 몇 번이나 주셔서 나는 그 자매에게 기도를 부탁했다. 그런데 북한 사람을 처음 보는 그 자매의 입술에서 하나님의 마음이 느껴지는 놀라운 기도가 흘러나왔다.

(중국 자매가 최 자매님을 위해 기도하는 모습)

"주님, 최 자매님을 선택해주셔서 감사합니다. 자매님과 함께 해 주셔서 감사합니다. 자매님에게 아버지의 마음을 부어주십시오! 하나님 보시기에 기쁜 삶을 살게 해주십시오! 자매님 안에 있는 모든 슬픔을 알고 계십니다. 자매님이 흘렸던 눈물을 아버지께서 닦아주셨습니다. 자매님이 슬프고 아플 때 하나님의 말씀으로 치유해 주십시오. 우리는 함께 할 수 없지만 하나님께서는 함께 하십니다. 그 땅을 더 긍휼히 여겨 주시옵소서! 그 땅의 모든 사람이 아버지를 바라보고 사모합니다. 아버지를 필요로 합니다. 그들은 하나님이 없으면 살 수 없습니다. (북한 자매가 흐느끼기 시작했다.)

빨리 그들을 구원해 주십시오! 자매님을 통해서 그 가정과 땅이 고쳐질 것을 선포합니다! 하나님의 사랑과 축복 그리고 기쁨이 자매님을 통해서 그 땅에 임할 것입니다! 황량한 그 땅과 메마른 땅에 꽃들이 피어날 것을 믿습니다. 메마른 영혼들이 일어나 하나님을 찬양할 것입니다. 그들은 작고 연약하지만 주님의 눈에는 고귀하고 존귀합니다. 하나님 당신이 창세 전부터 자매님과 이 북조선 땅을 선택해주셨다고 믿고 있습니다. 하나님께서 그들의 상황을 보시고 들으시고 지금도 일하시는 것에 감사드립니다. 하나님, 당신은 긍휼을 베푸시는 하나님입니다. 모든 영광을 보좌에 앉으신 하나님께 올려드립니다. 하나님, 사랑합니다!"

기도가 끝난 후에 나는 함께 기도했던 사람들에게 하나님께서 주신 말씀이 있냐고 물어보았다. 그러자 한 형제분이 "죽음을 두려워하지 말고 담대하라"는 말씀을 주셨다고 했다. 그리고 한 자매님은 다음과 같은 이야기를 했다.

"한 나무를 보았습니다. 크고 잘 자란 나무인데 그 나무에 좋은 열매들이 열려 있었습니다. 그 열매들을 여러 사람이 따 먹고 만족함을 얻었습니다. 하나님께서 어머니를 그 나무처럼 사용하실 것입니다."

마지막으로 한 중국 자매는 이런 말을 했다.
"기도할 때 하나님의 마음을 느꼈습니다. 이스라엘 민족이 애굽에서 하나님께 울부짖을 때 하나님께서는 그들의 소리를 들으시고 그들에게 세우신 언약을 기억하셨습니다. 마찬가지로 하나님께서는 북한 사람들이 고통 가운데서 신음하는 소리를 듣고 계십니다. 하나님께서 그들을 구원해 주실 것입니다."

그들의 말을 조용히 듣고 있던 최 자매님은 이렇게 말했다.
"북한에서 복음을 전하는 것은 목숨을 거는 것과 같습니다. 그러나 하나님께서는 저에게 죽음을 두려워하지 말라고 하십니다. 북한 땅에 가서 두려워하지 않고 담대히 복음을 전하겠습니다."

우리는 함께 저녁 늦게까지 대화를 나누다가 아쉬운 마음을 남긴 채 헤어졌다. 다음 날 그 북한 자매님으로부터 다음과 같은 편지를 받았다.

하나님이 사랑하시는 박 목사님께,

하나님 감사합니다. 우리 사람의 생각으로는 감히 상상조차 할 수 없는 큰일을 하나님께서 허락하셔서 목사님을 만나게 하시고 많은 은혜를 받게 하신 것 정말 너무 감사합니다. 벌레만도 못한 나를, 그것도 과부인 나를 하나님 품에 안아 자녀 삼아주시고, 예수 생명을 부어주시고, 절망 속에서도 소망을 바라보며 살아갈 수 있는 구원의 확신을 주신 것 모두 감사합니다.

하나님의 자녀로서 받은 그 사랑이 어찌나 큰지 글로 다 표현할 수 없는 것이 너무나도 안타깝습니다. 목사님을 만나서 가르침을 얻고 도움을 받고 나니 '나도 목사님처럼 살아야지!' 하는 마음이 생깁니다. 목사님이 베푸신 그 사랑이 바로 예수님의 사랑이었기에 제가 이렇게 감동을 받았습니다. 중국에 와서 좋은 사람들을 만나 많은 것을 느끼며 배우고 돌아갑니다. 사랑의 빚을 많이 지고 가기에 마음이 아주 무겁지만, 그래도 제 마음이 무거운 만큼 조국에 돌아가 복음을 더 열심히 전할 수 있어 너무 기쁩니다.

물론 목숨을 걸고 신앙을 늘 지켜야 하기에 매일 살얼음판을 걷는 것처럼 긴장 속에 살아야 하겠지만, 예수님께서 저를 위하여 목숨을 버리신 것 같이 저도 예수님을 위해 이 한 목숨 기꺼이 바쳐 충성하고 싶습니다. 지금은 제가 물심양면 많은 도움을 받아가지만, 받은 것 이상으로 기도하며 복음을 전함으로 저를 도와주신 목사님과 고마운 사람들, 그리고 하나님 앞에 부끄러움이 없는 하나님의 자녀로서 최선을 다하겠습니다. 이제는 무엇을 먹을까 무엇을 입을까 걱정하는 것보다 죽든지 살든지 하나님 영광을 위해 살 것을 약속합니다.

어떤 환난과 핍박 속에서도 신앙을 지킬 수 있도록 기도해 주시고, 작은 일에 충성하여 30배, 60배, 100배의 열매를 거둘 수 있도록 기도해 주세요. 그리고 우리 북조선도 하나님의 축복으로 더 이상 굶어 죽는 사람들이 없고 자유롭게 하나님을 믿고 마음껏 찬양하며 살 수 있는 축복 받은 나라가 될 수 있도록 기도해주세요. 또한 우리 지하교회 성도들이 하나님을 더 깊이 알고 사랑하며 살아갈 수 있도록 기도해주세요. 저도 돌아가서 많이 기도하겠습니다. 목사님께서 부탁하신 말씀을 명심하고 영혼 살리는 일의 최전방에서 달려가겠습니다.

언제 또 만날 수 있겠는지요? 벌써 보고 싶습니다. 우리에게 자유가 올 때 제 조국 북조선 평양에서 꼭 다시 만납시다. 저희가 상상하던 미 제국주의자와 달랐던 목사님을 비롯한 미국의 고마운 분들, 다 함께 평양에 오십시오. 하얀 쌀밥 정성껏 지어 제 손으로 대접하고 싶습니다. 베풀어 주신 사랑을 잊지 않겠습니다. 제가 느끼는 고마움을 어떤 것으로 대신할 수 없어 큰절을 올립니다. 정말 고맙습니다.

모든 영광을 위대하신 우리 하나님 아버지께 돌려 드립니다. 목사님, 주 안에서 늘 강건하십시오.

십자가 군병 최** 올림
2011년 1월 10일

이분들과의 만남을 돌아보던 중 사도 바울의 고백이 생각났다.

나의 달려갈 길과 주 예수께 받은 사명 곧 하나님의 은혜의 복음 증거하는 일을 마치려 함에는 나의 생명을 조금도 귀한 것으로 여기지 아니하노라(행 20:24)

내가 만났던 북한 사람들은 절대 특별하고 위대한 기독교인이 아니었다. 인간적이고 연약하고 실수하고 넘어지는 자들이었다. 특히 돈에 많이 약하다. 그런 연약한 모습을 지녔으면서도 북한 사람들은 지금도 그 땅에서 목숨을 걸고 복음을 전하고 있다. 사도 바울은 복음 전하는 사명을 목숨보다도 더 귀중하게 여겼다. 그런데 하나님께서는 바로 그런 사람들을 북한에 일으키고 계신다. 사단이 진짜 두려워하는 사람은 생명이나 재물 그리고 명예 따위보다도 사명을, 심지어는 가정보다도 예수님을 더 소중히 여기는 사람이다.

이분과의 만남 때 중국 자매의 기도를 통해서 받았던 감동으로 나는 다음과 같은 노래를 짓게 되었다.

우리 민족 모든 슬픔

우리 민족 모든 슬픔 알고 계신 주님
우리 흘린 모든 눈물 씻어주셨네
이 땅 모든 사람 주 보며 사모합니다
우리 신음소리 듣고 일어나 구원하소서

후렴)
우린 주 없인 살 수 없어요.
속히 오셔서 우리를 구원하소서
긍휼의 주여 속히 들려주소서
온 땅 가득 울려 퍼질 기쁨의 찬양

메마른 땅의 꽃처럼 피어난 우리
작고 연약하나 주님 눈에 존귀합니다
우리 눈은 비둘기처럼 주 바라봅니다.
우리 부르짖음 듣고 일어나 구원하소서

나를 위해 생명 버린 것 같이
나도 주 위해 생명을 드리옵니다
복음 들고 어두운 땅에 들어가서
십자가 지고 죽도록 충성합니다.

2. 사랑의 꾸러미 사역

탈북민들과 지하교인들을 만나면 만날수록 그들을 효율적으로 돕는 방법이 없을까 하고 고민하게 되었다. 그러던 중 하루는 내 머릿속에 '사랑의 꾸러미 프로젝트'가 떠올랐다. 나는 곧 '사랑의 꾸러미 프로젝트' 제안서를 만들어서 해외에 있는 선교단체들에 제출했다. 하나님께서 함께하심으로 캐나다에 있는 한 단체의 지원을 받아 그 프로젝트를 실행에 옮길 수 있었다.

(사랑의 꾸러미를 만드는 모습)

'사랑의 꾸러미 프로젝트'는 한 꾸러미에 생필품, 학용품, MP3, MP4, 식량, 성경과 신앙 서적들을 넣어 중국에 있는 탈북자들에게 나누어 주거나 직접 북한 내부로 보내는 프로젝트였다. 나는 그 일을 위해서 중국의 한 지역에서 매우 저렴한 가격에 각종 물품들을 대량으로 구매하고 창고에서 이를 분류해 가방에 넣었다. 그리고 그 물품들을 동북 3성의 여러 지역으로 보냈다.

2010년 5월 3일 2시에 나는 밴에 사랑의 꾸러미들을 싣고 지하교인을 만나기 위해서 북한 사람들이 많이 월경한다는 마을로 향했다. 위험한 일이 생길 수도 있어 떠나기 전에 노트북, 여권, 그리고 사역 자료들을 모두 방에 남겨 두고 떠났다.

(빈 뒷좌석을 가득 채운 사랑의 꾸러미)

포장도로를 4시간 정도 달린 후, 다시 비포장도로를 30분 달리자 조그만 마을이 나타났다. 그곳에서 북한 땅을 바로 한눈에 볼 수 있었는데, 외진 곳에 있어 정말이지 사람의 손길이 닿지 않은 숨겨진 마을처럼 느껴졌다. 마을에서 한 뱃사공 집에 들어갔는데 의외로 집안 시설이 잘 갖춰져 있었다. 1시간 후에 뱃사공이 북한 사람과 전화 연결이 되었다고 하면서 강가로 나가서 한 여자를 데려왔다. 우리가 기다리던 그루터기 지하 교인이었다. 나이는 27세로 나이보다 훨씬 젊어 보였는데 얼굴에 땀이 가득했다. 나는 그녀와 대화하기 시작했다.

"이름이 뭐예요?"

"최00입니다."

"어떻게 오셨어요?"

"제가 사는 마을은 이 강을 건너고 산을 하나 넘으면 있습니다. 산을 넘어서 밀수하는 배를 타고 왔습니다."

"요즘에 그쪽 상황은 어떻습니까?"

"화폐개혁 후에 매우 힘이 듭니다."

"언제부터 예수님을 믿게 되셨어요?"

"10여 년 된 것 같습니다. 부모님이 몰래 믿으셨는데 제가 어릴 때 찬양도 가르쳐 주시고 기도도 같이 드리고 예수님을 믿으라고 해서 믿게 되었습니다."

"부모님은 어떻게 예수님을 믿으시게 되셨어요?"

"할아버지 할머니가 예수님을 믿으셨고, 그 신앙을 물려주셔서 저희 부모님도 어릴 때부터 믿으셨다고 합니다. 아버지는 지금 강 건너에서 저를 기다리고 계십니다."

"그쪽에 지하교인들이 몇 명이나 됩니까?"

"20여 명 정도 됩니다. 월요일과 수요일에 모임을 합니다. 만났을 때 특별히 찬양을 부르지는 않습니다. 10여 분 동안 조용히 기도하고 헤어집니다. 그런데 얼마 전에 모임이 발각되어 모두 체포되었고 나흘 동안이나 취조를 받았습니다. 일단 특별한 증거가 없어서 풀려났지만 다시 보위부에 가서 조사를 받아야 합니다. 작년에도 보위부 대원에 체포되어 무수히 매를 맞았습니다. 다리가 다 못 쓰게 됐는데 뱃사공 아저씨가 병원에 데려가서 치료를 해 주셨습니다. 체포되어 심한 구타와 고문을 받고 다시는 모임을 하지 말라는 협박 속에 풀려 나와도 저희는 두려워하지 않고 계속 몰래 만나서 신앙생활을 해왔습니다."

인터뷰하는 도중에 그 자매에게 전화가 왔다. 자매는 전화기를 가지고 밖에 나가서 누군가와 통화를 한 후에 방에 들어왔다. 나는 누구에게서 전화가 왔냐고 물었다. 그녀는 "아버지에게서 온 전화인데 위험하니까 빨리 넘어오라고 했습니다"라고 말했다.

나는 다급하게 몇 가지를 질문했다.

"예수님을 믿은 것 후회하지 않아요?"

"후회하지 않습니다. 믿으니까 이렇게 목사님과도 만나게 되었지요."

그 농담에 우리는 서로 얼굴을 마주 보며 미소 지었다.

"지금 북한 사람들과 교인들에게 무엇이 필요한가요?"

"화폐개혁 후에 식량 사정이 매우 좋지 않습니다. 다들 힘들어하고 있어요. 식량이 필요합니다."

"저희가 북한의 성도님들을 위해 함께 기도할 제목들이 있나요?"

"앞날의 축복을 위해서 기도해 주세요. 북한에서의 삶이 너무 어렵습니다. 그리고 자유롭게 신앙생활을 하며 살아갈 수 있게 기도해 주세요. 북한에서는 예수님을 믿을 수 있는 자유가 없습니다."

"주님께서 북한도 바꿔주실 것입니다. 이 변화의 날이 점점 다가오고 있습니다."

더 이야기를 나누고 싶었지만, 인터뷰를 중단하고 준비한 사랑의 꾸러미와 물건들에 대해 설명해 드렸다.

(사랑의 꾸러미를 받은 한 북한 사람)

우선 사랑의 꾸러미에 들어있는 옷, 필기구, 공책, 생필품들을 보여 드렸다. 그리고 성경책과 신앙 서적들을 보여 드렸다. 자매는 북한말로 된 성경의 겉표지를 보며 흥미를 보였다. "이것은 아무 문제가 없어요. 평양 출판사에서 나온 거네요"라고 말했다. 나는 겉만 그렇고 내용은 성경이라고 말해주었다. 그러자 자매는 겉표지가 이러면 별문제 없을 것이라 말하고 가방에 넣었다. 나는 한 가지 물품에 대해 특별히 주의를 당부하였다. 마가복음의 말씀이 비밀스럽게 이불 안쪽에 새겨진 복음 담요였다. 이 담요 안에 마가복음이 새겨진 또 다른 천이 있다고 알려주었다. 몇 개를 가져갈 수 있냐고 묻자 자매의 아버지가 강 건너에서 기다리고 계시기 때문에 당장은 꾸러미가 담긴 두 개의 가방만 가져갈 수 있다고 했다.

만일 이것이 위험하다면 간단히 필요한 몇 개의 꾸러미만 챙겨가라고 권유하자 그녀는 "괜찮습니다. 가져가겠습니다"라고 대답했다. 이전에 북한 군대에서 군 복무를 했다고 하는데 정말 주님의 씩씩한 군사와 같은 강인한 마음을 지닌 자매였다. 그녀의 아버지에게서 빨리 돌아오라는 전화가 또 왔기 때문에 우리는 작별인사를 해야 했다. 그녀는 서둘러서 뱃사공과 함께 나갔다.

그녀가 떠나고 조금 후에 나는 소변이 마려워서 밖으로 나가서 화장실을 찾아다녔다. 그런데 캄캄한 그곳에서 다시 그녀와 뱃사공을 다시 만나게 되었다. 아직 안 갔느냐고 묻자 북한 경비정 때문에 때를 기다린다고 하였다. 우리의 돌아가는 길이 멀어서 어둠 속에 숨어 있는 뱃사공과 자매에게 작별인사를 하고 먼저 길을 떠났다. 돌아가는 차 안에서 그들이 무사히 도강하여 북한 땅으로 돌아가기를 기도했다. 차창 밖으로 추적추적 비가 내리기 시작했다. 꼬불꼬불한 길이 너무 어두워 헤드라이트를 켜고 운전하는 것도 무척 위험해 보였다. 저녁 12시쯤, 뱃사공 아저씨에게서 무사히 도착했다는 전화가 왔고 그로부터 두 시간이 지나 우리도 집에 잘 도착하였다.

며칠 후에 북한에서 보내준 USB를 받았다. 거기에는 북한 사람들이 물건을 받은 모습과 북한에서 성경을 읽고 있는 사진이 있었다. 하나님께서는 이번 여행을 통해서 그루터기 교인들이 계속해서 대를 이어 그들의 자녀들에게 복음을 전하고 있다는 것을 알려주셨다.

(북한에서 보내준 사진)

3. 박해 받는 지하교인들과의 만남

2010년 11월, D 지역에서 밴에 올라탄 지 8시간 만에 북한과 가까운 한 사역지에 도착했다. 그곳의 사역자가 마중을 나와 주었다. 쉽지 않은 여정이었기에 몸이 많이 지쳐있었다. 곧바로 같이 저녁 식사를 한 후에 그곳을 둘러보았다. 군인, 어린 소년, 그리고 자매 한 명이 있었다.

(탈북 남매 세 명과 사역자가 기도하고 있는 모습)

그 자매는 낯이 익었는데 머리를 짧게 자른 탓에 처음에는 제대로 알아보지 못하고 이렇게 물어보았다. "혹시 이전에 우리가 만난 적 있니?" 자매가 고개를 끄덕였다. 그제야 제대로 기억이 났다.

그 자매는 북한의 평범한 가정에서 태어났다. 북한의 극심한 가난 때문에 어머니, 아버지와 함께 북한의 여러 지역을 다니면서 장사를 했다. 자주 기차와 버스를 타고 돌아다녔다. 돈을 벌 때도 있었지만 도둑을 만나 모든 것을 잃을 때도 있었다. 그렇게 한 푼 두 푼 모은 것으로 군대에 간 동생을 도와주면서 간신히 생활하고 있었다. 자매는 식량을 구하러 다녔기 때문에 공부를 계속할 수가 없었다.

자매의 어머니는 2008년도에 잠시 중국에 나왔다가 예수님을 영접하고 열심히 성경공부를 한 후 북한으로 돌아갔다. 1년 후에 어머니는 자매의 아버지를 중국에 보냈다. 중국에 나온 남편도 예수님을 믿고 돌아갔다. 북한으로 돌아간 부모님들은 아이에게 복음을 전했고 온 가족이 함께 예배 생활을 하기 시작했다. 잠자기 전에도, 새벽에도 기도를 이어갔다. 그러나 사람들이 방문했을 때에는 안전 때문에 기도 생활을 할 수 없었다.

그 후 부모님이 이번에 그 자매를 중국으로 보냈다. 내가 처음 그 자매를 보았을 때는 중국에서 열심히 성경을 공부하고 있을 때였다. 그 자매는 세상을 살아가면서 답을 알 수 없는 질문들이 가끔 떠올랐다고 한다. '세상이 어떻게 생긴 거야? 원숭이가 왜 진화가 안 되고

지금도 있어?' 그런데 중국에서 예수님을 만난 후에 그동안 품었던 모든 질문의 해답을 얻었다고 했다. 그녀는 몇 달 동안 중국에 있으면서 열심히 성경을 공부하다가 북한으로 돌아갔다. 그 후 나는 그녀가 가지고 들어간 성경 때문에 부모님과 함께 체포되었다는 소식을 들었고, 그런 그들을 돕기 위해서 재정을 보내주기도 했었다.

"미안하다. 머리가 너무 짧아져서 못 알아봤어."
"보위부에 잡혀서 감옥에 갔다 왔어요."
그러면서 자매는 그간 있었던 일을 알려주었다. 그 이야기는 다음과 같다.

"이곳에서 공부를 마친 후에 저는 성경책과 그동안 공부했던 자료들을 짐 속에 넣고 북한으로 돌아갔습니다. 제가 북한으로 들어갈 때 어머니와 아버지가 강가로 마중을 나오셨습니다. 그런데 집으로 가는 도중에 안전원의 검문을 받았습니다. 그때 제 짐 속에서 중국에서 가져갔던 성경책이 있었습니다. 그래서 우리는 안전원에게 붙잡혀서 경찰소로 가서 취조를 받았습니다.
어머니와 저는 뇌물을 써서 간수소에서 같은 방에 함께 머물 수 있었습니다. 그러나 서로 말하는 것과 가까이 가는 것은 허락되지 않았어요. 그들은 우리를 때리

면서 심문했습니다. 감옥에서 매를 맞고 머리카락을 뽑힐 때면 너무나 서러웠습니다. 그런데 저도 모르게 그 순간에 자꾸 '하나님, 감사합니다. 감사합니다. 구원해 주셔서 감사합니다'라고 기도가 나왔습니다.

그런데 제 아픔보다도 아버지가 받는 고문이 더 신경 쓰이고 걱정되었습니다. 아버지가 고문받는 장소는 우리 옆방이었는데 자주 아버지의 신음이 들려왔습니다. 그들은 아버지를 구둣발로 때리기도 하고 각목으로 때리기도 했습니다. 아버지는 그때 너무 맞아서 귀가 상해서 아직도 잘 듣지 못하십니다. 아버지의 고문 받는 소리가 들려올 때마다 제 마음이 찢어지는 것만 같았습니다. 저는 하나님을 원망하며 울부짖었습니다. 그런데 어머니는 '그런 말 하지 마라. 기도해라. 우리가 아버지를 위해서 기도하면 아버지가 아프지 않으실 거야'라고 말씀하셨습니다.

처음에 우리 가족의 수사기록은 한 사람당 두꺼운 책 한 권이 나올 정도로 많은 분량이었습니다. 그런데 그들에게 돈을 더 건네주자 이러한 수사기록들이 하나둘씩 사라졌습니다.[11] 먼저 편지 관련 기록을 삭제하였고

---

[11] 원래 북한에서 성경책을 소유하다가 걸리면 심문 후에 아무도 모르게 정치범 수용소로 보내진다. 대부분의 사람은 그 수용소에서 생을 마감하게 된다. 그런데 북한의 삶이 어려워지면서 경찰들과 보위부 사람들이 뇌물을 받고 혐의를 약하게 해주는 일들이 생겨났다.

그 후에는 성경책 관련 기록을 삭제해 버렸습니다. 그렇게 많았던 기록들이 불법 월경죄와 민심 소란죄만 남게 되었습니다. 그래서 아버지는 5년형을 받았고 어머니의 형기도 가벼워졌습니다. 저는 3개월 만에 풀려났습니다. 그들에게 돈을 주기 위해서 집도 팔았습니다. 00분과 00선생님이 많이 도와주셔서 감사합니다. 그분들의 도움이 없었다면 집안 식구들 모두 잘못되었을 것입니다.

나올 때는 너무 많이 맞아서 몸이 새파랬는데, 지금은 많이 좋아졌습니다. 어머니는 형이 6개월 남았는데 병 때문에 잠시 출옥해서 밖에서 수술을 받으셨습니다. 석 달 후에 경찰이 와서 다시 감옥으로 돌아가라고 했지만, 이모님이 다 죽게 된 사람을 감옥에 데려간다고 난리를 치신 덕분에 다행히도 아직 감옥에 가지 않으셨습니다. 그래도 몸이 나으시면 감옥으로 다시 돌아가셔야 합니다.

북한에서 모든 것을 잃었기 때문에 이번에 두 동생을 데리고 중국으로 들어왔습니다. 새벽 3시에 튜브를 가지고 강에 들어갔습니다. 강물은 매우 차가웠습니다. 그런데다가 튜브까지 터져서 거의 죽을 뻔했습니다. 강을 건너서 아침까지 기다렸다가 이곳에 오게 되었습니다.

남한에서는 원한다면 마음껏 교회에 갈 수 있지만 북한에서는 '기도한다'라는 말만 해도 보위부에 잡혀 들어갑니다. 교회를 가고 싶어도 가지 못합니다. 지금 중국

에 와서도 얼굴에 북한 사람이란 딱지가 붙어 있는 것 같아 교회에 아직 못 가고 있습니다. 이번 추수감사절에는 용기를 내어 가려고 합니다. '북한에서는 왜 마음껏 하나님을 믿지 못하는가?'라는 질문을 자꾸 하게 됩니다.

우리에겐 남은 게 없습니다. 북한에 집도 없어서 갈 곳도 없습니다. 이제 예수님만 남았습니다. 모든 것을 다 잃었으니까 서럽기도 한데 감사하는 마음도 있습니다. 앞으로의 꿈은 하나님의 일을 하는 것입니다. 복음을 전하고 싶습니다."

그 후 00이와 두 동생은 중국에 머물면서 하나님에 대해서 더 깊이 배우기 시작했다. 그런데 곧 북한에서 아이들의 어머니가 다시 감옥으로 들어갔다는 소식을 듣게 되었다. 어머니가 감옥에 들어감과 동시에 간수들이 법적 문제로 그녀와 동생들을 찾기 시작했다. 그들에게 중국으로 도망갔다는 소문이 퍼지지 않도록 그녀는 동생들과 함께 가능한 빨리 북한으로 돌아가야 했다.

겨울이 일찍 온 탓에 강 가장자리는 이미 얼어있었다. 발을 살짝 대보니 차가운 기운이 온몸을 스쳐 지나갔다. 그래도 그 자매와 두 동생은 다시 한 번 튜브를 타고 그 추운 강을 조심스럽게 건너 희망이 없어 보이는 북한 땅으로 들어갔다. 얼마 후 모두 무사히 도착했다는 소식이 들렸다.

과연 그 아이들을 다시 만나볼 수 있을까?

4. 중국에 팔려간 북한 여성들

나는 중국 내에서 다양한 사연을 가진 북한 사람들을 만났는데, 특히 중국으로 팔려온 여성 중에서 비참한 삶을 살아가는 사람들이 있었다. 90년대 중반에 식량난이 시작되어 탈북민들이 급증하자 전문적으로 북한 여성들만 인신매매하는 전문 브로커들이 생겨나면서 북한 여성들은 중국의 여러 지역에 팔려가게 되었다.

북한 여성들은 유괴나 납치되어 자기 의사와는 상관없이 팔려가는 일도 있었지만, 자발적으로 팔려가는 경우도 많이 있었다. 굶어 죽느니 차라리 팔려가는 게 낫다고 판단한 것이다. 심지어는 가족이나 친구에 의해 팔리는 일도 있었다.

많은 중국의 젊은 여성들이 일터를 찾기 위해 도시로 이동했기 때문에 시골에는 장가를 가지 못한 총각들이 점점 많아지기 시작했다. 그들 중 결혼하기 힘든 노총각들이나 지체 장애인이나 건달들은 브로커와의 밀매를 통해 탈북 여성들을 데리고 와 가정을 꾸렸다.

따라서 대부분의 탈북 여성들은 매우 열악한 환경에서 생활하고 있는 중국인들에게 팔려가서 고통을 당했다. 마치 물건처럼 매매되었기 때문에 짐승 취급을 받거나 성적 도구로 이용당하는 경우도 많았다. 사정이

이렇다 보니 팔려온 탈북 여성들이 도주하는 경우가 흔했다. 도주하다가 잡히면 남편이나 가족에게 뭇매를 맞고 감금을 당했다. 심할 때는 몇 년 동안 집안에 갇히기도 했다. 도주에 성공하더라도 결국 다른 인신매매범에게 잡혀 다시 다른 곳에 팔려가기도 했다.

내가 아는 한 조선족 사역자는 위험을 무릅쓰고 여러 탈북 여성의 도주를 도와주었다. 나도 팔려간 한 여성을 구출하고자 돈을 주고 다시 사 오기도 했었다. 내가 보호해 주던 탈북 여성은 여러 곳에 팔렸다가 임신을 해서 누가 자기 아이의 아버지인지도 잘 몰랐다. 딸과 오랫동안 헤어지게 되었는데도 눈물 하나 흘리지 않고 돌아서는 그 여성의 모습을 보았다. 자기의 친딸을 다시 보지 못할 텐데도 전혀 울지 않는 어머니의 냉정한 모습을 보며 나는 마음이 무척이나 아팠다.

2010년 12월에 외부 사람들의 손길이 잘 닿지 않은 한 마을에 도착했다. 그 지방에는 여러 탈북 여성들이 팔려와 살고 있었는데, 그 지역에 있던 한 선교사님은 나에게 한 탈북 여성의 안타까운 사연을 이야기해 주었다.

"2년 전에 한 북한 여자가 마을에 팔려왔습니다. 하루는 한 남자가 그 여자를 불러내서 한적한 곳으로 데려갔습니다. 그런데 그곳에는 동네 남자들이 기다리고

있었습니다. 한 사람 한 사람 그 여자를 범하기 시작했고 마침내 여자는 숨을 거두었습니다. 그 죽은 여자를 마대에 넣어서 버렸습니다."

그러나 팔려간 모든 분의 삶이 이렇게 고통 가운데 있는 것은 아니었다. 탈북 여성이 팔려가서 만난 남편과 아름다운 관계를 갖고 아이를 낳고 좋은 가정을 이루는 경우도 많이 있었다.

최근에 중국인에게 팔려가서 가정을 이루며 살다가 제3국으로 다시 월경한 여성을 태국에서 만나게 된 적이 있었다. 그분은 팔려간 집에서 몇 년간 감금 생활을 했지만, 지금은 헌신적인 남편의 사랑을 받으며 아름다운 가정생활을 꾸리고 있었다. 중국에서 남한으로 탈출하는 과정도 남편의 동의가 있었기 때문에 가능한 것이라고 했다. 그녀는 다른 많은 북한 여성들의 생각과는 달리 남한에서 정상적인 신분을 취득한 후에도 자기에게 희생적인 사랑을 보여준 중국에 있는 남편에게 다시 돌아가겠다고 했다.

그런데 우리와 함께 저녁 식사를 하던 중 그분이 갑자기 술을 드시고는 마음속에 있던 가슴 아픈 사연들을 털어놓으시기 시작하셨다. 지금은 남편과 잘 지내고 계시니 괜찮으신 줄 알았는데, 알고 보니 북한에 두고 온 자녀들, 그 아이들에 대한 슬픔이 마음속에 가득하셨다.

아이들이 너무나 보고 싶다며 하염없이 우셨다. 참 안타깝고 마음 아픈 사연이었다.

그분 외에도 탈북 여성들 가운데는 처음에는 불행하게 중국으로 인신매매되어 원치 않는 결혼을 했지만, 그곳에서 예수님을 만나고 아름다운 가정을 이루기 위해서 노력하고 있는 분들도 있었다. 2010년 여름에 만났던 한 탈북자는 이렇게 말했다.

"저는 북한에서 막내로 태어났습니다. 저희 부모님은 북한에서 비교적 남부럽지 않은 생활을 하셨습니다. 그런데 아버지는 사기를 당하시고 어머니는 병으로 드러눕게 되면서 저희 집안에도 식량이 떨어지기 시작했습니다. 저는 가난한 집안을 먹여 살리기 위해 중국에 가서 돈을 벌어야겠다는 생각을 했습니다.

그런데 어느 날, 한 언니가 저에게 돈을 벌러 가고 싶냐고 물어보았습니다. 3일 이내에 결정해야 한다고 했기 때문에 저는 가족에게는 1년 후에 돌아오겠다고 간단한 쪽지를 남겨 놓고 중국으로 떠났습니다. 그때에는 제가 인신매매되어 한족에게 팔려 원치 않는 결혼을 할 것이라는 사실은 꿈에도 생각지 못했습니다.

불행하게도 저는 중국인에게, 그것도 아이가 있는 홀아비에게 팔려갔습니다. 처음에는 기회가 있으면 도망치려고 했습니다. 남편과 날마다 싸움도 했습니다. 그러

다가 신앙생활을 하는 어느 조선족 분이 소개해 주신 교회에 다니기 시작했습니다. 처음에는 남편과 마음이 맞지 않아서 하나님을 원망했습니다. 그런데 지금은 하나님께 자식과 남편을 버리지 않게 도와달라는 기도를 합니다."

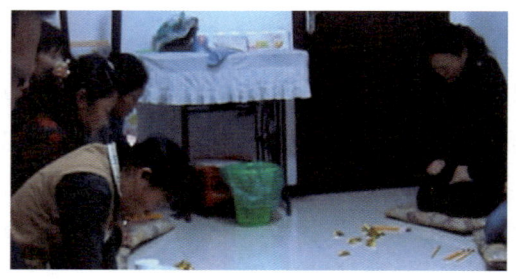

(북한 여성들의 기도하는 모습)

나는 2010년 6월 21일에 *** 목사님과 만나게 되었다. 그 목사님은 북한과 가까운 곳에서 목회하시면서 많은 탈북민을 돕고 있는 분이셨다. 특히 그분이 도움을 주던 탈북 여성들은 인신매매되어 중국에 오게 된 사람들로서, 대부분 치료받기 힘든 마음의 상처가 있었다. 그분이 중국에서 팔려왔던 한 탈북자 어머니에 관한 이야기를 들려주실 때는 그 슬픈 이야기에 너무 마음이 아파서 어떻게든 그분의 자녀들을 돕고 싶다고 간청하게 되었다.

"정 자매는 1976년에 북한 함경북도 경원군의 정석이라는 동네에서 태어났습니다. 그 후 청진 이대 간호학과를 졸업했습니다. 똑똑한 엘리트 출신이었습니다. 그런데 북한의 극심한 가난 때문에 그녀의 집안도 식량을 구할 수 없을 정도로 힘들어지자 집에 마지막으로 남은 옥수수 한 자루를 가지고 1998년에 중국으로 월경하게 되었습니다. 그녀는 군인에게 옥수수를 뇌물로 주고 간신히 강을 건널 수 있었습니다. 정 자매는 집안에 마지막으로 조금 남은 옥수수를 가지고 나온 것에 대해 내내 마음 아파했습니다. 그리고 가족에 대한 미안함과 걱정에 늘 사로잡혀 있었습니다.

중국에 넘어온 그녀는 한 조선족 집에 팔려가게 되었습니다. 신앙이 신실하신 저희 어머니가 정 자매님에게 복음을 전했고 그녀는 예수님을 영접하고 열심히 교회를 다니기 시작했습니다. 그 후 정 자매는 남편과 시집 식구들에게 복음을 전했고 온 가족이 예수님을 믿게 되었습니다.

정 자매가 살던 마을의 지도자는 성실한 정 자매를 보고 보호해 주겠다고 말했습니다. 경찰에 잡힐 수 있으니 아이만 낳지 말라고 했습니다. 정 자매는 성가대에서 찬양으로 하나님께 영광을 돌리며 보이지 않는 곳에서 겸손하게 교회를 섬겼습니다. 그리고 새벽 기도도 빠지지 않고 참석했습니다. 성실하게 교회를 섬기던 자

매는 비록 북조선 사람이었지만 2002년도에 교회 집사로도 임명되었습니다.

그런데 2004년도 초에 자매가 아이를 임신했습니다. 자매는 처음에는 임신한 사실을 숨겼지만 배가 점점 불러오자 도시로 도망쳐서 몸을 숨겼습니다. 다행히 2004년 11월에 아이가 무사히 태어났습니다. 그러나 결국 그 자매는 2005년 12월에 경찰에 잡혀서 북한으로 송환되었습니다.

우리는 그 자매를 구출하기 위해서 많은 노력을 했습니다. 그런데 안전원들은 '이 문제는 정치적인 문제다. 손대지 말라. 알려고 하면 다친다'라고 했습니다. 2006년 6월에 정 자매님의 어머니는 어딘가로 떠나면서 손을 흔드는 딸의 모습을 우연히 보셨다고 합니다. 안전원들은 자매님이 어디로 가는지 알려주지도 않았습니다. 그리고 지금도 그 자매가 어떻게 되었는지 저희는 알지 못합니다. 정치범 수용소로 갔으리라고 생각합니다. 정말 순수하게 예수님을 믿었는데 감옥에서도 예수님을 부인하지 않으셨을 것 같습니다."

정 자매님에 대해서 말씀하시던 목사님께서 눈물을 흘리기 시작했다. 이상하게도 나의 눈에도 눈물이 고였다. 이어서 목사님은 그녀가 낳은 두 아이와 그녀의 남편에 대해 말해주었다.

"남편 이름은 ㅇㅇㅇ입니다. 아이들을 돌보느라 아무런 일을 할 수 없습니다. 탈북자 여성이 팔려간 집안의 사람들은 그렇게 똑똑하고 훌륭한 사람들은 아니에요. 대부분 중국 여성들과 결혼 하기 힘든 처지에 있는 남성들이 북한 여성들과 결혼합니다. 그래서 이들의 아이들도 덩달아 힘든 상황에 부닥치는 경우가 많습니다. 얼마 전에도 그녀의 남편이 저를 찾아와서 아이들 약값이 필요하다고 해서 약간의 돈을 주어 보냈습니다."

나는 목사님에게 "하나님을 사랑하고 교회를 열심히 섬기신 분의 자녀들을 하나님께서 잘 돌보아주실 것입니다"라고 말했다. 또한 주머니에서 중국 돈 2,000위안(한화 약 340,000원)을 꺼내 드리며 "앞으로도 계속해서 돕겠습니다"라고 말씀드렸다. 나는 평소에는 이렇게 즉흥적으로 행동하는 편이 아니었다. 이미 너무 많은 북한 분들의 어려운 이야기들을 들어서 나의 마음도 아주 무뎌져 있었다. 그런데도 이분의 이야기를 듣자, 내내 눈물이 차올라 참느라 애를 먹었다. 그래서일까? 하나님 아버지의 교회를 섬긴 분의 자녀들을 꼭 돕고 싶다는 강력한 다짐을 하게 되었다.

북한 여성들과 중국인 사이에서 태어난 아이들은 다른 탈북민들의 자녀들에 비교해 신분의 위험은 크게 없었다. 중국 법률에 따르면 이들도 역시 중국인에 포함되었기 때

문이었다. 그런데 아이들의 어머니가 체포되어 북송되거나 남한으로 가게 되면서 아이들이 고아처럼 버려지는 경우가 종종 있었다. 고아의 아버지이신 하나님께서는 다양한 손길을 통해서 그들을 돕고 계셨다. 아버지의 마음을 품고, 나도 하나님의 사역에 동참해서 2010년 겨울부터 30여 명의 아이를 돕기로 결심했다.

(북한 여성들이 중국인에게서 낳은 아이들)

5. 꽃제비 사역

  2008년 10월 말에 버스를 타고 국경에 있는 한 마을에 방문한 적이 있었다. 중국과 북한을 왔다 갔다 하면서 구걸하거나 쓰레기통을 뒤지는 아이들이 보였다. 중국 쪽의 감시가 너무 심해서 여러 아이가 북한과 중국의 경계선인 강 사이에 있는 땅에 자신들의 보금자리를 만들었는데, 그중 한 아이에게 오라고 손짓을 했더니 그 아이가 강을 건너서 우리에게 다가왔다.

"너 몇 살이니?"
"17살입니다." (12~13살처럼 보였다.)
"올해 언제 이곳에 왔니?"
"8월에 왔습니다."
"어머니는 계시니?"
"도망쳤습니다."
"아버지는?"
"죽었습니다."
"동생은?"
"한 살 때 죽었습니다."
"어디서 사니?"
"저 위에서 삽니다."
"왜 저기에서 사니? 춥지 않니?"

"이불 덮고 자면 일 없습니다."

"교회는?"

"몇 번 갔습니다. 예수님 믿습니다. 촛불 놓고 기도합니다."

"공부하고 싶니?"

"공부하고 싶습니다."

"너 중국에서 공부하는 곳 있으면 나 따라올 수 있어?"

"네."

"혼자라도 갈래?"

"네."

우리가 미리 준비한 먹을 것을 담은 봉지 두 개를 주자 아이는 그것을 들고 강을 건너기 시작했다. 강 건너에 친구들이 반갑게 마중을 나왔다. 평양의 소년 궁전에서 만났던 아이들과는 완전히 다른 모습이었다. 평양의 아이들은 국가의 모든 혜택을 받는 것처럼 보였는데 이 아이들은 북한, 중국, 그 어느 품에서도 쉴 수 없는 아이들이었다. 그런데도 아직 맑고 천진한 모습에 연민이 느껴졌다.

(강을 건너 친구들에게로 돌아가는 북한 소년)

나는 그들을 만나면서 이전에 했던 것과 같은 꽃제비 사역을 다시 시작해야겠다고 결심했다. 그렇게 꽃제비 아이들을 하나둘씩 사역지로 데려와서 보호하면서 제자 훈련을 시키기 시작했다. 우리에게 온 아이들은 대부분 사연이 있었는데, 그들 중 한 아이가 나에게 자기가 어떻게 살아왔는지 말해주었다.

"제가 일곱 살 때 어머니는 아버지와 싸우시고 농약 마시고 돌아가셨어요. 아버지는 11살 때 장례식에 가셨다가 술 마시고 돌아오시는 길에 도랑에 빠져 돌아가셨어요. 동생 한 명은 북조선에서 열병이 돌았을 때 병에 걸려 죽었어요. 저는 형님과 누나와 같이 생활했는데 먹을 것이 없어서 학원이란 곳에 갔어요. 배가 너무 고파서 뛰어나가서 밥 구걸하고 쓰레기 뒤지고 도둑질을 해서 살다가 중국에 건너왔어요. 중국에 건너와서 꽃제비 생활을 했어요."

다른 한 여자아이는 나에게는 깊은 이야기를 할 수 없어서 비밀로 했지만 나와 함께 일하던 다른 여자 사역자에게는 자신이 겪었던 일을 이야기해 주었다. 알고 보니 북한에서 방랑 생활을 하며 어른들에게 강간을 당했고 함께 몰려다니는 아이들에게서도 강간을 당하여 성병에 걸렸다는 것이었다. 어린데도 고달픈 삶에 휘말린 아이들을 향해 동정의 마음이 마구 솟구쳐 올랐지만, 당시 내 상황에서 그 아이들을 실제로 돕는 것은 전쟁과도 같은 도전이었다.

하루는 북한 아이 중 성철이가 자꾸 밖에 나가서 집으로 들어가지 않는다는 이야기를 들었다. 우리는 아이 중 누구도 밖에 허락 없이 다니지 못하게 하던 참이었다. 공안에 발각되거나 여러 사람을 위험하게 하는 일이 일어날 수 있기 때문이다. 그런데 이 아이는 자기가 있는 집과 여자 자매들의 숙소를 마음대로 드나들었다. 게다가 밖에도 자주 나갔다. 또 말을 듣지 않고 화를 잘 내서 여러 사람을 힘들게 했다. 몇 번 경고했는데도 똑같은 일이 반복되자 화가 치솟았다. 잔뜩 올라오는 분노를 진정시키고 마음을 가라앉힌 후에 나는 주님 앞

에 나아가 이 문제를 해결해 달라고 기도했다. 기도 후에 아이의 손을 잡고 공원으로 데리고 갔다.

"야! 너 따라와! 그렇게 이야기를 했는데 또 그래?"
"왜 그래요?"

아이가 갑자기 울기 시작했다. 끌려가지 않기 위해 울면서 버텼다. 자신이 끌려가면 크게 맞을 것으로 생각했던 것 같았다. 구경하는 사람들이 세 명 정도 보였는데 너무 억지로 끌고 가면 주위 사람들에게 의심을 살 것 같아서 하는 수 없이 그 자리에 멈춰 나도 아이와 함께 바닥에 주저앉았다. 때리지도 않았는데 아이는 본능적으로 자신을 방어라도 하려는 듯 계속해서 눈물을 흘렸다.

'주님, 어찌해야 합니까?'

아이를 바라보던 나는 주님께 묻기 시작했다. 그렇게 기도를 하다 이 아이에게 사랑과 관용을 베풀어야 한다는 생각이 들었다. 그러나 동시에 이 아이와 다른 사람의 안전을 위해서 징계도 해야 한다는 생각이 들었다. 아이는 30분 정도가 지난 후에 일어나더니 여기저기 주위를 둘러보다가 대나무 숲 근처로 갔다. 도망치는 것인가 싶어 따라갔더니 아이가 그곳에서 소변을 보고는

숙소를 향해서 걸어갔다. 그 뒤를 따라 숙소에 들어서자 화장실로 바로 들어가더니 문을 잠가버렸다. 철컥!

그렇게 오랜 시간이 흘렀다. 물소리는 나는데 아이가 나오지를 않았다. 내가 소리치기 시작했다.

"야! 빨리 나와!"

"네, 가겠습니다"라는 대답이 들렸지만 나오지 않았다.

내가 문을 두드리면서 몇 번 재촉하자 그제야 아이가 밖으로 나왔다. 8살 정도로 보이는 체격이었지만 이 아이는 15살이었고 자기의 주장을 분명하게 말 할 수 있는 아이였다. 내가 나무주걱을 가지고 아이의 손바닥을 때리려고 하자 아이가 주걱을 쥐어 잡고는 울기 시작했다. 때리기가 힘들었던 까닭에 나는 오랜 시간 동안 침묵하며 그 아이의 얼굴을 바라보았다. 여러 생각이 머릿속에 맴돌았다.

'이 아이를 데리고 오기 위해서 차비로 사용한 미화 500달러가 아깝다. 그냥 확 보내버릴까? 아니다. 북한 사람 한 사람을 위해서 이 땅에 왔는데 그러면 안 되지….'

2시간 정도가 흘렀을까? 걷잡을 수 없이 휘몰아치는 생각을 따라가던 내가 다시 입을 열어 아이에게 말하기 시작했다.

"다른 사람들이 너에게 그렇게 잘 대해 주었으면 말을 잘 들어야지! 사람들이 좋아 보이니까 네 마음대로 해? 지금은 설 연휴라서 사람들이 별로 없어 큰 문제가 없지만, 나중에 밖에 사람들이 많이 돌아다닐 때 누가 신고하면 어떻게 할래? 너만 잡혀가지 않고 다른 사람도 잡혀가는데! 그리고 너 20살 되도 꽃제비 생활할 거야? 너도 나이 들면 일자리도 구해야 하고 결혼도 해야 하잖아! 계속 장마당에서 음식 훔치면서 살 수 없잖아!"

다행히 아이는 나의 말을 귀담아 들었다. 그렇게 아이와 이야기를 마치고 집에 돌아오니 시곗바늘이 11시를 넘어가고 있었다. 그래도 생각했던 것보다 문제가 비교적 잘 해결된 것 같아 마음은 편했다. 다음 날이 되었다. 아이와 함께 저녁 식사를 하는데 전보다는 많이 안정되어 보였다.

나는 성철이라는 아이가 걱정되어 북한 사역을 오래 하셨던 사역자 부부에게 될 수 있으면 빨리 와 달라고 했고 그 부부는 연락을 받고 얼마 되지 않아 우리 사역지에 도착했다. 그분들에게 성철이를 맡길 수 있게 되어 너무 안심되었다. 그러나 얼마 되지 않아서 사역자에게서 전화가 왔다.

"그 애가 밖에 나갔다가 집에 돌아오지 않아서 몇 시간 동안 찾아다녔는데도 찾지 못했습니다."

"지금 어디신데요? 같이 찾아보지요!"

성철이가 사라진 것이었다. 허겁지겁 뛰어다니다가 밖에서 그분을 만났을 때 우리가 마치 잃어버린 어린 양을 찾아 헤매는 목자와 같다는 생각이 들었다. 그분과 나는 함께 이곳저곳을 찾아다녔다. 몇 시간을 찾아다니다가 혹시 집에 들어오지 않았냐고 확인해보아도 별다른 소식이 없었다. 그렇게 아이를 찾지 못하고 밤이 늦어 집 근처로 돌아가는데 사역자에게서 아이가 돌아왔다는 연락을 받았다. 아이를 만난 나는 호되게 야단을 치며 아이의 엉덩이를 나무로 때렸다. 아이는 엉엉 울면서 "잘못했습니다!"라고 말했다. 한국에서 온 한 학생은 이 모습을 지켜보다가 나에게 이런 이야기를 했다.

"저는 북한선교에 대한 잘못된 인식을 가지고 있었어요. 이번에 꽃제비 아이와 함께 있으면서 많은 것을 보고 느꼈어요. 단순하게 불쌍한 마음으로만 접근하면 절대로 안 될 것 같아요. 한국 사람들이 북한선교에 대해서 더 많이 배워야 할 것 같아요."

(공부하고 있는 북한 소녀들)

 몇 달이 지난 후에 몇 아이들의 모습을 보았는데 많은 변화를 느낄 수 있었다. 그렇게나 말썽을 부리던 개구쟁이도 북한에서 온 티가 점점 사라져갔고 어른들의 말씀도 잘 듣고 신앙도 점점 자라나고 있었다. 가정 같은 분위기에서 조선족 부부가 사랑으로 매일 양육했던 결과였다.

 진정한 북한선교는 보이지 않는 곳에서 헌신하는 사람들을 통해서 지금도 곳곳에서 이뤄지고 있다. 이리 뛰고 저리 뛰는 탁구공과 같은 아이들을 아버지 하나님의 마음으로 품고 가르치는 일은 절대 쉽지 않았다. 상처가 가득한 다른 탈북자들을 품는 일 또한 마찬가지였다. 그러나 그 일에 시간을 들이고 정성을 쏟고 온 마음을 드려 섬기는 귀한 손길들을 주님께서 여기저기 준비해 두셨음을 알게 되었다. 이들을 사랑하시는 주님, 고아와 과부를 사랑하시는 우리 아버지께서는 당신의 사랑을 보여줄 자들을 분명히 예비해 두셨다. 그 손끝에서 흘러가는 주님의 사랑이, 괴로워하는 모든 심령에 닿아 생명을 살리기를 간절히 기도한다.

(공부하고 있는 한 북한 소년)

6. 40일간의 선물, 감옥 속 천국

여호와여, 사람의 인생이 자기의
것이 아니라는 것을 깨달았습니다.
아무도 자신의 인생행로를
결정할 수 없습니다(렘 10:23, 쉬운성경)

"꼼짝하지 마!"

2011년 7월 17일, 평소와 다를 바 없던 주일이었다. 교회에서 말씀을 전하러 2층 예배실로 내려가던 나는 예기치 못한 험악한 얼굴의 중국 공안들을 맞닥뜨렸다.

"우리가 너를 찾고 있었다. 따라와!"

머리가 멍하니 멈춰버렸다. 충격 탓에 생각이 모두 마비되었다. 내 입은 재갈을 물린 듯 아무 소리도 내지 못했다. 그저 무언가에 홀린 사람처럼 그들을 따라갈 뿐이었다. 이내 겨우 찾은 정신으로 도망쳐야 한다고 생각했으나, 여전히 내 몸은 그들의 뒤를 따라 앞으로만 움직였다.

'오늘은 누가 말씀을 전하지? 이번에는 또 얼마나 감옥에 있게 될까? 도당칠까?'

나는 한꺼번에 스쳐 지나가는 온갖 생각에 눈앞이 깜

깜해졌다. 말씀을 전할 기회도 없이 끌려간 믿음의 선배들에 대한 책들을 읽으면서 많은 감동을 하였던 나였다. 그러나 나에게도 비슷한 일이, 이렇게 또 한 번 일어날 것이라고는 꿈에도 생각하지 못했다.

'이제 어떻게 하지? 사역 관련 사진과 동영상이 담겨 있는 외장 하드가 있는데, 휴대폰 칩에는 사역자들과 통화한 내역이 담겨있는데! 이걸 다 없애야 하는데….'

중국 공안들의 뒤를 따라가던 나는 꾀를 내어 가방에서 외장 하드를 빼내어 숲으로 툭 던졌다. 만일을 대비해서 한국에 노트북을 놔두고 온 것이 다행이었다. 꼬리에 꼬리를 물며 계속해서 밀려 들어오는 생각을 하며 그들을 따라가자 교회 뒤편에 경찰차가 보였다.

차에 올라타 경찰서로 향하는 길, 이번에는 호주머니에 있는 휴대폰에 꽂혀있는 심(SIM) 카드를 없애는 방법을 생각했다. 이대로 휴대폰이 이들의 손에 들어가면 동역자들이 추적당할 수도 있다. 막아야 했다. 어떻게든 심 카드를 빼내야 했다. 마침내 경찰서에 도착하자, 중국 공안들이 내 가방에 있던 소지품을 낱낱이 꺼내어 검사하기 시작했다. 그 사이, 나는 덜덜 떨리는 손으로 몰래 주머니에서 휴대폰을 꺼내서 덮개를 열고 심 카드를 빼는 데 성공했다. 빼낸 카드를 완전히 구겨서 바닥

에 버렸다. 두려운 마음이었지만 주님의 은혜로 들키지 않을 수 있었다.

소지품을 검사하면서 그들은 나에게 여러 질문을 던졌고 나는 그에 대해 간단하게 대답했다. 그러나 동역자들에 대한 질문이 나오면 절대 입을 열지 않았다. 그들을 넘겨줄 수 없었다. 단 하나의 정보도 흘리고 싶지 않았다. 그런데 그렇게 그들에게 조사를 받는 동안에 갑자기 한 성경 구절이 내 머리에 스쳐 지나가는 것이었다.

내 원수의 목전에서 내게 상을 베푸시고 내 머리에 기름을 바르셨으니 내 잔이 넘치나이다(시23:5)

갑작스럽게 떠오른 이 말씀을 묵상하는데, 내 위에 눈으로 볼 수는 없지만 주님의 은혜가 임하는 것을 확실히 느꼈다. 신기하게도 내 마음은 조사가 길어질수록 더 담대하게 변해갔다. 나는 그들에게 특별한 증거물들이 없으니 24시간만 버티면 된다고 생각했다. 그런데 저녁이 되자 그들이 나에게 중국어로 된 체포 영장에 서명을 하게 하는 것이었다. 죄명은 불법 입국이었다. 내 여권과 비자에는 문제가 없었지만 2003년도에 추방되고 2005년에 다시 중국에 들어왔던 것을 물고 늘어지는 것 같았다. 저녁때가 되자 그들이 나를 구류소로 데

3부 : 깊어지는 북한 사랑 233

리고 갔다.

마음이 요동치기 시작했다. 분명히 아까는 주님이 주시는 담대함을 느꼈는데, 어느 순간 걱정과 두려움이 내 마음을 사로잡았다. 만약 경찰이 내가 했던 일들에 대해서 충분한 증거물들을 확보한다면 감옥에서 몇 년을 지내야 할지도 모르는 일이었다. 제주도에 두고 온 아내와 내 아들, 꽃제비 아이들, 동역자들 그리고 사역들에 대한 걱정들이 내 마음속에서 서서히 솟아오르기 시작했다. 그들에게 앞으로 벌어질 일들을 생각하면 할수록 눈앞이 캄캄해졌다. 그러자 온갖 걱정과 두려움에 사로잡혀 있는 나에게 주님이 또 다른 성경 말씀을 띄워주셨다.

의를 위하여 박해를 받는 자는 복이 있나니 천국이 그들의 것임이라 나로 말미암아 너희를 욕하고 박해하고 거짓으로 너희를 거슬러 모든 악한 말을 할 때에는 너희에게 복이 있나니 기뻐하고 즐거워하라 하늘에서 너희의 상이 큼이라 너희 전에 있던 선지자들을 이같이 박해하였느니라(마 5:10-12)

주님이 내게 복을 주시고 계신 것이었다. 나는 지금 하나님으로 말미암아 박해당하고 있다. 천국이 나의 것이다. 기뻐하고 즐거워할 일이다. 하늘에 나의 상급이

쌓이고 있다. 살면서 복음 때문에 감옥에 갈 기회가 얼마나 될까? 많지 않을 것이다. 그 귀한 기회를 나에게 주셨다고 생각하니 도리어 큰 영광으로 느껴졌다. '이 시간은 주님께서 내게 주신 선물이구나!' 나는 구류소에 도착하면 즉시 3일 금식에 들어가기로 마음을 먹었다.

곧 그곳에 도착하자 몇몇 경찰들이 흥미롭다는 표정으로 나를 맞이하였다. 미국 국적을 가진 사람이 들어오는 것이 처음이었기 때문이었다. 받아든 서류에 서명하고 돈을 내자 그들은 나에게 치약, 칫솔, 작은 수건, 세제 그리고 플라스틱 밥그릇 두 개를 주었다. 내가 받은 칫솔은 일반 칫솔의 절반 크기였는데, 이는 자살을 방지하기 위한 것이었다.

교도관을 따라가자 간수가 119호의 철창문을 열고 나를 들여보냈다. 방안은 한국의 평수로는 13평 정도 되어 보였는데, 잠을 잘 수 있는 긴 마루가 공간 대부분을 차지하고 있었다. 안쪽에 모여 있는 화장실, 샤워기, 그리고 싱크대가 눈에 들어왔다. 마루 위에는 이불들이 있었고 중국의 여러 지역에서 온 십여 명의 사람들이 보였다. 두세 명 중 한 명꼴로 문신을 하고 있었지만, 큰 범죄를 저지른 사람은 없었다. 대다수가 도둑질, 사기, 싸움, 도박, 또는 몸 파는 여자와의 잠자리를 같이 한 것 때문에 들어온 것이었다.

이들은 각각 3일, 5일, 10일이나 15일 정도 머물렀다. 사연을 들어보니 그들 중에는 다른 사람의 이름으로 PC방에서 인터넷에 접속했다가 잡혀 온 너무나 억울한 사람도 있었다. 이런 아주 경미한 범죄자들조차도 3일 동안 구류소에 머물러야 할 정도로 공산당은 엄격하고 잔인했다. 저마다의 사연을 가지고 있는 여러 사람이 있었는데, 그중에 가장 좋은 자리를 차지한 사람은 바로 방 안에서 절대적인 권력을 가진 호장이었다. 내가 외국인인 줄 알게 된 그는 자신의 옆자리를 내어 주었지만 나는 괜찮다고 말하고 화장실 옆에 자리를 잡았다. 처음 들어간 사람은 가장 낮은 자리에 있는 것이 불문율이었다.

보통사람들에게는 쉽지 않은 곳이 분명했으나 나는 이전에 연길 간수소에서 1년 3개월 동안 구금되었던 경험이 있었기 때문에 구류소 생활에 너무나 쉽게 적응할 수가 있었다. 심지어 고향에 돌아온 것 같은 느낌까지 들 정도였으니 말이다. 그곳의 일과는 아침 6시에 시작되어, 7시 식사, 8시부터 3시간 동안의 수작업, 점심 식사 30분, 낮잠 2시간, 또다시 1시 30분에서 3시간 반 동안 수작업, 5시 저녁, 세 시간의 휴식, 9시부터 6시까지 취침하는 생활의 반복이었다. 잠을 자는 시간에는 자살하는 사람이 없도록 죄수들이 두 시간씩 돌아가면서 불

침번을 서야 했다.

아침 식사는 밥과 반찬 하나, 점심과 저녁은 밥과 국이 전부였다. 반찬은 빨간 양념을 덮은 썩은 두부이거나 장아찌 같은 것이었고 국은 김칫국, 두붓국, 호박국 등이 들어왔다. 가끔 두붓국에 돼지고기가 함께 들어있었지만, 이삼일 정도가 지나자 같은 반찬이 계속해서 반복되었다. 나는 스스로 다짐했던 것처럼 사흘 동안 이 음식을 먹지 않고 조용히 하나님께 더 나아갔다. 기도 가운데 내 속사람이 더욱 강건해지는 것을 느꼈다.

내 조사를 담당하는 곳은 남방에 있는 공안국, 출입국 관리소, 연길에서 온 공안들과 안전국 등에 소속된 요원들이었다. 심층 조사는 그들 중에서 연길에서 온 공안들과 안전국 요원들이 맡았다. 먼저 연길에서 온 공안들이 나와 내가 수행했던 사역 및 동역자들에 대해 여러 질문을 던졌다.

"언제 처음에 중국에 들어왔습니까?"
"1998년에 처음 들어왔습니다."
"들어와서 어떤 일을 했습니까?"
"북한 사람들을 돕는 일을 했습니다."
"이전에 어떤 일 때문에 잡혔습니까?"
"북한 사람들을 북경에 있는 대사관에 넘기다가 체포

된 적이 있습니다."

"왜 이런 일을 하게 되었습니까?"

"하나님께서 북한 아이들에 대해서 안타까운 마음을 주셔서 하게 되었습니다."

"이 정도 규모의 사역을 하면 한국에서 많이 알려졌을 텐데 박용하와 다니엘이란 이름 말고 다른 이름을 사용하고 있습니까?"

"다른 이름을 사용하고 있지 않습니다. 저는 주로 중국에서 사역하고 있습니다. 작년에 누나 결혼식 때문에 미국에 방문했는데 5년 만에 처음이었습니다."

"배포한 서적의 종류가 몇 가지나 됩니까?"

"3~4개 되나요?"

"우리가 확인한 바로는 10개가 넘습니다. 맞습니까?"

"맞겠지요?"

"북한에서 당신을 찾고 있다는 것을 압니까? 왜 위험한 일을 자꾸 합니까?"

"알고 있습니다. 이전에 잡혀갔다가 나온 다른 북한 사람이 저에게 알려주었습니다."

"북한 아이들이 주변에 있습니까?"

"없습니다." (거짓말이었다.)

"이곳에서 아이들을 본 적은 있습니까?"

"없습니다." (거짓말이었다.)

"동북 3성에서 같이 일하는 사람들이 누구입니까?"
"…."
"A"란 사람을 아십니까?
"모릅니다."
"B"란 사람을 아십니까?
"모릅니다."

그렇게 조사를 받던 중, 한 중년의 공안이 들어왔다. 그는 상당히 높은 직위에 있는 것 같았는데 조사하던 조선족 경찰에게 무엇인가 물어보더니 갑자기 나에게 소리를 치며 뭐라고 얘기를 하고 나가는 것이었다. 이를 알아듣지 못한 내가 무슨 소리냐고 물어보자 심문하던 조선족 공안이 내게 통역을 해주었다.

"북한에서 당신을 찾고 있다. 우리에게 협조하지 않으면 당신을 북한에 넘길 것이다."

나는 중국 사람들이 그렇게 하지 않을 것을 잘 알았기에 피식 웃어넘기고 말았다. 내가 잡힌 후 며칠이 지나, 미국 대사관에서 영사를 보내주었다. 그런데 공안들이 내 사건에 대해서 영사와 이야기 하는 것에 아주 민감한 반응을 보였다. 영사와 처음 만날 때, 내 사건에 대해서는 영사에게 아무런 말도 하지 말라는 경고를 받

았다. 그래서 그런 이야기는 전혀 하지 못하고 내 건강과 감옥 생활에 관한 이야기만 주로 나누었다. 두 번째 만날 때는 영사와 유리벽을 사이에 두고 이야기를 나누었는데 내 사건에 관한 이야기를 꺼내면 중국 공안이 달려와서 말을 멈추게 했다. 그럴 뿐만 아니라 내 사건에 관한 이야기를 계속하면 면회를 중단하겠다고 협박까지 했다. 그들은 우리의 이야기를 실시간으로 도청하면서 중국 정부에 조금이라도 피해가 갈 만한 이야기가 절대 나오지 못하게 했다.

내가 머물던 구류소는 한 번도 복음이 침투하지 못한 곳이었다. 나는 재미교포 1.5세라 외국인이었음에도 들어갈 때 성경을 가져갈 수 없었다. 나중에 영사가 와서 준 잡지도 방으로 가져가지 못하기는 매한가지였다. 그곳에 머무르던 40일간 주님께 성경을 달라고 기도했으나 감방 안에서 성경을 받아볼 수 없었다. 나는 사탄의 어둠의 권세가 자리 잡은 곳에서 영적 싸움을 하며 그곳에 교회를 세우기로 다짐했다.

복음을 전할 수 있게 해 달라고 기도하던 중, 하나님께서 내게 지혜를 주셔서 기막힌 전도용지를 만들게 하셨다. 내가 유일하게 가지고 있던 종이는 공안이 나에게 건네준 것이었는데, 그 위에 내가 구류소에 들어온 날짜와 죄명이 쓰여 있었다. 나는 비어 있는 뒷면에 하나님

과 인간 그리고 그 둘을 이어주는 다리 역할을 하는 십자가를 그렸다. 감옥에 있는 대다수 사람은 다른 사람의 죄명에 대해서 궁금해 했고 딱히 할 일이 없었기 때문에, 내가 종이를 보여주면 호기심을 갖고 그것을 유심히 살펴보았다. 그때, 나는 십자가를 그린 뒷장을 보여주며 어설픈 중국어 실력으로 복음을 전했다. 감사하게도 그런 방식으로 방 안에 있는 대부분 사람에게 복음을 전할 수 있었다.

그러던 중, 7월 24일 주일이 되었다. 그 날은 나에게 무척 힘든 날이었다. 바로 전날 공안의 심문을 받아서인지 이상한 꿈을 연달아 꾸었기 때문이었다. 체포하려는 경찰들을 피해서 이리저리 도망하는 꿈, 택시를 타고 도망가는 꿈, 맨발로 도망가는 꿈, 쫓아오는 공안에게 살기 위해 뇌물을 주는 꿈이었다. 심문을 받을 때, 기소되면 최소 몇 년은 감옥에 있어야 한다는 생각에 다시 두려움이 엄습했는데 이것이 꿈으로 나타난 것이었다. 꿈에서 잔뜩 시달리고 아침에 겨우 일어났더니 30분이 지나도록 몸에 힘이 없고 무기력했다. 그래도 주일이라서 말씀을 전하고 싶었다. 기도하면서 정신을 가다듬고 샤워를 하자 다행히 마음과 정신이 회복되는 것을 느꼈다.

멀쩡해진 정신으로 어떻게 복음을 전할 것인가에 대

해서 고민했다. 그때, 주위를 둘러보니 여러 사람이 창살 아래에 몰려 있는 것이 보였다. 그중 한 명이 내게 오늘은 일요일이라고 말했다. 그 말을 들은 나는 그들에게 "나는 목사입니다. 나는 보통 주일에 설교를 합니다"라고 말했다. 그 후 잠시 기도하고 눈을 떴더니 간수가 지나가는 모습이 보였다. 갑자기 두려움이 찾아 왔지만, 용기를 내어 입을 열어서 말씀을 전했다.

"Today is Sunday. Sunday is the day when Jesus was resurrected(오늘은 주일입니다. 주일은 예수님께서 부활하신 날입니다)."

처음에는 일부러 영어로 말한 후에 중국어로 통역하다가, 그 후에는 중국어로 계속해서 말했다.

"부처도 모택동도 유명한 사람도 다 죽었습니다. 후진타오는 그럼 어떻게 되겠습니까?"

이 말이 끝나자마자 한 사람이 무엇인가 소리쳤다. 나는 잠시 생각하고는, "죽을 것입니다"라고 대답했다. 또 다른 사람이 중국말로 뭐라고 물어보았다. 나는 알아듣지 못했지만, 대답하는 척하면서 설교를 이어갔다.

"예수님만이 죽음을 이기셨습니다. 그분께서 돌아가실 때 양옆에 두 강도가 있었습니다. 그중 한 강도는 회개하고 주님을 믿었고 자기를 기억해 달라고 예수님께 부

탁드렸습니다. 그러자 예수님은 그에게 '오늘 네가 나와 함께 낙원에 있을 것이다'라고 말씀하셨습니다. 예수님께서는 우리의 모든 죄를 사해 주십니다. 그분을 믿으면 천국에 갑니다. 마음을 열고 예수님을 믿으십시오."

그렇게 설교를 마치자 반응이 엇갈렸다. 한 사람은 손을 모으더니 "아미타파!"라고 말했다. 아미타불의 중국식 발음이었는데 장난으로 나를 놀리는 것이었다. 다른 한 친구는 "이 구류소 옆에 교회를 세워서 나가면 거기서 모이자!"라고 말했다. 그때, 그 이야기를 들은 다른 사람이 놀라운 대답을 했다. "이곳이 교회다." 중국인의 입에서 나온 그 말을 듣는 순간, 내 몸에 전율이 흘렀다.

하나님께서는 내가 그곳에 40일 동안 있으면서 몇 가지 중요한 교훈들을 몸소 체험할 수 있게 해 주셨다. 첫 번째는 나의 깨어짐과 아픔이 다른 사람들에게 축복을 가져올 수 있다는 것이었다. 취조일 중 하루였던 2011년 7월 23일에는 공안이 와서 여러 자료를 내게 들이밀었다. 그 자료 중에는 내가 머물던 집의 물건을 찍은 사진도 있었다. 나는 그들에게 내가 머물던 장소를 말해주지 않았는데 그들이 다른 사람을 통해서 알아낸 것이었다. 그러자 그들이 중국에서 인쇄한 성경책과 신앙 서적들이 있는 창고도 찾아낼 수도 있겠다는 생각이

들었다.

여러 생각이 머리를 스치고 지나갔다. '만약 이들이 증거물들을 찾아서 내가 했던 일들을 다 밝혀내면 5년 이상의 형기를 받을 수도 있겠구나.' 아내와 에녹이, 가족들 그리고 동역자들이 걱정되는 순간이었다. 정신적인 충격이 심해서 구류소로 돌아온 후에 고개를 푹 숙이고 기도를 했다. 마음이 너무나 아팠다. 오랜 시간 후에 정신을 차리고 주위의 중국인들을 보았다. 그리고 가장 가까이에 있는 사람의 눈을 바라보며 "예수 아이 니(예수님은 당신을 사랑하십니다)."라고 말했다. 나의 깨어지고 상한 마음에서 나온 진심을 담은 말이었다.

그 순간, 누워있던 중국인 청년의 눈에서 눈물이 흐르는 것이 보였다. 그 눈물은 그 청년의 훔치는 손길로 인해서 이내 사라져 버렸다. 21살밖에 되지 않았지만 이미 결혼해서 6개월 된 아이가 있다고 한 것이 떠올랐다. 나는 그에게 다가가서 말을 걸기 시작했다. "너는 이제 아버지야. 가정을 생각해. 다시 이곳에 들어올 수는 없어. 나가게 되면 새로운 삶을 살아라." 나의 말을 들은 그는 감사하다고 말하며 자기가 쓴 글을 보여주었다. 아내에게 쓴 편지였다. 내용은 "당신의 말을 듣지 않은 것을 후회한다. 가족에게 가고 싶다"였다.

이 일이 있고 난 뒤, 이 청년이 나에게 중국어 이름

을 지어 주었다. 성은 한국에서 왔기 때문에 '한(韓)'으로 지어 주었고 이름은 '꿈은 이루어진다'라는 뜻을 가진 한자였다. 중국어 발음으로 꿈은 '멍(夢)'이고 이루어진다는 '청(請)'인데 다 합쳐진 이름을 보고 매우 기분이 좋지 않았다. '한멍청'. 이런! 그 중국 친구는 한국어로 '멍청이'가 무슨 뜻인지도 몰랐기 때문에 나는 그저 좋은 중국 이름을 지어 주어서 고맙다고만 했다. 그 후 우리는 좋은 친구가 되었고 나는 그에게 복음을 전하기도 했다.

내가 깨어지고 나니 다른 사람들의 아픔과 슬픔에 이전보다 더 민감하게 반응할 수 있었다. 예수님이 십자가에서 고통받으심으로 우리를 살리셨듯, 나의 깨어짐과 슬픔이 다른 사람들에게 축복을 전해 주는 통로가 될 수 있다는 것을 깨달았다. 또 내가 어떤 생각을 붙잡느냐에 따라 나의 인생이 결정된다는 것을 느꼈다. 주위의 환경을 바라보면 낙심할 요인들이 가득했다. 자유가 없는 삶, 좁은 공간에서 매일 부딪쳐야 하는 죄수들, 매일 똑같은 음식, 매일 해야 하는 노동, 공안들의 검사, 가족 걱정, 사역 걱정이 계속되었으니 말이다. 그러나 하나님께서 말씀으로 자꾸 내 생각을 바꾸어 가시는 것을 느꼈다.

우선 내가 가장 싫어했던 것은 6시간 넘는 시간 동안 일을 하는 것이었다. 마치 공산당을 위해 일하는 것만

같아서 고통의 시간으로 느껴졌다. 그러다 하루는 성경 말씀이 떠올랐다. "무엇을 하든지 주께 하듯 하라." 그래서 이렇게 기도했다. "주님, 제가 이 노동을 주님을 위해서 합니다." 그때부터 내 마음에 무거운 짐이 사라졌다. 노동시간이 공산당을 위한 고통이 시간이 아니라, 내가 사랑하는 하나님을 위한 즐거운 시간으로 변했다.

그 외에도 감옥 안의 수많은 이상한 사람들과 좁은 공간에서 함께 살기란 쉬운 일이 아니었다. 그중에 내가 특별히 싫어했던 할아버지가 있었다. 66세의 할아버지였는데 잘 걷지도 못하시고 침도 아무 데나 뱉으시고 이상한 행동을 하기도 하셨다. 그는 몸 파는 여자와 잠자리를 했다는 이유로 감옥에 들어왔다. 하루는 복도를 걸어갈 때 그가 아무 말 없이 내 손목을 잡는데 매우 꺼림칙했다. 그때, 예수님이 "죄인들의 친구시다"는 말씀이 떠올랐다. 맞다. 주님은 이들을 차별하지 않으셨고, 이들이 더럽다고 멀리하시지 않으셨다. 그런데 내가 어떻게 그런 짓을 하겠는가? 나는 그 할아버지 외에 다른 이들과도 친해지고 그들을 섬기려고 노력했다. 주님의 마음으로 섬기자, 다른 이들과의 관계가 좋아졌고, 그 덕택에 감옥 생활이 평안할 수 있었다.

이렇게 처음에는 물리적 환경도 힘들었고, 함께 지내는 사람들과의 관계 문제도 극복해야 했지만, 그것 말

고도 또 내 안에서 벌어지는 치열한 영적 전쟁이 있었다. 로마서 8장 6절은 "육신의 생각은 사망이요 영의 생각은 생명과 평안이니라"라고 말한다. 감옥 안에서 내 머릿속에는 여느 때보다 더 강하게 육신의 생각과 영의 생각이 공존하고 있었다. 육신의 생각을 선택할 때는 마음이 무거워지고 슬펐다. 그러나 영의 생각을 선택할 때는 놀랍게도 감옥 안에서도 천국을 경험할 수 있었다. 하루는 철창 아래에 누워서 밖에서 들어온 콜라를 마시는데 꼭 소풍을 온 듯한 느낌이 들었다. 누군가 들었으면 미쳤다고 할지도 모른다. 이것이 놀라운 영적 원리이다. 성경에서는 "시험을 만나거든 온전히 기쁘게 여기라"고 말씀한다. 고통스러운 환경 가운데 영의 생각을 품으면 우리는 환경의 풍족함에서 오는 기쁨이 아닌, 주님의 영원한 기쁨으로 충만할 수 있다.

또 나는 '내 인생의 길을 주관하시는 분은 내가 아니라 하나님이시다'는 것을 느꼈다. 감옥 밖에 있을 때는 나의 연약함을 제대로 볼 수 없었다. 부끄럽지만 나는 중국에서 여러 사역을 성공적으로 만들어 가며 자신을 잘 나가는 사역자라고 생각했었다. 하나님께서 나 자신을, 환경을, 또 상황을 움직이셨는데, 미련한 나는 그 모든 것을 내가 이루었다고 생각하면서 나의 연약함을 느끼지 못했었다. 그런데 감옥에 들어가자마자 주위 환

경이 내가 얼마나 연약한 존재인지 깨닫게 했다. 두려움과 염려 속에 내가 붙들 것은 주님밖에 없었다. 내가 믿었던 그 잘남이 이곳에서는 전혀 소용이 없었다. 주님께서 나를 일깨우시기 위해 예레미야 10장 23절의 말씀을 자주 떠올려 주셨다.

여호와여 내가 알거니와 인생의 길이 자기에게 있지 아니하고 걸음을 지도함이 걷는 자에게 있지 아니하니이다

감옥 안에 있으면서 나의 인생을 주관하시고 인도하시는 주님을 인정하지 않을 수 없었다. 내가 살아온 모든 길이 주님의 손에 있었다. 그렇다면 이토록 연약한 내가 할 수 있는 건 무엇일까? 기도밖에 없었다. 나를 붙들고 이끄시는 주님, 그분을 의지할 수밖에 없었다.

"주님께서 제 인생을 주관하십니다. 중국 공안들이 아무리 저를 잡아두려고 해도 주님께서 내보내시면 저는 나갈 수 있습니다. 주님께서 모든 환경을 움직이십니다. 주님, 저번에 감옥에 있을 때는 홀몸이었지만 지금은 아내가 임신 중입니다. 아들 에녹이도 있습니다. 좀 더 빨리 내보내 주세요."

그렇게 기도를 하다가 40일 만에 나갈 수도 있다는 생각이 강하게 들었다. 근거는 없었지만 믿음으로 주위의

중국인 형제들에게 선포했다.

"하나님께서는 공산당보다 강하신 분입니다. 그분이 내보내시겠다고 작정하시면 공산당조차도 막을 수 없습니다."

정확히 감옥에 갇힌 지 40일째가 되는 8월 25일에 공안이 나를 상해공항에서 미국으로 추방하였다. 할렐루야, 주님께서 역사하신 것이다! 내 믿음의 선포가 중국인 형제들의 마음에 씨앗으로 심어졌기를 기도한다. 떠나기 전에 날 추방하던 공안이 이렇게 물은 것이 기억난다.

"구치소에서 40일 동안 머문 것을 후회합니까?"

그 순간, 질리는 음식과 반복되는 노동, 사회에서 손가락질 받는 여러 유형의 사람들과 어울린 시간들, 성경 한 권조차 들여올 수 없던 열악한 환경이 한꺼번에 스치고 지나갔다. 하지만 그 환경 속에서 주님의 더 큰 은혜가 부어진 덕분에 난 40일간 이 땅에서도 천국을 누렸다.

"아니요, 나는 그리스도인입니다. 그 안에서 돈 주고 살 수 없는 많은 것을 배웠습니다. 후회하지 않습니다."

상해에서 미국으로 떠나는 비행기를 타자, 수많은 복

잡한 감정들이 소용돌이쳤다. 30대와 40대 초의 모든 열정을 쏟아부었던 중국 땅이었다. 무엇인가 잃어버린 것처럼 마음이 무거워졌다. 그러나 동시에 새로운 사역에 대한 기대감이 공존했다. 주님이 미리 내게 알려주신 대로 정확히 40일 만에 떠나면서 분명히 하나님이 써 놓으신 각본이 있고, 내가 그 각본대로 움직이고 있다는 강력한 느낌을 받았다. '40일간의 예기치 않은 선물을 다시 한번 주신 하나님께서, 항상 내 생각을 뛰어넘어 역사하시는 그분께서 새로운 사역을 준비하고 계실 거야.' 나는 그렇게 확신했다.

제4부

아바 아버지의 마음으로 품은 아이들

1. 태국에서 다시 만난 아이들
2. 한국에서 시작되는 공동체
3. 한국에서 다시 만난 탈북 소년
4. 한우리캠프
5. 아버지의 집, 한벗학교

"북한의 꽃제비 아이들 때문에 고통받으시는 하나님 아버지의 마음을 느끼고 북한선교에 뛰어들었지만, 가슴이 찢어지는 아픔을 견디는 것은 절대 쉽지 않았다. 그러나 지금 돌이켜 보면, 젊음을 다 바쳐서 그들과 함께한 고난의 시간이 나에게는 가장 아름답고 소중한 기억이다."

1. 태국에서 다시 만난 아이들

미국으로 추방된 후에 몇몇 사역지에 연락을 취해 보았다. 걱정했던 창고도 드러나지 않았고 다들 큰 문제는 없었다. 하나님께서 지켜주신 것이었다. 그런데 가장 걱정되었던 것은 중국에 있던 네 아이였다. 부모님들이 사망하셨거나 버림받은 사연이 있는 아이들이었다. 미국에서 전화를 해보니 돌보던 사역자들이 건강과 위험 때문에 아이들을 중국인들에게 맡기고 떠나서 아이들을 잘 돌보아줄 사람이 없었다. 중국인들이 그 아이들을 돌보는 것은 무리였다. 게다가 그들 중 한 아이는 다른 가게에 가서 일한다는 이야기를 들었다.

나는 한 사역자에게 전화해서 아이들이 태국을 통해서 한국으로 돌아오는 길에 관해서 물어보았고, 감사하게도 그분은 흔쾌히 도와주겠다고 하셨다. 이어서 나는 내가 가장 신뢰하는 한 자매에게 빨리 아이들을 제3국이 마주하는 중국의 국경 지역으로 보내라고 했다. 그 자매는 위험을 무릅쓰고 다른 형제와 함께 며칠 동안의 긴 여행을 하면서 세 명의 북한 아이들을 국경 지역으로 보내는 일을 감당했다. 그 자매가 세 명의 아이들을 보내고 돌아오자마자 나는 자매에게 마지막으로 남은 북한 아이가 있는 곳으로 얼른 가달라고 부탁했다. 이윽고 나는 북한 아이에게 전화를 걸었다.

"무조건 중국 선생님을 따라가. 선생님 말씀 잘 들어야 해?"

"알았어요, 삼촌."

중국 자매는 내 부탁을 듣고는 또다시 지친 몸을 이끌고 다시 일주일간의 긴 여행을 떠났다. 며칠 후 무사히 아이를 인계했다는 소식을 들었다. 정말 다행이었다.

2011년 9월 16일, 나는 아이들을 만나기 위해서 비행기를 타고 태국으로 떠났다. 비행기가 밤에 도착했기 때문에 공항에서 하룻밤을 지새우고 다음 날 국경도시로 떠났다. 도착하니 밤 11시였다. 경찰서 근처에 있는 게스트하우스에서 방 두 개를 예약해 두었다. 비가 내리고 있었지만 밖에 나가서 주변을 살펴보았다. 태국의 경찰서는 중국 경찰서와는 다르게 일반인들이 접근할 수 있게 문이 열려 있었다. 그 옆에는 이민국 사무실이 보였다. 중국의 정부 기관과는 완전히 대조되는 느낌이 들었다. 강 주변으로는 여러 게스트하우스가 즐비해 있었다. 밤이 늦어서인지 사람들은 보이지 않았다. 강가를 거니는데 건너편 나라에 있는 집들에서 비치는 빛을 볼 수 있었다. 두 나라 사이에는 메콩강이 잔잔하게 흐르고 있었다. 그런데 메콩강은 매우 넓어 일반인이 헤엄쳐 건너기에는 위험해 보였다.

다시 게스트하우스에 돌아와서 침대에 누워서 전화가

오기를 기다렸다. 긴장해서인지 이틀 동안 몇 시간밖에 잠을 자지 못했는데도 계속 잠이 오지 않았다. 그렇게 새벽 두 시가 되자, 북한 아이에게서 전화 연락이 왔다.

"안녕하세요? 저 군이에요!"
"잘 지냈니? 다들 건강하니?"
"다 괜찮아요. 곧 강을 건널 거예요!"
"알았어. 기다릴게."

전화를 끊고 나는 두근거리는 마음으로 밖에 나가서 강가를 배회했다. 게스트하우스에서 나오는 빛은 있었지만 그래도 어두웠다. 잘 보이지 않는 곳들이 많았다. 장소를 정확히 몰라서 두세 시간 동안 여러 곳을 왔다 갔다 하며 연락을 기다렸다. 그러나 아무도 건너오지 않았다. 전화도 없었다. 나에게 걸려왔던 전화번호로 계속 전화를 했지만, 한국에서 가져온 내 휴대폰으로는 라오스 번호가 연결이 되지 않았다.

급한 마음에 한국에 있는 사역자에게 연락을 했다. 너무 이른 아침이어서인지 아무도 받지 않았다. 아이들이 많이 어려서 여러 걱정이 들었다. 비가 계속해서 내렸지만 우산도 쓰지 않고 아이들을 찾아서 이리저리 돌아다녔다. 우산을 생각할 겨를이 없었다. 그러던 중 아침에 한국에서 문자가 왔다.

"이미 건넜다고 합니다."

그 소식을 듣고도 다시 몇 시간 동안이나 강가와 국경도시를 배회했지만 아이들을 만날 수가 없었다. 밖에는 소낙비가 오고 있었다. 주변을 빨리 둘러보기 위해서 자전거를 빌려주는 가게로 뛰어갔다. 그런데 가게 주인은 비가 많이 오기 때문에 자전거가 녹슨다고 빌려주지를 않았다. 나는 소낙비를 맞으면서도 아이들을 찾아 다녔다.

그렇게 빗속에서 헤매기를 반복하다 경찰서로 발걸음을 옮겼더니 마침내 여섯 명의 사람들을 만났다. 네 명은 내가 그토록 찾던, 너무 반가운 아이들이었고 두 명은 북한 여자 분들이었다. 주일이었기 때문일까? 경찰서 사무실 문은 닫혀있었고 경찰관들의 모습은 볼 수 없었다. 안도와 반가움을 느낀 나는 그들을 모두 데리고 나와 내가 머물던 게스트하우스로 갔다. 게스트하우스에 도착하자 아이들에게서 그동안 있었던 일들에 대해서 들을 수 있었다.

"우리가 머물던 국경 마을에서 오토바이를 타고 산으로 갔어요. 산길에 들어설 때 두근두근했어요. 산에 올라갈 때 힘들었는데 하나님께 지켜달라고 기도했어요. 또 삼촌을 꼭 만나게 해 달라고 기도했어요. 편안할 때는 하나님을 잘 생각 안 하는데 힘들 때는 하나님을 의

지하게 돼요. 이번 여행으로 하나님께 더욱 매달리게 되었어요."

"저는 올 때 많이 힘들었어요. 차를 타고 오는데 차 안에서 계속 토했어요. 잠깐 차를 세웠으면 좋겠다고 생각했어요. 기도했는데 하나님이 왜 안 들어주나 싶었어요. 산길을 걸을 때는 자꾸 자빠졌는데 웃음이 나왔어요."

"저는 기쁘기도 했고 무섭기도 했어요. '뱀이 나와서 물면 어떻게 하나? 길 잃어버리면 어떻게 할까?'라고 생각했어요. 그래도 기뻤어요! 한국 가면 자유를 얻게 되니까요."

"너무 어두워서 앞에 사람이 가도 어디로 갔는지 보이지 않았어요. 산길이 좁고 비가 와서 미끄러졌어요. 성철이가 천홍이를 끝까지 손잡고 이끌어주었어요. 저는 산길을 걸으면서 성철이와 '예수 사랑하심은' 찬양을 불렀어요."

"너 옷이 그렇게 된 게 산길 때문이야?"

"네, 산길 걷는 것이 재미있었어요. 같이 넘어지고 진흙탕에도 빠지고 재미있었어요. 성철이가 많이 도와줬어요. 한번은 성철이가 진흙탕에 엎어져서 계속 웃었어요!"

강 건너는 것은 어땠냐고 내가 묻자 아이들은 이렇게 대답했다.

"강가에 풀이 있어서 손으로 짚었다가 푹 빠졌어요.

그때는 힘들고 어려웠는데 지나가니까 우스워요. 삼촌에게 전화하고 싶었는데 다른 사람들이 빨리 건너가라고 해서 급하게 배에 올랐어요. 전화를 걸 시간이 없었어요. 강은 새벽 4시쯤에 넘었어요. 강을 건넌 후에 천막 같은 곳이 있어서 거기 잠시 머물렀어요. 그런데 모기가 계속 물더라고요. 선생님에게 전화했는데 연결이 안 됐어요. 그래서 6시에 나가서 걷기 시작했어요.

길도 없는 곳을 걷다가 나중에 길을 찾았어요. 어떤 사람들을 만났는데 저한테 음식과 사과를 주었어요. 2시간 정도 헤매다가 또 다른 사람들을 만났어요. 삼촌이 경찰서에서 기다린다고 하고 경찰서에 데려달라고 했어요. 그래서 그 사람들이 저를 오토바이로 경찰서까지 데려다 주었어요."

우리는 감사한 마음으로 다함께 예배를 드렸다. 아이들은 기도할 때마다 "아멘, 아멘!" 소리를 내었다. 같이 온 두 아주머니는 신앙은 없으셨지만 좋은 분들이었다. 오랜만에 아이들과 함께 드리는 은혜로운 예배였다. 참으로 주님께 감사한 순간이었다. 예배 후에 점심을 먹고 오후에 밖에 나가서 감옥에 들어가면 필요할 물품들과 옷을 샀다. 새 옷과 새 신발을 사는 아이들은 무척 좋아했다. 그곳은 아주 자유로워서 6명의 북한 사람들을 데리고 여러 가게를 방문해도 큰 문제는 없었다. 혹시 경찰에 잡힌다고 해도 신변에는 문제가 없는 나라였다. 절차를 밟아서 한국으로 도착하게 되어있었기 때문이었다.

다음 날 아침에 나는 아주머니들을 다시 경찰서로 보내드리려고 했다. 그런데 북에서 온 아주머니들은 그 나라 수도로 가서 하루 빨리 한국에 들어가기를 원했다. 그러다가는 내가 위험해질 수 있고 경비도 만만치 않았기 때문에 나는 그렇게 하고 싶지는 않았다. 그러나 한국에 있는 자신들의 남편을 하루라도 빨리 보고 싶다고 재촉하는 그들의 말에, 결국 그렇게 하기로 하고 차를 불렀다. 짐을 다 싣고 떠나려고 하는데 태국사람이 우리에게 물었다. "여권은 어디에 있습니까?" 나는 내 여권을 보여주었다. 그러나 다른 사람들은 보여 줄 여권이 없어서 안절부절못했다. 태국사람이 우리에게 이렇게 말했다. "우리가 당신들을 태우고 가다가 걸리면 수갑을 찹니다." 나는 북한 아주머니들과의 상의 끝에 그곳의 현지 사람들에게 북한 분들을 경찰서로 안내해 달라고 부탁한 후 공항으로 향하였다.

그런데 공항에 도착한 뒤, 그 북한 분들에게서 다시 도움이 필요하다는 연락이 왔다. 나는 다시 차를 타고 그들이 잡혀 있는 국경도시에 있는 경찰서로 되돌아와야 했다. 경찰서에 도착해 보니, 글쎄, 감옥에 있어야

4부 : 아바 아버지의 마음으로 품은 아이들

하는 아이들이 뛰어놀고 있는 것이 아닌가? 한 아이는 천진난만하게도 고양이를 안고 있었다. 어떻게 된 일이냐고 물었더니 그냥 자기들이 뛰어다니게 놔둔다는 것이었다. 내가 다른 사람들은 어디에 있냐고 물으니까 아이가 한 장소를 가리켰다. 그곳에는 10여 명의 북한 사람들이 모여 있었다.

내가 그곳에 가서 북한 사람들과 대화를 나누자 경찰들이 하나둘씩 나에게 다가와 질문하기 시작했다. 나는 한국에 있는 북한 사람의 가족으로부터 부탁을 받고 이들을 도우러 왔다고 했다. 한 경찰이 자기 사무실로 오라고 했다. 그의 말을 따라 사무실로 향했는데, 그는 친절하지만 날카로운 질문을 하는 사람이었다.

"당신은 누구입니까? 무엇을 하는 사람입니까?"
"나는 미국 시민인데 한국에서 영어를 가르칩니다. 요즘에는 미국의 경제 사정 안 좋아져서 한국에서 영어를 가르치면 더 돈을 많이 벌 수 있습니다."
"이곳에는 어떻게 왔습니까?"
"이미 한국으로 탈북해서 살고 있는 여자분이 여기에 온 북한 사람 중 한 명의 가족입니다. 그 사람이 나를 수소문해 찾아와서 자기 동생을 도와달라고 했습니다."

내가 잘 대답하자 그곳에 있는 경찰 중의 한 명이 좀 더 친절하게 설명을 해주었다.

"이곳에 있는 사람들은 우리나라의 법을 어겼습니다. 법정에 가서 판결을 선고받고 법적인 절차를 진행한 후에 한국에 가게 될 것입니다. 우리나라에서는 18세 미만의 아이들을 구속하지 않습니다. 아이들에게 돈이 조금 필요할 수 있습니다."

그렇게 대화를 마치고 나는 그곳을 떠나면서 아이들에게 1000 바트(한화 약 4만원)씩을 손에 쥐여 주었다. 또한 아이들과 동행했던 북한 아주머니들에게도 함께 음식을 사 드시라고 적지 않은 돈을 쥐여주고 나는 그 조그만 국경도시를 떠나게 되었다. 제대로 자지도 못하고 계속 긴장한 채로 이동을 했으니 몸은 많이 지쳐 있었는데 나의 마음은 한결 가볍기만 했다.

2. 한국에서 시작되는 공동체

"제가 가리키는 이곳에 서명을 해주세요."

국정원 직원에 나에게 여러 서류를 내밀며 말했다. 태국에서 만났던 4명의 아이를 데려오기 위한 절차였다.

"아이의 진술을 토대로 아이의 부모님이 북한 분이라는 증거를 찾을 수 없어서 데려오기 어려웠습니다."

서류들을 하나하나 점검하면서 필요한 부분에 사인을 마친 나에게 국정원 직원이 다시 말했다.

"시온이라는 아이는 아무 연고도 없어서 선교사님께서 모든 책임을 지셔야 합니다."

"그럼 시온이는 남한에서 탈북민으로 인정받은 건가요?"

"절반은 인정이 될 것입니다."

나는 그 말을 나중에야 이해하게 되었다. 시온이는 나중에 한국 국적은 취득할 수 있었지만, 북한 주민이었다는 증거가 없기 때문에 탈북민들이 한국에서 받는 혜택을 받지 못할 것이라는 의미였다.

그 후 다른 아이들과 함께 만나서 식사를 같이했는데 성철이와 군이는 보이지 않았다.

"성철이는요?"

"성철이는 결핵이 있어서 지금 격리가 되어있습니다.

하지만 거의 다 나았습니다."

"군이는요?"

"군이는 어머니를 만났습니다. 군이의 어머니는 벌써 한국에 들어오셔서 생활하고 있습니다. 군이는 보호자인 어머니에게 가게 될 것입니다. 윤희와 성철이는 하나원(북한 이주민 정착지원사무소)을 통과해야 하지만, 시온이는 먼저 데려가셔도 됩니다."

국정원 직원은 시온이를 인계하며 나에게 봉투를 내밀었다. 열어보니 440,000원이 들어있었다. 내가 괜찮다며 봉투를 다시 국정원 직원에게 돌려주자 직원은 봉투를 다시 돌려주며 말했다.

"이것은 아이를 위해서 드리는 겁니다. 받아주셔야 합니다."

처음으로 사역을 위해서 대한민국 정부의 돈을 받는 순간이었다. 부자연스럽고 어색한, 미묘한 감정이 들었다. 그 후 서울에 있는 한 교회에 가서 기도하는데 하나님께서 시온이를 딸처럼 키우기 원하신다는 마음이 들었다. 아버지의 마음이었다. 그 후에도 주님은 하나원을 무사히 수료하고 나온 윤희를 비롯한 여러 아이를 우리 가정에 보내주셨다. 우리 가족이 자리 잡은 곳은 용산 미군기지 바로 옆에 있는 후암동에 있는 빌라였다. 중국에서 알게 된 사장님이 보증금을 빌려주신 덕

4부 : 아바 아버지의 마음으로 품은 아이들

분에 얻을 수 있었다. 적을 때는 두세 명, 많을 때는 여섯 명 이상의 아이들을 데리고 살았다.

(가정 공동체)

북한에서 온 아이들도 있었지만, 중국에 인신매매로 팔려 가셨던 북한 여성들이 원치 않게 중국인 남편과의 사이에서 낳은 자녀들도 많았다. 그렇다 보니 대부분 가정이 깨어져 있었고 어머니들은 한국에서 정착하려고 애를 쓰느라 아이들을 방치해 놓은 경우가 많았다. 몇몇 분은 심각한 우울증으로 고생하고 있었고 심지어는 자살을 시도하셨던 분들도 있었다. 따라서 우리 집으로 오는 아이 중에는 매우 특이한 아이들도 많았다. 한 아이는 자폐증 환자처럼 대인관계를 기피했다. 방에 들어가 숨어 있을 때가 많았는데 하루는 문을 열어도 찾을 수가 없었다. 안에 들어가서 자세히 살펴보니 문 뒤에 꼭꼭 숨어 있는 모습이 보였다.

재미있는 일화도 생겨났다. 우리 집 뒤편에는 도심에서는 보기 드물게 재활용품을 받는 곳이 있었다. 하루는 한 아이에게 우리 집에서 모은 캔을 팔고 오라고 시켰다.

"별아, 이 캔들 뒤에 가서 팔아와."

그런데 밖에 나간 별이는 재활용센터로 가지 않고 밖에서 지나가는 사람들에게 캔을 팔기 시작했다.

"캔 팝니다! 하나에 500원이요!"

"야, 그거 안 팔릴 텐데? 빈 캔이잖아?"

지나가던 행인이 친절하게도 말해주었다.

"200원이요."

"그래도 비싸지!"

나중에 캔을 하나도 팔지 못하고 도로 가져온 별이의 이야기를 듣고는 우리는 배꼽을 잡고 웃었다. 별이를 데리고 재활용센터에 갔더니 그제야 자기가 무슨 일을 한 것인지 이해한 별이가 키득키득 웃기 시작했다.

하루는 한 목사님에게서 급하게 연락이 왔다.

"한 북한 여성이 큰 병에 걸려서 중환자실에 입원했는데 의식을 잃었습니다. 그런데 그녀에게 다운증후군

이 있는 아이가 있는데 돌볼 사람이 없습니다. 조선족 남편은 아내를 돌보아주어야 합니다. 이곳저곳 수소문을 했지만 이 아이를 돌보아줄 사람이 없습니다. 그 아이를 돌보아주실 수 있으신가요?"

아내와 같이 상의하고 그 아이를 받게 되었다. 우리 집에 도착한 그 아이를 보니 지금까지와는 또 다른 차원의 치열한 싸움이 될 것이라는 생각이 들었다. 그 아이는 얼굴은 다운증후군이 있는 보통 아이처럼 생겼는데 말이 전혀 통하지 않았다. 물티슈를 너무 좋아해서 자꾸만 물티슈를 입안에 넣었다. 이곳저곳에 놓인 종이도 입으로 가져가 물어뜯고 뱉었다. 처음에는 방 안에만 있었는데 몇 번 밖에 산책을 시킨 후에 갑자기 집에서 뛰어나가 밖에서 돌아다니기 시작했다. 말도 안 하고 갑자기 사라진 아이를 찾느라 우리는 몇 번이나 애를 태워야 했다. 그 후에 우리 아이들이 그 아이가 밖으로 나가려고 할 때 길을 막고 우리에게 알려주어서 다행히 큰 사고들을 예방할 수 있었다.

가장 큰 문제는 아이가 나이가 있음에도 똥오줌을 가리지 못하는 것이었다. 아이의 아버지가 사 주시고 간 기저귀가 작았는지 자꾸만 똥오줌이 밖으로 넘쳐흘렀다. 어떤 때는 옷을 적실뿐만 아니라 바닥에도 떨어졌다. 아이를 화장실로 데려가서 깨끗하게 씻겨주는 아내를 보면서, 지쳐 포기하지는 않을까 걱정이 되었다. 그런데 고맙게도 아내는 아이의 엄마가 수술을 받고 어느 정도 회복해서 아이를 데려갈 때까지 꿋꿋하게 견디어주었다.

그 시절, 가끔 우리 집을 방문하는 분들이 계셨는데, 그중 한 분이 우리 모습을 보고 하신 말씀은 아직도 잊히지 않는다.

"선교사님은 진짜시군요!"

'진짜'라는 단어가 내 마음을 울렸다. 뜨거운 첫사랑으로 예수님을 만난 나였지만, 나이가 들어가며 어느새 사역은 나의 익숙한 일상이 되어 있었다. 타성에 젖어 하루하루를 살던 나였다. 그분의 그 한 마디는 그런 내 마음을 꿰뚫고 지나갔다.

'내가 진짜 선교사일까? 그래. 나는 뼛속까지 선교사다. 그런데 진짜가 되어야지! 처음 사역을 시작할 때의 초심을 잃지 말아야지!'

주님 앞에서 내가 간직했던 순수함, 다른 것과 바꿀 수 없는 그 마음을 끝까지 간직해야겠다고 다시 한번 되새기는 순간이었다. 몇 달 후에 그 아이의 아버지가 병원에서 퇴원하신 아이의 어머니와 함께 오셨다. 아직은 걷는 것이 힘드신 듯했지만 아이를 데려가겠다고 하

셨다. 그분은 우리에게 진심을 담아 감사를 전하시고는 아이를 데려가셨다. 그 후에도 1년이 지나 우리를 다시 찾아오시기도 했다. 아내가 자리에 없자 꼭 만나야 한다고 기다리시고는 결국 아내의 손에 세가지 값비싼 선물과 현금을 쥐여 주고 돌아가셨다.

나의 아내 죠앤나…. 아내는 참 고마운 동역자이다. 원래 아내는 아이들을 많이 좋아하는 성격이 아니었다. 그런데 나와 결혼을 한 후에 자연스럽게 북한 아이들을 양육하는 삶을 받아들이게 되었다. 자신의 아이들을 키우면서도 동시에 다른 아이들을 양육했다. 그렇게 시간이 흘러 지금은 양육의 달인이 되었지만, 아내는 사업에 더 재능이 있어 보였다. 한국에 있을 때의 일이었다. 중국에 있는 지인들이 아내에게 분유와 화장품을 보내 달라는 부탁을 하기 시작했다. 처음에는 그저 소일거리로 한 달에 이삼십만 원을 벌었다. 그런데 점차 돈이 늘어나 백만 원 이상을 벌더니 백오십만 원에서 이백만 원까지도 벌었다. 더 늘어서 어떤 때는 한 달에 삼백만 원까지 벌기도 했다. 그러나 그렇게 모은 재정 가운데 대부분은 아이들을 양육하고 부족한 부분을 채우는 데 필요한 헌금으로 드렸다.

나는 가끔 우체국에 가서 아내가 고른 화장품을 중국으로 붙이는 일을 도와주었다. 그런데 집안에 아이들이 많아지자 아내가 두 가지 일을 다 하기는 버거워 결국 화장품 장사를 그만두게 되었다. 아내는 중국에 계신 어머님이 아프셔서 고생하시다가 돌아가실 때도 멀리 떨어진 한국에서의 사역 때문에 자식으로 해야 할 도리를 다하지 못했다. 어렵고 힘들 때 내가 북한 아이를 더 받자고 하자 너무 지친 나머지 짐을 싸서 중국으로 떠나려고 한 적도 있었다. 그러나 주님께서는 아내에게 계속 새로운 마음을 주셨고, 그 덕분에 마음을 돌이키고 여기까지 왔다. 우리 가정에 주님께서는 사랑스러운 네 명의 아이를 주셨는데, 아내가 해산하는 모습을 볼 때, 마치 그 해산하는 고통에 북한 아이들을 데리고 살았던 지난 10년의 광야 세월이 함축된 것처럼 느껴졌다.

아내의 얼굴을 본 적도 없는 여러 명의 사역자분들이 기도 중에 아내가 '열국의 어미'라는 감동을 받으셨다고 말씀해주시곤 했었다. '어미'는 해산의 고통을 통과한 사람들만이 얻을 수 있는 칭호다. 이삭과 같은 약속의 자녀를 한 명이라도 양육하는 어미가 얻을 수 있는 이름이다. 삶을 어지럽히고 흐트러뜨리는 아이들을 품기가 힘들어 벗어나고 싶어 하는 그 모습 속에서도, 그 연약함 속에서도, 하나님은 나의 아내 죠앤나를 '열국의 어미'로 보고 계셨다.

4부 : 아바 아버지의 마음으로 품은 아이들

3. 한국에서 다시 만난 탈북 소년

의를 위하여 박해를 받는 자는 복이 있나니 천국이 그들의 것임이라 나로 말미암아 너희를 욕하고 박해하고 거짓으로 너희를 거슬러 모든 악한 말을 할 때에는 너희에게 복이 있나니 기뻐하고 즐거워하라 하늘에서 너희의 상이 큼이라 너희 전에 있던 선지자들도 이같이 핍박하였느니라(마 5:10-13)

한번은 중국에서 추방되어 한국에 있던 때였다. 우리가 돌보던 청소년 중 한 명이 고문을 받아서 죽음의 문턱까지 갔다가 살아났다는 이야기를 들었다. 그 후 얼마 되지 않아서 북한에 있는 그와 비밀통화를 할 수 있었다.

"죽지 않고 살아있었구나? 몸은 괜찮니? 그곳(북한)에서 잘 지내고 있니?"

북한 감옥에서 심한 고문을 당하고 기적적으로 살아난 북한의 지하교인 청년이었다.

"하나님께서 살려주셨어요! 저는 잘 지내고 있어요."

북한에서 지하교인 청년이 대답했다. 안전 때문에 급하게 전화를 끊었지만 "하나님께서 살려주셨어요!"라는 말이 계속해서 마음에 울려 퍼졌다. 그로부터 몇 달 후에 그가 북한을 탈출해서 태국에 밀입국했다는 소식을 접하게 되어서, 나는 곧장 태국으로 가서 이민국 감옥에

갇혀 있던 그와 감격스러운 재회를 했다. 많은 역경으로 몸이 약해진 것이 보였지만 몇 년 사이에 어엿한 청년이 된 것 같았다.

"괜찮니? 다친 곳은 없니? 북한에서 고생 많았지?"
"괜찮아요. 하나님께서 함께해 주셨어요."
"혹시 필요한 물건이 있니?"
"선생님께서 예전에 보내주셨던 손바닥만 한 성경이 너무 작아서 읽기에 힘이 듭니다. 좀 더 큰 성경을 넣어주실 수 있으시겠어요? 그리고 공책이 필요해요." 그가 대답했다.
"더 필요한 것이 있니?"
"괜찮아요."
나는 음료수 몇 개를 주면서 마시라고 했다.
그러자 그가 대답했다.
"여자 호실에 계신 탈북자 분들에게 주세요."

그 당시 태국은 매우 더웠고 감옥 안은 통풍이 잘 안 되었기 때문에 찜통 같았다. 태국에서 새 옷을 살 수 없었던 그는 중국에서 입던 긴 바지와 긴 소매 옷을 입고 있어서 더욱 더위와 사투를 벌이고 있는 것 같았다. 그런데 그런 그가 다른 것이 아니라 성경을 구해 달라 하고, 그 와중에도 자기와 같은 처지에 있는 다른 사람들을 배려하는 모습을 보면서 많은 감동을 받았다. 그를 처음 만났을 때도 참 좋은 성품을 가지고 있었다는 것을 알고 있었지만, 감옥에서의 고난은 그의 마음을 더욱 더 정금같이 단련했다는 생각이 들었다.

내가 여자 호실에 가자 북한 자매들이 창살 가까이 다가왔다. 북한에서 탈북한 약 6~7명의 여자들이 감옥에 갇혀 있었다. 내가 그들에게 필요한 것들이 있냐고 물어보자 여러 명이 이것저것을 요구해왔다. 나는 그 내용을 종이에 적어서 밖에 나가서 그들이 요구한 물품을 사서 감옥에 넣어주었다.

그 후 2011년 6월에 무사히 한국에 들어온 그와 다시 만났을 때 나는 그에게서 북한에서 겪었던 일들에 대해 자세히 들을 수 있었다. 그의 간증은 나에게 너무나 벅찬 감격과 감사로 다가와 자꾸만 눈에 눈물이 고이는 것을 주체할 수 없었다.

"철이와 저는 중국 공안에 체포되어 도문에 있는 감옥에 구금되었습니다. 그곳에서 저희는 다른 북한 사람들에게 복음을 전했습니다. 그러나 복음을 들었던 사람들이 보위부 조사를 받을 때 저희들이 복음을 전하고 있다는 이야기를 했기 때문에 감옥에 갇힌 첫날부터 모진 고문을 당해야 했었습니다. 저희들을 향한 고문과

학대는 상상을 초월하는 것이었습니다. 그들은 저를 햇빛 한 점 비치지 않는 어두운 감방에 가두어놓고 시도 때도 없이 불러내어 구타했으며 정신을 잃을 때까지 때리고는 다시 질질 끌어다 방에다 처넣어 버리곤 하였습니다.

한번은 그들이 쇠살창 밖으로 손을 내밀라고 해서 내밀었더니 군화로 손을 밟아버려서 손이 터지기도 하고 뼈가 골절이 되기도 했습니다. (나에게 손가락을 보여주었는데 새끼손가락이 정상이 아니었고 골절되어 있었다. 고문의 후유증이 남아 있는 것이었다.) 그리고 자주 뾰족한 두 삼각 각목 위에 무릎을 꿇고 있게 했습니다. 한쪽 뾰족한 부분은 무릎을 파고들고 다른 한쪽 부분은 발목을 파고듭니다. 만약 제대로 무릎을 꿇고 있지 않으면 각목이나 의자를 사용하여 구타했습니다. 그런데 각목으로 구타를 당하는 것이 차라리 나았습니다. 각목으로 맞을 때 처음 몇 번은 매우 아픕니다. 맞은 자국이 붓기 때문입니다. 하지만 나중에는 이것도 무뎌져서 고통을 느끼지 못하게 됩니다. 하루는 너무 심하게 맞아서 허리가 터졌고 뼈도 보이기 시작했습니다. 그러자 그들은 소독을 해준다고 하면서 솜에 불을 붙여서 저희 몸을 지졌습니다.

사람의 기름으로 찌든 감방에서 이와 벼룩과 싸우면

서 하루하루를 버텨가던 저의 구타당한 등에는 끝내 욕창이 생겨 진물이 질질 흐르기 시작했습니다. 등에 난 상처로 인해 뼈가 다 들여다보였고 파리와 구더기들이 모여들어 제 썩은 살을 파먹기 시작했습니다.

먹는 것도 밥 3g 정도 되는 것으로 묽은 죽 같은 것을 만들어 주었습니다. 한 열 숟가락만 먹으면 아무것도 없었습니다. 너무 먹는 것이 빈약하니까 감옥에 들어간 지 15일이 지나서야 대변이 나왔습니다. 대변을 볼 때도 몸 밖으로 나오는 것이 거의 없었습니다.

(북한 감옥의 모니터실에서 보이는 감옥)

그런데 너무 하나님 앞에 부끄러운 일이 있습니다.

저희들이 모질게 구타당하고 있던 어느 날, 철이와 저는 고통을 이기지 못하고 앞으로 하나님을 안 믿을 테니 제발 그만 좀 때리라고 하소연을 했습니다. 하나님을 부인하고 만 것입니다. 그러자 저희들을 향한 고문이 멈추었습니다.

당시 저희 감옥에는 정신병자 취급을 받고 있던 중국 선교사님 한 분이 계셨습니다. 그 선교사님은 북경의 어떤 교회에 다니셨던 분이었는데 두만강을 건너서 북한 마을로 가서 중국어로 복음을 전하셨다고 합니다. 그런데 그분의 중국말을 알아들은 사람들이 선교사님을 신고해서 보위부 대원들에게 체포되셨습니다. 감옥에 있던 보위부 사람이 "저번에 왔을 때 거의 죽게 되어서 나갔는데 또 왔다"라고 말했습니다. 그분은 저희가 예수님을 부인했다는 것을 들으시고 저희를 보시고는 고개를 절레절레 흔드시면서 눈물이 가득 고인 눈으로 말씀하셨습니다. "예수님을 부인하면 안 된다." 저희는 그 말을 듣고서 양심이 너무도 찔려 하염없이 울면서 회개했습니다. 하나님께 너무 많이 죄송했습니다.

며칠 후에 그들이 저를 불러내서 조서를 쓰라고 했습니다. 그 순간 하나님께서 제게 용기를 주셔서 저는 죽을 각오를 하고 종이 위에다 주기도문과 사도신경을 썼습니다. 보위부 동지가 말했습니다. "이전 놈은 주기도문인가 뭔가 하는 것 하나만 썼는데 너는 더 미쳤다!

사도신경까지 썼다!" 철이와 저는 스스로의 결심에 관해 이야기를 나누지 않았습니다. 그런데 회개 후에 서로 같은 생각을 한 것 같습니다. 우리 둘 다 죽을 각오를 하며 하나님을 절대 부인하지 않기로 했습니다. 그 후에 흠씬 두들겨 맞았지만, 그런 혹독한 상황 가운데서도 우리는 결코 주님을 부인하지 않았습니다.

하루는 고문으로 인한 후유증 때문이었는지 갑자기 제 혀가 목으로 넘어갔습니다. 그 모습을 본 사람들이 제 입을 벌리고 손을 넣어서 혀를 빼냈습니다. 그리고 간수가 병원에 전화해서 의사들을 오라고 했습니다. 그때가 밤 11~12시쯤 되었습니다. 맥박이 거의 뛰지 않았고 혈압은 거의 없었습니다. 저는 힘이 없어서 눈을 뜰 수도 없었습니다. 그런데 사람들이 말하는 것은 다 들렸습니다. 의사는 "오늘 저녁에 죽을 거니까 사체실로 보내라"라고 했습니다. 그러자 간수가 "죽어도 병원에 가서 죽는 것이 좋지 않겠냐?"라고 말했습니다. 그 전날까지 구금되어 있던 사람들이 죽어 나가는 데도 눈 하나 깜박하지 않았던 간수였는데, 저에게 동정을 베풀어 준 것입니다. 저는 하나님께서 그의 입을 통해 역사하셨다고 믿습니다. 저는 곧 병원으로 이송되어 심장에 강심제를 세 번이나 맞았습니다. 하지만 아무런 진전이 없었습니다. 그 후 의사는 저에게 스트라판틴이란 약을 투입했습니다. 그 약은 곧 죽을 사람에게 놓는 최후의 약이라고 들었습니다. 다음 날 낮에 눈을 떴더니 제 양손에 링거가 박혀있었습니다. 제가 기적적으로 살아난 것입니다.

그 후 의사가 앞으로 삼일밖에 못 버틴다고 하자 보위부에서는 저를 안전부로 넘겼습니다. 안전부에서는 제가 곧 죽을 것으로 생각하고 저를 집으로 보냈습니다. 그런데 집으로 갔더니 놀랍게도 몸이 회복되었습니다. 외할머니와 함께 병원에 갔는데, 생명에는 지장이 없지만 허리를 많이 다쳐서 하반신을 못 쓸 것이라고 했습니다. 저는 입으로 소리 내지는 못했지만 하나님께 찬양과 감사를 올려드렸습니다. 일어나지는 못할지라도 저를 살려주신 하나님께 감사드렸습니다. 그후 저는 비록 많은 시간을 누워서 지내야 했지만 살아계신 하나님이 나와 함께 하시는 것을 느꼈습니다. 꼭 하나님께서 저와 함께 누워 계시는 것만 같았습니다.

그런데 또 한 번의 기적이 일어났습니다. 한 달이 조금 되지 않아서 제가 일어서게 된 것입니다. 병원에 갔는데 근육들은 아직 망가져 있지만 뼈는 정상이라고 했습니다. 예전에 중국에 있을 때 제 몸무게는 58kg 정도였습니다. 그러다 감옥에서는 온갖 고문에 30kg 정도까지 빠져 있었는데 이번에 다시 재니까 36kg 정도였습니다. 그래도 여전히 엉치 쪽에 살이 없어서 바닥에 제대로 앉아 있지 못하고 있습니다."

그의 이야기가 끝나자 나는 그와 함께 감옥에 있다가 이후 행방을 알 수 없게 된 철이에 대해서 조심스럽게 물어보았다.

"제가 철이를 마지막으로 보았을 때는 2004년 3월이었습니다. 병원에 있다가 보위부에서 저를 다시 감옥으로 데려간 적이 있었습니다. 감옥으로 떠날 때 의사들이 저에게 준 엿이 있었는데 그 엿을 철이에게 나누어 주었습니다. 그런데 철이는 이것을 먹지 않고 자기 옆에 있는 사람에게 나누어 주었습니다. 그 모습이 철이의 마지막 모습이었습니다. 감옥에서 그렇게 할 수 있는 사람은 거의 없습니다. 원래 철이의 키가 저보다 더 컸습니다. 그런데 마지막으로 보았을 때는 체격이 저와 비슷해 보였습니다. 몸무게도 30kg 정도로 보였고, 건강이 상당히 안 좋아 보였습니다. 그 후에 정치범 수용소로 다시 이송된 것 같기도 한데, 그곳에서 그렇게 수척했던 몸을 가지고 살아남기는 어려웠을 것 같습니다."

우리 사역의 첫 열매와 같은 아이였던 철이가 죽었을지도 모른다고 생각하니 갑자기 내 눈에 눈물이 맺히기 시작했다. 철이는 나와 가장 오랫동안 생활했었기 때문에 가장 정이 많이 들었었고, 똑똑하지는 않았지만 진실하고 순수해서 가장 신뢰했던 아이였다. 이후에 철이를 생각할 때마다 그 아이를 안전한 곳으로 데려가 보

호해 주지 못한 책임감에 늘 마음이 아팠다. 그러나 성경의 요한계시록에 나와 있는 대로 순교자가 천국에서 받을 복을 생각할 때는 많은 위로가 되었다. 나는 주님께서 그 영혼을 귀하게 받으셨을 줄 믿는다.

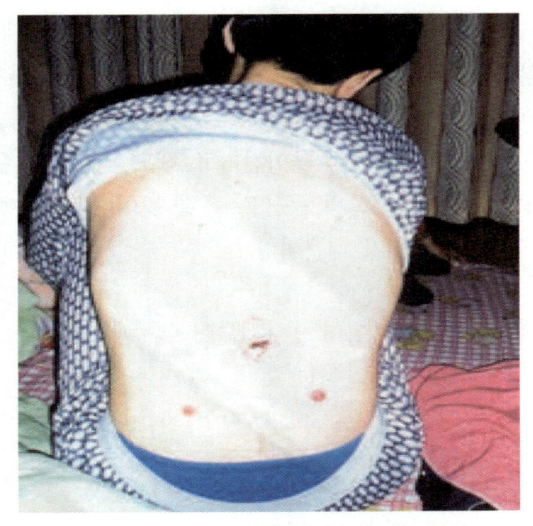

(북한에서 중국으로 탈출한 후에 찍은 사진.
시간이 많이 지났는데도 고문의 흔적이 남아있었다.)

그들 앞에는 예수님을 증언하고, 하나님의 말씀을 전하다가 죽은 영혼들이 서 있었습니다…… 이들은 다시 살아나서 그리스도와 함께 천 년 동안 다스릴 것입니다(계 20:4, 쉬운성경).

북한 소년과의 만남 이후 하나님의 부르심, 목숨을 아끼지 않고 함께 동역했던 사역자들, 그리고 같이 공동체 생활을 했던 북한 사람들이 하나둘씩 다시 생각나기 시작했다. 북한의 꽃제비 아이들 때문에 고통받으시는 하나님 아버지의 마음을 느끼고 북한선교에 뛰어들었지만, 가슴이 찢어지는 아픔을 견디는 것은 절대 쉽지 않았다. 그러나 지금 돌이켜 보면, 젊음을 다 바쳐서 그들과 함께한 고난의 시간이 나에게는 가장 아름답고 소중한 기억이다. 다시 돌아간다고 해도 아버지의 눈물이 고인 곳에서 수고의 눈물을 흘릴 것이다. 그곳에 아버지의 마음이 있기 때문이다.

아버지 당신의 마음이 있는 곳에
나의 마음이 있기를 원해요
아버지 당신의 눈물이 고인 곳에
나의 눈물이 고이길 원해요

고문 받은 소년 지하교인의 삶

할머니께서 기도하다가 보위부 대원들에게 끌려간 한 기독교인에 대해 말씀하시면서 저에게 신앙생활을 하지 말라고 하셨습니다. 북한에서는 대놓고 기도를 할 수 없습니다. 주로 밤에 문을 걸어 잠그고 나지막한 목소리로 기도하곤 했습니다. 그러다가 저도 모르게 소리를 내곤 했는데 그때마다 할머니가 지적해서 소리를 죽였습니다. 하루는 크게 소리를 내서 "주여!"라고 외쳐보고 싶었습니다. 도저히 참을 수가 없어 궁리 끝에 베개에다 얼굴을 파묻고 소리쳤습니다. "주여!" 깜짝 놀란 옆집 할아버지가 무슨 일이 있냐고 물어왔습니다. 그래서 그다음부터는 사촌들을 김치 토굴 앞에 앉혀놓고 망을 보게 한 후에 그 안에 들어가서 기도했습니다. 사촌들은 인기척이 느껴지면 저에게 알려주었습니다.

다른 사람들에게는 복음을 전하지 못했지만, 제 가까이에 있는 삼촌에게 먼저 복음을 전했습니다. 원래 미신을 믿던 삼촌은 "신 중에 대장을 믿겠다"라고 말했고 저는 제가 알고 있는 성경 지식을 삼촌에게 알려주었습니다. 그 외에도 가까운 친척들에게 복음을 전했습니다. 제가 감옥에서 경험했던 하나님에 대해 간증하면서 흉터도 보여주었습니다. 그러자 그들은 하나둘씩 복음을 받아들였습니다.

하루는 삼촌의 소개로 다른 기독교인들을 만났는데 그분들은 중국에 갔다가 복음을 받아들였던 사람들이었습니다. 우리는 같이 비밀모임을 만들어서 이름을 파종이라고 불렀습니다. "파종하러 가자!"라는 말이 우리의 암호였습니다. 같이 모여서 예배를 드리자는 말이었습니다. 그러나 주위의 시선 때문에 같이 모여서 하나님의 말씀을 나누기는 어려웠습니다. 감시가 심할 때는 주말에 모이지 못했습니다. 어떤 때는 일주일에 한 번, 2주에 한 번, 3주에 한 번 모이기도 했습니다. 그 후 김치굴에 들어가서 이 문제를 놓고 기도를 했습니다.

"솔로몬 왕에게 지혜를 주셨지 않습니까? 왜 우리에게도 이런 지혜를 주시지 않습니까?"

그때 눈앞에 카드놀음하는 것이 보였습니다. 도박이기 때문에 "사단아 물러가라!" 하고 쫓아내도 자꾸만 보였습니다. 문득 이것이 하나님께서 주신 응답이라는 생각을 하게 되었습니다. 그 후 우리는 같이 모였을 때 카드를 내려놓으면서 도박하는 척 말씀을 나누고 기도를 해서 안전하게 예배를 드릴 수 있었습니다.

우리는 같이 장사를 했기 때문에 약간의 돈을 모을 수 있었습니다. 그러나 십일조를 드릴 곳이 없었습니다. 그래서 우리 수중에 여윳돈이 생길 때마다 밥을 지어서 주변의 어려운 분들께 나누어 주었습니다. "우리가 밥을 지었는데 드셔보세요." 그러면 그분들이 말씀하십니다.

"요즘에 밥 나누어 주는 사람이 어디 있어? 왜 나에게 밥을 나누어주는 거야?" "특별한 이유가 있어서가 아니라 곡식이 생겨서 나누어 드립니다." 그렇게 대답하고 나누어 드리면서 우리가 더 큰 은혜를 받았습니다. 하나님을 전할 수는 없었지만, 그분들이 나중에 예수님을 영접한다면 저희의 마음을 이해하실 것이라고 믿습니다.

마음껏 찬송가를 부를 수 없어서 북한 노래에 찬양 가사를 붙여서 불렀습니다. 우리는 콧노래를 부르거나 휘파람을 불면서 마음껏 하나님을 찬양했습니다. 다음에 나오는 내용은 우리가 북한 노래에 맞추어 불렀던 찬양 시입니다.

> 예수님 우리들을 얼마나 사랑했는지
> 나의 죄 씻으려고 십자가 지셨으니
> 그러니 나도 가서 예수님 위해
> 이 한 몸 바치려고 지금도 훈련하네
> 복음의 사명 안고 주님 뜻 이루려고 천만리 걸으려 하네.
> 오늘도 주님이 우리와 함께하니 주님의 명령 지켜
> 땅 끝까지 복음 전하려고 지금도 훈련하네 복음의 사명 안고

저는 북한에 지하교회가 있다는 사실을 믿지 않았었습니다.

한 번도 경험한 적이 없어서 이것은 그저 만들어 낸 이야기라고 생각했었습니다. 그런데 감옥에서 출소한 후 제 자신이 지하교인 중 한 명이 된 이후에는 생각이 바뀌었습니다. 저는 북한에 많은 지하교인이 있다고 생각합니다. 기도하면서 길을 걷다가 만나는 사람 중에 저처럼 기도하는 것 같다고 생각되는 사람들을 마주쳤습니다. 말로 표현할 수는 없었지만, 우리는 서로가 그리스도의 보혈을 나눈 형제라고 느끼고 있음을 알 수 있었습니다.

4. 한우리캠프

"제주도에서 한 소년이 아파트에서 떨어져 자살했어요."

2003년 봄. 한국에 머물던 나는 자살하는 탈북 청소년들의 이야기 등 탈북민들이 한국에서 잘 정착하지 못한다는 소식을 접했다. 내가 돌봤던 탈북 청소년 중에서도 중국에서 공안을 피해서 생활했을 때는 간절히 주님만을 바라보았던 아이들이 한국에서 달콤한 자유를 누리며 처절하게 망가지는 것을 목격하고는 너무도 마음이 아파져 왔다.

그러던 어느 날, 북한 사역을 감당하고 있는 한 교회에서 사역자들과 함께 기도하던 중에 주님께서 북한의 다음 세대를 향한 캠프를 열라는 마음을 주셨다. 이런 나의 응답을 함께 하던 동역자 분들과 나누고 캠프를 기획하며 준비했다. 그리고 한국에 있는 동역자들에게 캠프에 관한 모든 것을 일임하고 나는 다시 중국으로 돌아가서 계속해서 사역을 진행해나갔다. 그러나 앞서 말한 것처럼 공안에 잡혀서 1년 3개월 동안 수감생활을 하다 보니 한우리캠프가 제대로 시작되고 있는지 전혀 알 수 없었다.

중국에서의 수감생활이 끝나고 다시 한국으로 돌아왔으나 그렇게 바라던 캠프는 제대로 진행되지 않고 있었고, 함께 캠프를 기획했었던 동역자들도 뿔뿔히 흩어져 있었다. 나는 캠프를 섬길 수 있는 새로운 동역자들을 모았고 이들과 함께 다시 한번 캠프를 위해 온 힘을 쏟아붓기 시작했다. 한우리캠프는 순수한 사람들이 함께 모여서 이해관계에 얽매이지 않고 진행해나가는 캠프였다. 특별한 조직 없이 평소에는 개인 일을 하다가 필요할 때 함께 모여 사역을 하는 독특한 구조였다. 한 기독교 채널에서 우리 캠프모임을 취재하고 싶다고 요청했지만, 섬기는 분들과 함께 모여서 기도한 뒤 방송을 위한 촬영을 허가하지 않기로 했다. 이렇다 할 조직도 제대로 갖추어지지 않은 한우리캠프를 통해서 하나님은 꾸준하게 구원의 역사를 이루어 나가셨다. 한우리캠프를 통해서 감동 받은 사람들이 자신들의 사역을 새롭게 만들어 가는 역사도 있었다.

한우리캠프는 여러 지역에서 개최되었는데 그 중 특히 기억에 남는 것은 2012년의 제주 캠프였다. 캠프에 관심이 있기보다는 제주도에 놀러 가고 싶은 마음에 따라서 온 아이들이 꽤 있었는데, 캠프 내내 예배에 참석하지 않고 밖으로 겉돌았고, 심지어 어떤 아이들은 밖에서 담배를 피우기까지 했다. 또 어떤 친구들은 싸우기도 해서 참 힘들게 한우리캠프가 진행되었다. 그러나 스텝으로 섬겼던 교사들은 힘든 내색 없이 아이들을 돌봐주었다. 어떤 교사들은 그 아이들과 함께 밤을 새우며 그들의 고충을 들어주고 따뜻한 사랑으로 아이들의 마음을 어루만졌다. 그 수고와 섬김의 열매로 마지막 날 저녁 집회에서 아이들에게 놀라운 변화가 일어났다. 눈물을 흘리며 목 놓아 간절하게 기도하는 아이들이 생긴 것이다. 실로 성령의 역사라고밖에 할 수 없는 순간이었다. 그중 한 아이는 이렇게 고백했다.

"나를 위해서 기도해 주시는 분의 눈물이 내 팔에 떨어지는데 이것이 꼭 하나님의 눈물 같았어요."

(제주 한우리캠프에서 남북과 열방이 함께 예배드리는 모습)

무엇으로도 바꾸어 놓을 수 없었던 거친 아이들을 바꾼 것은 우리의 어떠함도, 잘 짜인 프로그램도 아니었다. 바로 하나님 아버지의 따뜻한 사랑이었다. 나중에 시간이 흐른 후에 제주도에서 한 번 더 캠프를 열었는데 주님께서 이번에도 놀라운 일들을 행하셨다. 그때는 중국의 형제자매들도 함께 모였다. 그들은 집회가 시작되기 전에 미리 모여 함께 기도했을 뿐만 아니라 예배 시간에도 눈물을 흘리며 열정적으로 주님을 찬양했다. 그들로 인해서 느낀 도전과 은혜는 상상을 초월했다. 함께 집중하여 기도하는데 문득 말씀 한 구절이 머릿속을 스치고 지나갔다.

'나중 된 자로서 먼저 되고 먼저 된 자로서 나중 되리라.'

나는 간절히 한국의 기독교인들을 위해 기도했다. 그리고 눈물을 흘리며 나 자신을 위해서도 기도했다.

"하나님 한국이 나중이 되지 않게 해주세요. 제가 나중 되지 않게 해주세요. 하나님을 향한 뜨거운 마음을 잃지 않게 해주세요."

(제주 한우리캠프에서 아이들에게 침례 주는 모습)

하지만 한우리캠프가 항상 은혜롭고 열정적이었던 것만은 결코 아니었다. 2019년도 겨울 한우리캠프는 캠프 역사상 가장 초라했다고 할 수 있다. 개인적으로도 뒤에서 설명하는 한벗학교를 인수하고 나서 학교와 관련하여 발생하는 수많은 일들을 처리하느라 거의 탈진한 상태였기에 겨울 한우리캠프를 쉬고 싶었다. 그러나 준비가 안 되어 어렵고 힘들 때 더 신실해야 한다는 마음으로 포기하지 않고 한우리캠프를 진행했다.

남양주에 있는 한 장소에서 진행된 한우리캠프의 첫날은 무척 힘들었다. 아이들은 설교에 집중하지 않고 이곳저곳에서 떠들었다. 심지어는 몸을 움직이면서 앞뒤 그리고 옆 사람과 대놓고 장난을 치기도 했다. 그렇게 하루를 마치고 나니 다음 날에는 도대체 무엇을 어떻게 해야 할지 몰라서 눈앞이 캄캄해져 왔다. 집회를 마친 후에 밤늦은 시간에도 아이들은 잠을 자지 않고 떠들며 놀다가 새벽녘에서야 잠이 들었다. 그런 아이들을 지켜보자니 나도 모르게 착잡한 심정이 들었다. 그런데 한 권사님이 그런 아이들의 모습을 묵묵히 바라보다가 이렇게 말하였다.

"이 아이들의 삶이 망가진 것은 아이들의 잘못이 아니라 어른들 잘못이에요."

정상적인 가정환경에서 자란 아이들이었어도 이렇게

행동했을까? 제대로 먹지도 마시지도 못하고 마땅히 받아야 할 사랑조차 받지 못하고 자란 아이들에게, 어쩌면 나는 꽤 높은 잣대를 들이대고 있었는지도 모를 일이었다. 당시는 유난히 추운 겨울이었다. 다음 날에도 아이들은 미끄럼을 타면서 즐겁게 뛰어놀았다. 저녁이 되어 찬양을 부르는데 여전히 많이 산만해 보였지만 이곳저곳에서 함께 따라 부르는 아이들이 보이기 시작했다. 놀라운 변화였다. 북한에서 오신 전도사님은 미리 준비하신 설교 대신 성령님께서 이끄시는 대로 복음을 전하셨다. 예수님을 만난 일, 북한에 복음을 들고 가실 때 죽음의 위험에서 주님이 건져주신 일, 다친 머리를 고쳐주신 자신의 이야기 등을 말씀해주시고 함께 기도하는데 성령님께서 아이들의 강퍅한 심령에 강력하게 역사하시는 것이 느껴졌다.

2019년 여름 한우리캠프는 8월 19일부터 22일까지 3박 4일 동안 열렸다. 그 캠프에는 장신대, 백석대, 총신대 신학생들과 세명대 CCC 학생들이 스텝으로 섬겨주어서 어느 때보다도 더욱 풍성한 시간이 되었다. 참석 첫날에 한 아이의 어머니로부터 연락이 왔다. 모임이 한창이라서 내 휴대폰은 꺼 놓은 상태였는데, 한벗학교 교감 선생님 휴대폰으로 전화가 와서는 왜 기독교 모임에 자기 아이를 데려갔느냐며 화를 내셨다. 알고 보니 아이가 어머니에게 데리러 오라고 전화를 해서 어머니가 교사들에게 연락한 것이었다. 교감 선생님이 다른 재미있는 프로그램도 있다며 아이를 설득한 끝에 겨우 붙잡아 둘 수 있었다.

대학생들이 일대일로 아이들을 돌봐주고 뮤지컬, 의상, CCD 예배팀으로 그룹을 만들어 특별활동도 하며 함께 예배를 드렸다. 캠프 마지막 날에는 세족식과 기도 모임이 있었는데, 아이들도 은혜를 받고 섬겨주는 대학생들도 은혜를 받는 소중한 시간을 가졌다. 어머니에게 전화를 걸어 자기를 데리러 오라고 했던 아이가 그 날에 하염없이 울었다. 자신을 위해 눈물을 흘리며 기도해 주는 언니 오빠들을 통해 하나님 아버지의 사랑을 느꼈기 때문이었다.

얼마 전에 있었던 2020년 2월 겨울 한우리캠프의 주제는 '어린이를 소중히 여기라'였다. 이번 캠프에서는 아이들에게 초점을 맞추어서 진행했다. 첫날부터 분위기가 나쁘지 않았다. 1년 전 아이들의 모습을 보셨던 분이 기적이라고 말할 정도였다. 우리는 아이들에게 복음을 전하는 것에 집중했다. 그리고 아이들을 위해서 기도했다. 몇몇 아이들은 하나님의 어루만지심을 느끼고는 그 은혜에 감격하여 하염없이 울었다.

한국말이 서툰 한별이가 나에게 와서 말했다.

"나 울었어요."

"왜?"

"하나님이 울었어요."

아이의 마음을 정확히 다 이해할 수는 없었지만 "하나님께서 만져주셔서 울게 됐어요"라는 말을 하고 싶었던 것 같다. 그 후에 더 놀라운 일이 일어났다. 아이들이 정말 좋아해서 가지고 있던 게임 카드가 있었다. 그런데 아이 중에서 네 명이 일루미나티 사인이 있는 그 카드를 다 찢어버리기로 했다. 그뿐만 아니라 여러 아이가 예수님을 믿기로 했다. 우리는 한우리캠프를 통해서 하나님께서 아이들에게 이처럼 놀랍게 역사하셨다는 것을 느낄 수 있었다.

(사탄을 상징하는 전시안이 그려진 카드를 찢는 아이들)

어느 행정팀 간사님의 간증

한우리캠프에 참가한 첫날, 저는 사전에 아이들과의 교제가 전혀 없었던 탓에 '하나님이 나를 이 자리에 보내신 이유가 있겠지. 그런데 그게 대체 뭘까? 모르겠다'라고 생각했습니다. 그렇게 둘째날이 되었는데도 여전히 아이들과 대화를 할 기회는 거의 없어서 뒤에서 조용히 섬기고만 있었습니다. 그날 밤 기도시간에 "하나님, 저도 아이들과 함께하고 아이들을 섬기고 싶습니다"라고 간절히 기도했습니다.

감사하게도 다음 날 물놀이를 통해 아이들과 어울리며 친해질 수 있었습니다. 사실 세족식도 함께 하고 싶은 마음이 너무 컸습니다. 섬길 사람이 필요하다는 말을 듣고는 나서고 싶었지만 잘 할 수 있을지 겁이 났습니다. 그래도 하나님께서 용기를 주신 덕분에 전도사님께 "제가 그 자리에서 섬기고 싶습니다!"라고 말할 수 있었습니다. 전도사님은 흔쾌히 승낙하셨고, 그렇게 저는 세족식에 함께 참여할 수 있게 되었습니다. 하나님은 거기에 더 큰 은혜를 부어주셨습니다. 제가 마음으로 품고 있던 아이의 발을 씻어줄 기회를 얻게 된 것입니다. 정말 하나님께 감사한 순간이었습니다. 세족식을 마치고 아이들을 위해 기도하는데 마음이 너무 뭉클해졌습니다.

'지난 3일 동안 나는 왜 아이들을 제대로 섬기지 못했을까?' 하고 후회가 되었습니다. 아이들과 쉬는 시간이 조금이라도 겹치는 시간에 놀아주기만 해도 되었을 것을…. 그저 몸이 피곤하다는 이유로 뒤로 물러나 아이들과 적극적으로 어울리지 못했던 시간이 너무 아쉬웠습니다. 오기 전에 아이들을 만나면 사랑으로 대하겠노라고 몇 번이고 다짐했었는데….

자녀들아 우리가 말과 혀로만 사랑하지 말고 행함과 진실함으로 하자(요한일서 3장 18절)

피곤하다는 이유로 아이들을 더 사랑해주지 못한 게 너무 미안해서 기도회 때만이라도 아이들을 위해서 뜨겁게 외치자는 심정으로 기도했습니다. 그렇게 기도 모임을 마치고 나눔을 하던 중 주님께서 저를 행정 팀으로 보내신 이유를 깨닫게 되었습니다. 행정팀에서 일하다 보니 뮤지컬, 의상, CCD의 준비 과정을 다 보고 알고 있었기 때문에 저는 마지막 날 아이들의 공연을 봤을 때 더 큰 감동을 받을 수 있었습니다. 오히려 그 덕분에 더 간절한 마음으로 아이들을 위해 울며 기도할 수 있었던 것입니다.

게다가 기도하던 저에게 사랑이가 다가오더니 "선생님 울지 마요…."라고 말하는 것이 아닙니까? 아이의 위

로에 더 깊은 감동을 받았습니다. 첫날과는 딴판으로 변화된 아이들을 보면서 하나님이 일하시는 것을 느꼈고, 정말로 이 아이들을 더 많이 사랑하고 싶다는 생각이 들었습니다. 더 기도하고, 아이들을 위해 시간을 더 내서 보러 가고, 그 아이들에게 자신들이 사랑받고 있다는 것을, 또 하나님의 사랑이 얼마나 큰지를 알려주고 싶었습니다. 이번 캠프를 통해서 정말 많은 은혜와 감동과 깨달음을 얻을 수 있었습니다. 이토록 귀한 시간을 허락해주심에 감사하고 스텝으로 섬길 수 있어 감사했습니다. 앞으로 통일을 위해 더 뜨겁게 기도하겠습니다. 또한, 저 아이들을 위해서도 더욱더 간절히 기도하려고 합니다. 정말 많은 은혜와 놀라움을 보여주신 하나님께 감사합니다.

5. 아버지의 집, 한벗학교

"우리 아저씨가 내가 원하는 것은 다 사 준대. 그런데 자기를 아빠라고 부르래."
"나는 아빠가 둘이다?"

2018년의 완연한 가을, 한벗학교에서 생활하는 탈북민 자녀들의 대화가 내 귀를 간지럽혔다. 한벗학교는 기존에 설립되어 있던 학교로, 2019년에 내가 인수한 뒤에 현재까지 관리하고 있는 곳이다. 원래 한벗학교 학생 중에는 북한에서 온 아이들도 있었지만, 대부분은 중국에 인신매매로 팔려간 탈북 여성들이 중국인 남편과의 사이에서 낳은 자녀들이었다. 한때는 이곳에 학생 수가 50여 명이나 되었는데, 내가 그곳을 인수할 때는 여러 문제로 인해 아이들이 많이 줄어든 상태였고, 현재는 대략 25명의 아이들이 함께 살고 있다. 중국에서 이리 치이고 저리 치여 상처투성이가 된 아이들은 한국에 와서도 가정문제, 언어문제로 인해 고통을 받고 있었다. 온종일 휴대폰을 쥐고 사는 아이들이었지만 대부분 밝고 씩씩하게 자라고 있었다.

기존의 한벗학교는 북한에서 남한으로 탈북한 한 분이 자신의 사재를 털어가며 세운 곳이었으나 경영상의 어려움으로 인해 1억이 넘는 채무를 부담하고 있었다.

주위에 그에 대한 좋지 않은 소문이 돌기도 했고 전문적인 프로그램의 부재로 아이들이 점점 더 줄어드는 추세였다. 더 큰 문제는 그곳이 신천지와 연관되어 있었다는 것이었다. 신천지에서 온 청년들이 아이들에게 음악을 가르치는 등 아주 많은 시간을 투자해가며, 신천지로 한벗학교를 흡수하려는 계획을 조금씩 실천해가고 있었다. 당시 그곳을 맡고 계셨던 교장 선생님은 나에게 이렇게 말씀하셨다.

"저희는 한벗학교를 운영하기 어렵습니다. 이 학교를 맡아주세요. 그런데 저희가 빚진 돈이 많아서 1억 5,500만 원이 필요합니다."

이러한 한벗학교를 인수하기 위해서는 나에게 무려 1억 5,500만 원의 재정이 필요했다. 나로서는 도저히 감당할 수 없는 액수였다. 하지만 나는 주저하지 않고 한벗학교의 모든 빚을 떠안으며 학교를 넘겨받았다. 언뜻 보기에도 무모하기 짝이 없는 행동이었지만, 그런 결정을 내린 이유는 내가 몇 년 전에 꾼 꿈 때문이었다. 꿈속에서 하나님은 나에게 한벗학교를 통해 탈북민 자녀들을 보내주셨다. 결국 나는 세 번에 나누어서 1억 5,500만원을 갚기로 하고 계약을 체결했다. 주위 분들에게 기도를 요청했을 때 그중 한 분이 5,000만 원을 후

원해 준 덕분에 일을 진행할 수 있었다. 나머지 금액은 일단 지인들에게 빌려 해결할 수 있었다.

 2019년 1월 1일에 한벗학교를 인계받기 전, 두세 달 간 매주 2~3일을 꾸준하게 한벗학교에 들러 아이들을 만났다. 아이들이 가정 파탄, 정체성 혼란, 언어문제, 친구들과의 불화 등으로 불안하고 거친 삶을 살고 있어서 이들을 돌보는 일은 절대 호락호락하지 않았다. 아이들이 이미 어른들의 약육강식 세계에 길들여져 있는 것처럼 보였다. 한 여자아이는 한벗학교 차로 올라오는 남자아이를 발로 심하게 걷어찼고, 어떤 아이는 갓 태어난 고양이를 갖고 놀다가 목을 졸라 죽이기도 했다. 하루에도 여러 번 일어나는 싸움을 말리는 게 쉬운 일은 아니었다. 그런데 신기하게도 아이들 사이에는 끈끈한 유대관계가 형성되어 있었다.

 하루는 저녁에 아이들을 찾아갔더니 아이들이 그때까지도 게임을 하고 있었다. 그만하라고 말하고 싶었지만 별다른 이야기를 하지 않고 그곳을 떠났다. 다음 날 새벽, 다시 그 아이들을 보러 갔더니 한 아이를 빼고 다 잠이 들어있었다. 그 아이는 쉬이 잠을 이루지 못하고 계속 휴대폰만 만지작거리고 있었다. 또 중학생으로 보이는 한 아이는 이불을 깔지 않은 맨바닥에서 잠을 자고 있었다. 그 모습을 찬찬히 눈에 담다가 이곳이 마치 작은 중국, 작은 북한 같다는 생각이 들었다. 나는 분명히 중국이라는 선교지를 떠나 한국에 들어왔지만 어느새 그 선교지가 한국 안으로 들어와 있었다. 모든 선교지가 그렇듯 이곳에서도 할 일이 너무나 많다는 것을 느낄 수 있었다. 한벗학교의 상황을 어느 정도 파악한 나는, 아이들의 휴대폰 사용 시간을 줄이고 부모의 부재 속에 성장하고 있는 아이들에게 따뜻한 가정의 공동체를 만들어 주기로 결심했다.

전임 교장과 대표가 사임한 후, 나는 남은 선생님 두 분과 한벗학교를 운영해나가기 시작했다. 나의 직책은 대표였지만 사실상 대표, 교장, 사감, 운전기사, 시설관리인 등 다양한 업무를 책임져야 했다. 고작 세 명이 25여 명이나 되는 아이들을 돌보는 일은 쉽지 않았다. 그러나 남겨진 선생님들의 헌신으로 학교는 흔들리지 않았다.

나는 가족들과 떨어져 한벗학교에 들어가서 생활하기 시작했다. 한벗학교의 아이들을 24시간 돌보아야 했는데 누군가는 그곳에서 밤을 새우며 저녁에도 불침번을 서야 했기 때문이다. 힘들기는 했지만 중국 선교 초창기에 이보다도 열악한 환경 속에서 사역했던 때를 떠올리며 버텼다. 그때는 꽃제비 아이들과 작은 아파트에서 뒤엉켜 생활했었는데…. 어려운 순간이 정말 많았지만,

이제 와서 돌이켜보니 매 순간이 아름답고 소중한 추억이었다. 컨테이너 안에서 모니터를 보면서 불침번을 서다가 아무 문제가 없어 보일 때에는 바닥에 이불을 깔고 누워서 잠을 청했다. 바닥은 그런대로 온기가 있었지만, 난방이 되지 않아 실내 공기가 차갑기 그지없어서 쉽게 잠을 이룰 수가 없었다. 쓸데없이 휴대폰을 꺼내 만지작거리다가 이내 엎드려서 성경을 필사하며 복잡한 내 심정을 함께 정리하곤 했다.

한벗학교 자체를 운영하는 것만으로도 절대 쉽지 않았는데, 뜻하지 않게 재정 문제가 이곳저곳에서 지뢰처럼 펑펑 터지면서 발목을 잡았다. 분명히 전임자들이 다 처리했다고 했는데, 밀린 전기세와 전화비 인터넷비용이 적힌 고지서들이 기다렸다는 듯이 하나하나 날아오기 시작했다. 또한 건물주와 확인해보니 보증금 2,000만원 가운데서 1,000만원이 월세를 못 내서 깎여 있었다.

시청에서는 지원금을 오용한 책임을 현 대표인 내가 져야 한다고 말했다. 학교 주요 후원 단체 중의 하나인 삼성 꿈 장학재단에서도 찾아와서 은행 자료를 제출하고 해명해야 했다. 거기서 끝나지 않았다. 한벗학교의 상위기관인 비전센터의 대표로 있는 목사님이 연락을 해왔는데, 4대보험 미납액인 600만원의 납부를 독촉하는 내용이었다. 아직도 끝이 아니었다. 이사를 할 때 불법

개조한 것들이 있다고 하며 주인이 보증금을 주지 않으려고 했다. 그 외에도 주변에서 빌려 쓴 돈도 있어서 그분들의 빚 독촉에 시달리기도 했다.

이처럼 산더미 같이 쌓인 많은 문제들이 내 앞길을 가로막고 있었고, 겨우 고비 하나를 넘으면 숨 돌릴 틈도 없이 다른 문제가 덮쳐왔다. 다행히 5,000만원은 3월 말까지 갚기로 해서 손해 본 비용을 삭감할 수 있었다. 나머지 돈도 하나하나 순차적으로 갚아 나가면서 감사하게도 재정적 파탄은 피할 수 있었다. 그렇게 한시름을 덜고 학교 일에 전념하기 시작했는데 하루는 갑자기 한벗학교 계좌가 거래 정지 상태로 바뀌어 있는 것을 발견했다. 서둘러 확인해보니 1,500만원 정도의 4대보험금이 체납된 상태였다. 또다시 막막해지는 순간이었다.

사실 이런 문제들을 겪고 있을 때마다 늘 내 안에 드는 생각은 사람이 할 수 있는 게 별로 없다는 것이었다. 그저 하나님께 매달려 기도하는 수밖에…. 그런데 놀라우신 하나님께서는 그때마다 여러 경로를 통해 산적한 문제를 해결해 주셨다. 급하게 1,000만원이 필요했을 적에는 갑자기 친분이 있는 목사님께서 부탁이 있다며 전화를 하셨길래 통화한 김에 돈을 빌려줄 수 있겠냐고 거꾸로 내가 부탁을 드렸는데 흔쾌히 돈을 빌려주셨다. 도움을 청하려고 내게 전화를 하셨다가 오히려 나에

게 도움을 주신 것이었다. 이 역시 주님의 은혜였다.

당시 내 집은 강화도에 있었다. 집이 학교에서 너무 멀어서 그 집을 처분하고 남은 보증금을 돌려받아 나머지 빚을 갚고 싶었지만, 계약 기간이 아직 많이 남아있어서 여의치가 않은 상황이었다. 그런데 하루는 주인이 전화를 해서는 그 집이 팔렸다고 하는 것이 아닌가? 그렇지만 아직 계약 기간이 남아 있으니 기간이 끝날 때까지는 있어도 된다고 했다. 나는 하나님께서 기도 응답을 해 주셨다고 생각하고 강화를 떠나기로 했다. 5,000만원의 보증금은 빌린 돈들을 갚는 데 사용했다.

한벗학교의 가장 큰 문제 중 하나는 바로 여학생 기숙사가 길에 바로 인접해 있다는 것이었다. 도로에는 수시로 차가 다녔고 외부인이 접근하기도 쉬워서 치안이 무척 취약한 상태였다. 그래서 재정적인 부담이 크기는 했지만 상대적으로 안전한 건너편에 있는 건물로 이사를 하기로 결심했다. 이사를 마치고 나서 아이들을 위한 공부방을 만들기 시작했다. 이러한 일들은 한때 교장으로 일하셨던 박장로님과 주위 분들의 헌신이 있었기에 무사히 마칠 수 있었다. 또한 남학생과 여학생 기숙사에 각각 10여 명의 아이가 생활하고 있었는데 인원에 비해 화장실과 샤워실이 턱없이 부족했다. 우리는 아이들을 위해 별도의 화장실과 샤워장을 만드는 공사에 착수했다.

재정적인 어려움 등 여러 우여곡절에도 불구하고 여러 고마운 분의 헌신으로 이러한 일들은 잘 진행되었다. 공부방과 몇몇 필요한 시설들이 완성된 후에는 아이들의 삶을 하나하나 다듬어가기 시작했다. 휴대폰 사용 시간을 하루에 두세 시간으로 제한했고 시간표를 따라 규칙적으로 생활하게 했다. 교장 선생님과 행정 선생님 그리고 사감 선생님과 자원봉사자들이 함께 애써주어서 아이들도 점점 안정을 찾아갔다.

그러나 사건사고는 거의 한 주가 멀다 하고 끊임없이 일어났다. 최근에는 한 아이가 괴롭힘을 당하는 일이 있어서 괴롭혔던 두 아이를 만나 며칠 동안 훈계를 했다. 한 아이가 5만 원을 잃어버려 여학생 기숙사가 발칵 뒤집혔던 적도 있었다. 공동체 안에서 크고 작은 문제가 끊이지 않았지만 학교를 방문하시는 분들은 하나같이 아이들이 많이 바뀌었다고 말씀하셨다. 아내가 복음을 전했던 한 일본 분은 아이들의 변화되는 모습을 보며 하나님의 살아계심을 느낄 수 있었다고 고백했다.

이전 교장 선생님이 떠나면서 아이들이 점점 줄었지만 학교가 안정되면서 아이들이 다시 조금씩 모여들기 시작했다. 한 어머니는 중학생인 아이를 맡기면서 "때려 죽이든 살리든 사람 만들어주세요"라는 말씀을 남기고 떠나셨고, 아이를 맡기고 감옥에 들어간 사람도 있었다.

그러나 아이들이 많아지면서 신경 써야 하는 것도 그만큼 늘어났다. 하루는 이웃 분이 말썽을 일으키는 우리 아이를 때리는 일이 있었다. 또 어느 날은 동네 아이들과 한벗학교 아이들 사이에 문제가 있었는데 아이의 어머니가 와서 역정을 내며 마구 소리를 지르시기도 했다.

그러나 가장 큰 문제는 내부에서 일어났다. 일하는 사람들이 늘어나면서 나를 지지하는 분들과 학교운영에 불만이 있는 분들로 편이 갈라지게 되었다. 이로 인한 압박감에 잠을 제대로 이루지 못하고 뒤척이며 뜬눈으로 밤을 새우는 날도 많았다. 자연스럽게 학교를 떠나는 사람도 생겼고 어떤 사람들은 내 손으로 학교를 떠나게 해야 했다.

그런데 그 일 후에 풀타임으로 일하시던 두 명의 북한 분들까지도 떠나보내야겠다는 마음이 들었다. 내가 손해를 볼지언정 사람을 모질게 내보내는 성격은 아니었는데 계속 그 생각이 사라지지 않았다. 그리고 그분들이 불평불만으로 가득 차 있고 다른 분들을 힘들게 하시는 모습도 자주 눈에 들어왔다. 기도하는데 그 생각이 점점 강해졌다. 하루는 성경 말씀이 생각났다. 바로 솔로몬이 왕위에 오른 후에 그의 왕권을 대적했던 자들을 내치는 구절이었다. 또한 여호수아에게 하신 말씀을 묵상하는데 그 북한 교사 두 명과 더는 동역하기

가 어렵겠다는 생각이 들었다. 며칠 동안 고민을 하던 차에 학교에서 진행하는 일에 그분들이 불만을 제기하면서 정말로 같이 일하기가 어렵겠다는 확신이 굳어졌다. 결국 나는 교무회의에서 무거운 마음으로 그분들에게 한벗학교에서 사임해 줄 것을 요청했다.

이 사건으로 나는 사람들로부터 많은 공격을 받아야만 했다. 설상가상으로 나간 분들이 학부모님들에게 안좋은 소문을 퍼트려 아이들이 학교를 떠나는 일도 생겼다. 그런데 다른 한편으로는 마음 한구석에서 더 많은 아이를 보내주실 것이라는 소망이 피어올랐다. 앞으로 한벗학교를 새롭게 하려면 꼭 통과해야 하는 관문이라는 생각이 들었다. 그 후에도 이런저런 문제로 아이들이 학교를 떠나갈 때도 하나님께서는 내게 아이들을 계속해서 더 보내실 것이라는 확신을 주셨다.

그 확신에 화답이라도 하듯이 신실하신 주님께서 그 소망을 따라 역사하셔서 얼마 되지 않아 더 많은 아이가 오기 시작했다. 그뿐만 아니라 유치원 아이들도 여러 명 들어왔다. 원래는 여력이 되지 않았지만, 한 탈북민 모자의 아사 사건이 매스컴을 통해 대중에게 알려진 후에 탈북민의 안타까운 현실을 감안하여 유치원 아이들까지도 받기 시작했다.

하루는 한 탈북자 어머니가 아이의 손을 잡고 유치원을 방문했다. 한국에 들어온 지 6개월이 지나 이제는 수급비를 받을 수 없어 일을 해야 한다고 했다. 그런데 어린 자녀를 돌보면서 일하기가 어려운 형편이었다. 그 어머니는 학교를 둘러보더니 한 치의 망설임도 없이 이렇게 말하였다.

"오늘 두고 갈게요."
"네? 이렇게나 빨리요? 교감 선생님과 함께 상의해 보겠습니다."
그런데 그 어머니는 아이에게 이렇게 단호하게 말하는 게 아닌가?
"이제부터 여기가 네 집이야."
아이는 울며 분노에 찬 목소리로 말했다.
"아니야! 집에 갈 거야!"
화가 나서 뾰로통한 아이를 선생님들이 잠시 돌보는 사이, 어머니는 어디론가 사라지셨다. 당연히 잠깐 자리를 비운 줄로만 알았는데, 잠시 후에 아이를 잘 부탁한다는 문자가 들어왔다. '아니, 어떻게 아이를 이렇게 떼어놓고 갈 수가 있지?' 당혹스럽고 도저히 이해가 되지 않는 순간이었다. 그런데 같은 일을 겪었던 한 선생님이 하는 말을 듣고, 나는 마음 한쪽이 먹먹해지고 말았다.

"나는 이해해요. 어머님은 지금 가시면서 펑펑 우실 거예요. 저도 중국에서 아이들을 놓고 떠났어요. 우리

아이들은 그때 일을 말하면서 아직도 나를 원망해요. 지금은 제가 아이들을 돌보고 있지만 아이들은 여전히 제 마음을 이해하지 못하고 있어요."

아이를 책임진다는 것은 무엇일까? 내 감정이 요동쳤을 때는 바로 둘째 아들인 갈렙이가 아팠을 때였다. 아내에게 급하게 연락을 받고 집에 잠시 들렀는데, 아이의 다리에 작은 피멍이 셀 수 없이 많이 맺혀 있었고, 아이는 소리지르며 아픔을 호소하고 있었다. 헐레벌떡 명지병원 응급실에 데려가 검사를 했더니 의사는 내가 한번도 들어보지 못한 '자반증'이라는 원인불명의 병이라고 진단을 내렸다. 급하게 아이를 병원에 입원시켰으나, 사역에 재정을 쏟아부어서 치료비가 없는 상황이었다. 하는 수 없이 가족들에게 손을 벌릴 수밖에 없었다. 게다가 아픈 아이를 보살펴야 하는데 학교 일이 바빠서 도무지 시간을 낼 수가 없었다. 아내는 아내 나름대로 막내아들 기쁨이를 돌보느라 갈렙이까지 챙길 수가 없었다.

나는 한벗학교와 병원을 하루에 세네번씩 오가며 시간을 더 쪼개어 썼다. 저녁에는 갈렙이 병실에서 잠을 잤다. 그러다 하루는 학교일이 급해 병원에서 부리나케 나왔는데, 학교에 도착하자마자 간호사의 전화를 받았다. 갈렙이가 울고 있으니 빨리 돌아오라는 것이었다.

다시 차를 타고 병원으로 돌아가던 중 또 전화가 왔다.

"여보세요?"

"아빠! 아빠!! 흐엉…."

다급하게 나는 찾는 아이의 목소리였다. 그 순간, '내 아들도 제대로 돌보지 못하면서 내가 무슨 짓을 하고 있나?' 하는 생각이 들었다. 그만두는 것이 더 나을 것 같다는 생각도 들었다. 내가 겪는 고통이나 아픔은 어떻게든 버텨 왔지만, 아이가 아픈데 옆에 있어 주지 못하는 것에 대한 안타까움이란 말로 다 표현할 길이 없었다. 그동안 나 자신과 열악한 환경에 대한 불평불만을 하나님 앞에서 겨우겨우 억누르고는 있었지만, 이제는 점차 화가 치밀어 올랐다.

그런데 지친 몸을 이끌고 갈렙이를 돌보러 병원으로 가는 길에 마음속에서 주님의 세미한 음성이 들려왔다.

'그래도 갈렙이는 아버지가 있지 않니…'

아버지. 내가 돌보아야 할 아이들. 아버지의 보살핌과 사랑을 한참 받아야 할 어린 나이에, 나라와 고향을 떠나 머나먼 이곳까지 떠밀리듯이 흘러들어온 이 아이들에게는 어리광이나 투정을 부릴 아버지가 없었다. 내 시선은 본능적으로 아픈 내 아이 한 명에게만 향하고 있었지만, 그 순간에 하나님 아버지의 시선은 사랑을 갈구하는 이곳의 모든 아이를 향하여 있었다. 그리고 나는 그런 하나님의 마음으로 이 사역을 시작하지 않았던가? 주님의 세밀한 음성을 들은 후로 나는 다시는 아이들을 돌보는 일에 투정을 부리지 않고 할 수 있는 한 최선을 다해서 한벗학교를 섬겼다.

어느 날은 한벗학교 인수를 위해 나에게 돈을 빌려주었던 친구 한 명이 집을 구입해야 한다며 올해 말까지 돈을 돌려달라고 했다. 거의 1억이나 되는 돈을 급하게 마련하기가 어려웠던 나는 미국에 들어가서 돈을 준비해서 보내주겠다고 했다. 다 갚기는 어렵더라도 어떻게든 애를 써서 일부라도 돌려주겠다고 했다. 그러나 속절없이 시간은 흘러갔고, 연말이 되자 친구에게서 다시 연락이 왔다.

나는 이 문제로 주님께 절실하게 기도 드렸다. 그것 말고는 내가 할 수 있는 게 아무것도 없었기 때문이다. 그러자 피할 길을 내시는 주님의 은혜로 세 가지 일이 생겼다. 우선 돈을 빌려 주었던 친구가 자신의 자녀들을 미국으로 보낼 때 그 돈을 쓸 테니 그때가 되면 달라고 했다. 일종의 유예기간이 생긴 셈이었다. 두 번째는 한 기업가에게 빌린 800만 원을 갚을 일이 있었는데 그 돈을 부치려고 하자 그분이 괜찮다고 거절하신 일이었다. 세 번째는 아는 권사님께서 주신 울릉도 땅이 비행장 건설이 진행되면서 가격이 상승한 것이다.

선하시고 신실하신 주님. 이렇게 나는 지금까지 살아오는 동안 혼자만의 힘으로 절대 감당할 수 없는 수많은 삶의 파도를 넘으면서 언제나 나와 함께 하시는 하나님의 손길을 체험할 수 있었다. 하나님은 이 땅에서도 신실하신 좋은 주인이시다. 저 천국에서만이 아니라 이 땅에서도 우리의 수고를 기억하시고 갚아주시는 분이다. 우리의 작은 섬김에 은혜를 부어주시는 분이다. 그러나 그리 아니하실지라도 우리는 영원한 상급을 다음 세상에서 확실히 받게 될 것이다.

한 해가 지나가고 뒤를 돌아보니 일 년이 마치 삼사 년이나 되는 것처럼 길게 느껴졌다. 그만큼 많은 일이 있었다. 전혀 예상치 못했던 금전 문제, 사람들과의 불화, 아이들의 이탈과 탈선 등의 모든 어려운 순간들이 내 발목을 잡았지만, 그때마다 하나님께서 피할 길을 주시고 여러 손길을 통해 나를 굳건하게 일으켜 세우시는 것을 경험했다. 그뿐만이 아니었다. 한벗학교 사역뿐만 아니라 내 삶 전체에 주님의 손길이 미치지 않은 순간이 없었다. 어느 곳에서 그 누구와 함께하든 주님은 늘 내 곁에, 내 위에, 또 내 안에 계셨다.

우리의 아버지 되신 주님의 품은 온 세상을 다 품을 수 있을 정도로 넓다. 꽃제비 아이들을 포함한 세상의 수많은 고아를 마음껏 안아주실 수 있는 아주 넉넉한

품이다. 마음이 좁은 우리와 달리, 한순간 우리가 실수하고 잘못한다 하여 그 품에서 매몰차게 내치시지도 않는다. 길거리를 나뒹굴며 세상에 지치고 상처 입은 영혼들이 의뢰할 곳이 우리 주님 외에 어디 있을까?

어느 날 저녁, 불을 끄고 기도하고 있는 내 옆으로 유치원 아이들이 계속 왔다갔다하며 집중을 방해했다. 주위에 신경을 끄고 다시 기도를 이어가려는 순간, 한 여자아이가 달려와 나의 품에 와락 안겼다. 천진난만하게 웃는 얼굴이었다.

그때 마음속에서 주님의 세밀한 음성이 들려왔다.

"네 딸이다"

십자가에 달리셨을 때, 육신의 어머니를 제자에게 맡기시며 "네 어머니다" 하고 말씀하신 주님이 떠올랐다. 나는 오랫동안 소외된 어린이들을 돌보며 주님께서 이 작고 연약한 아이들을 얼마나 소중히 여기시는지 뼈저리게 깨달았다.

"너희는 어떻게 생각하느냐? 만일 어떤 사람에게 백 마리의 양이 있는데 그 중에서 한 마리가 길을 잃었다면 산에 아흔아홉마리의 양을 남겨두고 길 잃은 그 양을 찾으러 가지 않겠느냐?"

"마찬가지로 이 어린아이 중 하나라도 잃어버리는 것

은, 하늘에 계신 너희 아버지의 뜻이 아니다."(마 18:12, 14, 쉬운성경)

아버지께서는 지금도 잃어버린 양들을 애타게 찾고 계신다. 길 잃은 단 한 명의 어린아이를 찾기 위해서 십자가를 지신 주님, 우리가 그분의 발자취를 따라갈 때, 우리 또한 아버지의 품으로 달려와 안기는 사랑스러운 어린양들을 보게 될 것이다.

(대니얼 선교사님과 조앤나 사모님, 그리고 아이스크림을 먹으며 잔뜩 신이 나 있는 아이들의 모습)

부 록

버림받은 소녀의 북한 생존 이야기 (CNN 기사)
꽃제비 소년소녀의 글
동생을 위한 탈북소년의 간절한 편지
한벗학교
NK어린이 생명구원운동

우리가 처한 세상은 계속해서 생명을 포기하게 만든다. 그러나 신실하신 주님은 한 영혼도 포기하는 법이 없으시다. 지친 걸음 끝에 마침내 한국 땅에 도착한 꽃제비 아이들과 탈북민 자녀들에게 그들의 아버지 되신 하나님이 분명히 살아계심을 알려주고, 하나님의 자녀로서의 정체성을 회복시켜 줄 자들이 필요하다. 온 세상을 창조하신 주님이 태초부터 영원까지 그들의 삶을 돌보신다는 이 기쁜 소식을 다음 세대에게 전해주자. 그럴 때, 그 믿음을 굳게 붙잡고 자라난 우리의 아이들이 또 다른 열매를 맺는 생명의 역사가 끊이지 않고 이어질 것이다.

부록

버림받은 소녀의 북한 생존 이야기 (CNN 기사)

(CNN 뉴스 취재 사진)

서울, 대한민국 (CNN) - 윤희는 생후 6개월에 부모가 이혼하면서 부모 친구 집에 맡겨졌습니다. 여덟 살이 되던 해에 엄마와 살려고 집으로 돌아갔지만, 엄마는 갈 곳이 있다며 어린 윤희를 홀로 남겨두고 집을 떠났습니다. "그리고는 다시 돌아오지 않았죠"라고 윤희는 말했습니다. 그렇게 어린 나이에 부모에게 버림받은 윤희는 북한에서 혼자 살아가야만 했습니다.

어른들조차 견디기 힘든 혹한의 겨울에 윤희는 다른 고아들과 함께 사람들에게 구걸하고 풀을 뜯어 먹는 것으로 굶주린 배를 겨우 채우며 힘겹게 버텨야만 했습니다. 밤마다 눈이 통통 붓고 머리가 깨질 듯이 아플 때까지 울기를 반복했습니다. 윤희의 유일한 희망은 떠나간 엄마와 다시 함께 사는 것이었고, 그래서 한동안 엄마가 사는 양강도 혜산시의 변두리 동네에 머물러 있었습니다.

"가끔 길에서 우연히 엄마와 마주치기도 했어요. 하지만 단 한 번도 엄마로부터 따뜻한 감정을 느껴본 적이 없어요."

길에서 엄마와 만났던 순간을 윤희는 아무 동요 없이 담담하게 들려주었습니다. 이 가여운 어린 소녀의 눈에 엄마는 그저 차갑기만 했습니다. "엄마가 제게 말하기를 자기가 혼자 사는 것도 너무 어려워서 저와 함께 살 수 없다고 말했어요."

길에서 엄마를 만나고 얼마 지나지 않아 윤희는 아파 쓰러졌습니다. 추운 북한의 겨울날, 10살짜리 꼬마 아이 윤희는 홀로 눈 위에 쓰러져 있다가 결국 장티푸스로 의심되는 병에 걸렸고, 고열과 추위에 시달리며 사경을 헤맸습니다. 보름 동안이나 눈 위에 쓰러져 있었지만, 그 누구도 손을 내밀거나 음식을 주지 않았습니다. 윤희는 죽을 힘을 다해 손가락과 발가락을 움직여 일어나려고 했지만, 이미 온몸이 꽁꽁 얼어 꼼짝도

하지 않았습니다.

'나는 이제 죽는구나'라고 생각하며 윤희는 차분하게 죽음을 맞이할 준비를 하였습니다. 윤희는 길 위에 홀로 얼어있는 시체들을 많이 봐 왔습니다. 자신도 거리에서 썩어가는 또 하나의 시체가 될 것으로 생각했습니다. 그때, 한 목소리가 사경을 헤매고 있던 윤희를 깨웠습니다.

윤희는 그분을 알아보았습니다. 처지가 넉넉하지 않아서 자신의 아이들을 키우는 것만으로도 어려움을 겪고 있던 한 아주머니였습니다. 그 여인은 윤희의 손에 돈을 쥐여 주며 단호한 목소리로 말했습니다. "넌 반드시 살아남아야 해!"

북한에서는 윤희와 같이 집 없이 길거리를 떠도는 아이들을 꽃제비라고 부릅니다. 이 아이들은 마치 제비처럼 나라의 사회적 규범으로부터 구속받지 않고 자유롭게 떠돌아다닙니다. 꽃제비를 지원하는 사람들의 말에 따르면 부모도 가족도 없고 교육도 받지 못하고 자란 이 아이들은 북한 정부의 세뇌 정책에 많이 노출되지 않습니다. 이 아이들이 인접 국가 중국으로 도망치는 것은 정치적인 이유에서라기보다 먹을 것을 찾기 위함입니다.

유엔인도지원조정국(United Nations Office for the

Coordination of Humanitarian Affairs)에 의하면 28%의 북한 아이들이 발육 부진으로 고통받는다고 합니다. 북한에서 윤희는 지난 10년 동안 거리를 방황하며 땅의 갈라진 틈에서 자고 사람들이 흘린 쌀을 주워 먹으며 살았습니다. "저는 쌀 한 톨에도 정말 감사했어요"라고 그녀는 말합니다. 매일 밤, 윤희는 같은 고민을 했습니다. '난 오늘 어디에 가서 잘까? 내가 어떻게 살아남을까?'

유엔세계식량계획(United Nations World Food Programme)에 따르면 그녀가 살았던 양강도는 겨울철의 평균 온도가 영하로 떨어질 수도 있다고 합니다. 윤희는 어디서 먹을 것을 뒤지고 잠자리를 찾고 어떻게 체온을 유지하고 안전하게 지낼 수 있는지 배워가며 영화 헝거 게임(The Hunger Games)에 나오는 것 같은 생존기술을 터득해갔습니다.

윤희는 모르는 사람의 집 창문 아래 구석에서 아기 자세로 웅크리고 잠을 청했습니다. "가끔 너무 추워서 제 발을 비닐봉지로 싸매기도 했어요." 윤희의 잠자리를 채운 것은 엄마에 대한 그리움뿐이었습니다. "추위와 굶주림 속에 죽을 지경에 이르렀을 때, 제가 엄마에게 원했던 것은 그저 포옹과 위로뿐이었어요." 그러나 윤희는 엄마로부터 단 한 번의 포옹도 받지 못했습니다.

새로운 집에 적응하기

대부분의 북한 사람들은 북쪽 국경에 있는 강을 건너서 중국으로 탈북합니다. 인권운동가들에 의하면, 중국으로 탈북하는 꽃제비들은 인신매매범들의 쉬운 표적이 됩니다. 여자아이들은 성매매업소에 팔리거나 중국 시골 남자들에게 팔리고, 남자아이들은 아들을 갖지 못하는 중국가정에 팔려간다고 '북한정의연대(Justice for North Korea)'의 정 씨가 말했습니다. 중국은 잡힌 탈북민들을 북한으로 돌려보내기 때문에 탈북민들은 북송되어 수용소에 잡혀가거나 고문당할 것을 두려워하며 중국에서 숨어 지냅니다. 그 두려움은 탈북민들이 남한으로 무사히 도착한 이후에도 사라지지 않을 수 있습니다.

박다니엘 목사님의 집에는 1살 때 어머니가 중국으로 탈북한 13살의 남자아이가 있습니다. 아이의 어머니는 잡혀서 북송당했지만, 남자아이는 중국에 남은 채로 폭행과 학대를 당했다고 다니엘 목사님은 말했습니다. 서울에 있는 박다니엘 목사님의 집에서 그 아이의 트라우마를 느낄 수 있었습니다. 짧은 스포츠머리를 한 수줍은 아이가 낯선 사람 주위를 뛰어다니며 박다니엘 목사님 주위를 맴돕니다. 가족들이 모여 식사할 때 그 아이는 음식을 가지고 방에 들어가 혼자 구석에 숨어 밥을 삼킵니다. 하지만 박다니엘 선교사님은 이러한 행동이 예전에 비하면 많이 나아진 모습이라고 말합니다.

한편, 윤희는 북한에서 사춘기에 접어들었고 어머니와 다시 살고 싶다는 꿈을 포기하기 시작했습니다. 몇 안 되는 낯선 사람들이 동정심에 돈을 주고, 누군가는 윤희에게 먹을 것, 신발, 옷 등을 주었습니다. "저는 바깥세상에는 저를 도와주려고 하는 사람들이 있을지도 모른다는 소망을 갖고 있었어요." 윤희가 말했습니다. 윤희는 이웃 사람들의 심부름을 해 주고 거스름돈을 받아 돈을 벌곤 했습니다.

하지만 2009년에 북한 정부가 화폐개혁을 실시한 이후, 구권의 원래 가치의 단 1%에 해당하는 신권이 사용되기 시작했습니다. 한순간에 인민들의 재산이 사라졌고 식자재 가격이 폭등했습니다. "그 당시 정말 많은 사람이 죽었어요"라고 윤희는 말했습니다. "이웃집의 문을 열어보면 많은 사람이 죽어 바닥에 쓰러져 있었죠. 많은 사람이 그래도 중국에 가면 살 수 있다는 생각을 가지고 중국으로 간 것 같아요." 윤희에게도 북한 땅에는 이제 남은 것이 하나도 없었습니다. 엄마와 다시 행복하게 살 수 있을 것이라는 소망도 모조리 사라졌습니다. 그래서 그녀는 첫 번째로 중국으로 탈출을 시도했습니다.

겨울에는 국경에 있는 강이 얼어붙어 빠르게 도망칠 수 있는 길이 열립니다. 윤희는 중국에서 공안에 세 번을 붙잡혔고 그때마다 북한 감옥으로 끌려갔다고 말했습니다. 감옥에서 주먹과 막대기로 맞고 심지어는 발길질도 당했지만, 매번 풀려났다고 합니다. 2010년 초, 네 번째로 탈북한 끝에 마침내 윤희는 지하 기독교 활동가와 선교 연결망을 통해서 박다니엘 선교사를 만나게 되었습니다.

선교사 및 선교단체와 후원자들로부터 후원받는 이 연결망은 뇌물을 사용하여 국경의 공무원들과의 인맥을 통해 난민들이 국경을 건너는 것을 돕는 브로커를 고용합니다. 이 연결망은 당국이 탈북민을 북송하지 않는 중국의 인접 국가인 라오스와 태국, 베트남까지 연결됩니다. 거기서 북한 사람들은 그들을 서울로 보내줄 대한민국 대사관으로 가는 길을 찾거나, 그들을 난민으로 받아줄 캐나다, 영국, 미국 등의 외국 대사관을 찾습니다.

윤희는 박다니엘 선교사와 그의 가족과 함께 북한 국경에서 멀리 떨어진 중국의 저장성에서 지냈습니다. "윤희는 힘든 일을 많이 겪었는데도 아이가 참 밝았어요." 박다니엘 선교사가 고아였던 윤희의 첫인상을 묘사하며 한 말입니다. "저는 윤희의 고통을 느낄 수 있었습니다. 윤희는 어린 나이에도 너무 많은 고통을 겪어요. 가끔 우리가 자기를 위해 기도할 때면 아이가 울곤 했습니다." 그러던 2010년 10월, 박다니엘 선교사가 마침내 윤희를 한국으로 보낼 수 있게 되었습니다.

대한민국 서울의 한 침실, 스키니진과 빨갛게 부푼 조끼를 입고 연분홍색으로 매니큐어를 바른 윤희가 문을 열고 나옵니다. 윤희는 자신의 손보다도 더 큰 노란 삼성 휴대폰에서 계속 울리는 문자 소리에 어깨를 구부렸다가 펴곤 합니다. 큰 타원형 눈동자, 무결점의 도자기 피부와 부드러운 흑발, 윤희는 아름다움과 미에 집착하는 한국인들이 많이 탐내는 외모를 가지고 있습니다. 150cm가 안 되는 19살의 윤희는 종종 중학생으로 오해를 받기도 합니다.

윤희는 박다니엘 선교사와 그의 사모, 아장아장 걸어 다니는 선교사 부부의 두 아들, 그리고 북에서 온 남자아이들 2명, 여자아이들 2명과 함께 삽니다. 그들의 서울집은 소박합니다. 겨울엔 뽁뽁이를 창문에 붙여 집을 따뜻하게 합니다. 벽마다 아이들의 크레파스 낙서가 가득합니다. 봉제 동물 인형, 장난감 오리, 책들이 서랍과 커피 테이블에 쌓여 있습니다. 아이들은 짙은 회색의 소파와 거실 책상 위를 기어오릅니다.

윤희는 자신의 삶에 대해 터놓고 이야기할 때도 있지만 몇몇 문제에는 대답하지 않으려 합니다. 그녀는 어린아이들과 있을 때 더 편해 보입니다. 아이들은 장난감을 놓고 싸울 때나 과자를 먹고 싶을 때, 안아달라고 떼를 쓸 때, 또 자기들끼리 투덕거릴 때마다 마치 윤희가 중재자인 것처럼 그 주변에 모여듭니다. 아이들이 꽥꽥 소리 지르고 집안을 뛰어다녀도 윤희는 아이들에게 화를 내지 않습니다.

"아이들이 실수할 때, 저는 아이들에게 올바른 길을 가르쳐주려고 노력해요. 아이들이 잘 자랄 수 있었으면 하거든요. 아이들에게 어머니가 없다고 해도 말이에요"라고 윤희는 말합니다. 윤희와 다른 아이들 간의 유대감은 어려움을 헤쳐 나가는 힘입니다. 박 선교사의 어린 두 아들은 윤희를 "언니" 혹은 "누나"라 부르며 따릅니다. "집에서 윤희는 우리와 떼놓을 수 없는 아이예요. 한 가족입니다"라고 박 선교사는 말합니다.

나이가 많은 아이가 어린 동생으로부터 장난감을 뺏으면 윤희가 꾸짖습니다. "동생의 장난감을 뺏는 건 올바른 게 아니지. 왜 그랬어?" 그녀가 말합니다. 그러나 그 아이가 뾰로통해지면 윤희는 금세 또 아이를 가까이 당겨서 간지럽힙니다. 그녀가 어린 시절 받지 못했던 사랑과 관심을 주는 것입니다. 서울에 도착한 지 2년이 지난 그녀의 일상은 아침 8시부터 밤 10시까지 학업과 아르바이트로 바쁘게 흐릅니다. 밤이 되면 윤희는 목판으로 된 방안의 바닥 위에 북한에서 온 여자아이들 두 명과 함께 누워 흰색 테디베어를 안고 핑크색 이불을 덮고 잠을 잡니다.

그녀는 가끔 십 년도 넘게 보지 못하고 얘기를 나누지도 못한 엄마의 꿈을 꿉니다. "전 엄마를 비난하기보다는 사랑할래요. 제가 사랑을 받지 못했어도요"라고 윤희는 말합니다. 윤희는 자신을 돌봐야 할 사람에게 버림받는 삶을 살았습니다. 그러나 윤희는 아무것도 줄 수 없었던 예전의 집을 버리고 마침내 새로운 가족을 찾았습니다.

꽃제비 소년소녀의 글

가장 기뻤은 일 내가 가장 기뻤던 일은 하나님 믿고 새생활을 후원 받은것
다음은 하나님이 우리 한테 아빠 처럼 엄마 처럼 자상수있는
좋은 삼촌과 이모를 우리에게 보내주신 것이 기쁨니다

가장 슬펐던 일 내가 가장 슬퍼던일 아빠와 엄마가 없어서 방랑해 버림받은것
과 내가 모라서 죄를 억으면서 실천 것과 그 죄구도 잘못된
것을 가를 처 준것이 없었던 것이 가장슬픔니다

가장 좋아하는 음식 내가 가장 좋아하는 음식 조선 음식은 지 좋음니다
밥 뱅면 건국 잡새

가지고 싶은것 내가 가장가지고 싶은것 사람에 도움이되고 하나님의 복음이
힘이되고 하나님의 말씀이 가장 도움이 되는 책을 가지고
싶습니다

장래희망 나의 가장 희망은 내가 태어난 고향과 나라와 내 민족이 하나님
의 복음이 그 나라에 들어 갈수 있게 내가 열심히 배워서
전도자가 되는 것이 가장 나의 희망입니다
그리고 하나님이 나의 눈을 크게 하시도 것 입니다

기도제목 나의 기도 제목은 첫째 하나님을 찬양하는 것

둘째 우리의 가정이 가장 힘들고 가장 어려운 환경에 있는 우리
삼촌과 이모를 축복하고 하나님의 은혜가 내리는 것
셋째 우리모두의 한 가정을 축복하여 주시고 우리가정에 있는
니 가정에 애일과 같은 양식을 내려주셔서 우리 이모의
마음에 근심을 하지 않게 하는 신
네째 다음은 나의 기도입니다
내가 삼촌과 이모의 말씀을 들이며 변화 받고 하나님을
더욱 알어 갈수 없는 것입니다

가지고 싶은것 ~~시계을제일~~ 갑자기 ~~그려~~ 직습니다
그리고 있습니다

장래 희망 저의 희망은 북조선을 나가는것이 희망이였습니다

기도제목 저의 기도는 내 나라을 위해서 그리고
저의 형제 언니라 그리고 이모 삼촌이메요 그리고
~~나~~ 나 자신이였습니다 였습니다

가장 기쁜일 ~~기쁜일은 가도하고 찬양하는것 이렇 제일이쁨하다 아첬 책 죄송해요~~
기쁨일은 가도하고 찬양하는것 제일기쁩니다

가장 슬픈일 슬픈일 형제 을생각 나고 북조선
군그 있는 것이 가장 슬픈일있니다

가장 좋아하는 음식 음식은좋아하는것 었습니다

동생을 위한 탈북소년의 간절한 편지

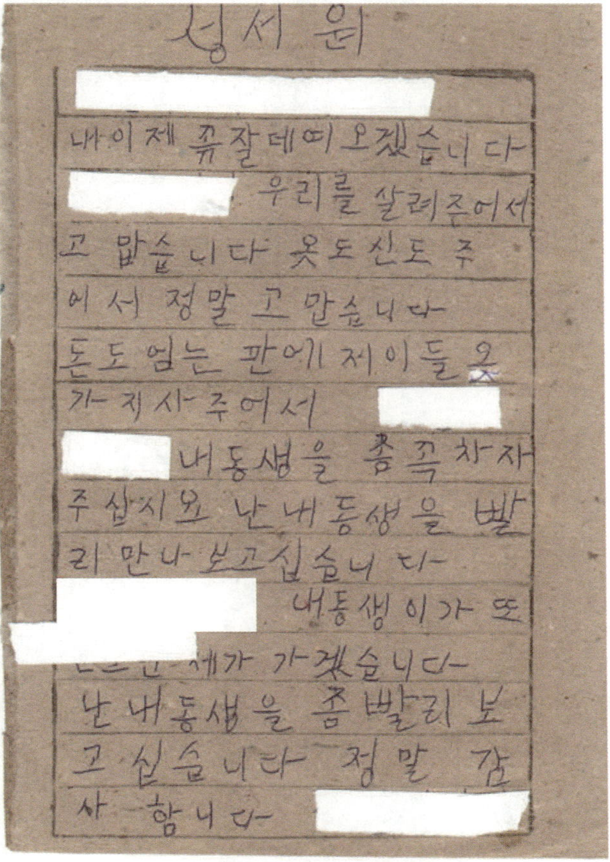

성서원

내 이제 쥬잘데의 오겠습니다
우리를 살레주어서
고 맙습니다 옷도 신도 주
어서 정말 고맙습니다
돈도 엄는 판에 저이들 옷
까 지 사주어서
내 동생을 좀 꼭 차자
주삽지오 난 내동생을 빨
리 만나 보고싶습니다
내동생이가 또
제가 가겠습니다
난 내동생을 좀 빨리 보
고 싶습니다 정말 감
사 함니다

내가 간다으메 오후벗터
강뚝에 좀 나와 바주십시오
오후~~에밤~~나 우리가 건너왔
다는데르 미안하지만 좀 수
고해주십시요 그럼오후에
안오면 그다음날에 아침
벗터저녁까지 기다려주
십시요 그럼 난 꼭 내동
생을 차자 오겠습니다
못차즈면 전 죽고야말겠습니다
맹세합니다 맹세 맹세
　　　　　에미있느냐 오빠가
너를 차자 온다
우리가 살집으로 간다

한벗학교

현재 국내에 있는 2,600여 명의 탈북 청소년들이 초중고에 취학 중인데, 이들 중 절반 이상인 1,500여 명이 중국에서 출생한 아이들입니다. 그들 중 대부분은 인신매매로 팔려간 북한 분들이 낳은 자녀들입니다. 이들은 깨어진 가정문제, 정체성 혼란, 언어문제, 친구들과의 관계, 미래에 대한 불안감으로 어려움을 겪고 있습니다.

이들을 교육하고 양육하는 한벗학교는 2014년 12월에 북한 여성에 의해 시작되었습니다. 그동안 백 명이 넘는 탈북민 자녀들이 한벗학교를 거쳐 갔습니다. 그러나 2018년도에는 경제적인 어려움으로 인해 학교가 문을 닫을 위기를 맞기도 했습니다. 엎친 데 덮친 격으로 신천지와 통일교에서 학교를 흡수하려고까지 했습니다.

이 사실을 알게 된 박다니엘 대표가 한벗학교의 또 한 번의 도약을 위해 2019년 1월부터 섬기고 있습니다. 현재 한벗학교는 새로운 곳으로 이전한 상태로, 여러 명의 선생님이 25여 명의 탈북민 학생들과 함께 지내며 이들을 양육하고 있습니다. 우리는 다음과 같은 일을 하고 있습니다.

- 탈북민 자녀들을 위한 가정과 같은 공동체의 역할을 감당하고 있습니다.
- 탈북민 자녀들의 인성을 바르게 세워주는 일을 하고 있습니다.
- 매일 아침과 오후에 버스를 운영해서 아이들이 정규학교에 다니는 것을 도와주고 있습니다.
- 방과후 학교를 운영하고 있습니다.

※소재지: 경기도 고양시 덕양구 흥도로 454번길
　　　　 32 (성사동)
※전화번호: 031-968-7711
※후원계좌: 국민 293201-04-169070(한벗학교)
※이메일: hanbeot1379@naver.com

NK(North Korea)어린이 생명구원 운동

분단된 우리 민족 가운데 고통받는 세 부류의 북한 어린이들이 있습니다.
- 북한에 사는 어린이들
- 어머니가 인신매매로 팔려가서 제3국에서 태어난 어린이들
- 한국에 사는 북한과 제3국에서 온 어린이들

NK어린이 생명구원 운동이란?

NK어린이 생명구원운동은 위와 같은 어린이들의 삶에 들어가서 어린이들의 영과 혼과 육을 구제하는 운동입니다. 이 일은 지금도 중요하지만, 앞으로 통일이 왔을 때는 더욱더 중요해질 것입니다. 통일되었을 때에 우리는 북한에 들어가서 많은 북한 아이들을 도와야 하는데, 그와 동시에 한국에서도 한국으로 유입되는 많은 아이를 도와야 합니다.

우리는 앞으로 하나님께서 맡겨주실 많은 어린이를 돕기 위해서 NK 어린이 생명 운동에 관심이 있는 개인이나 단체들과 함께 네트워크를 만들려고 합니다. 하나님께서는 우리가 함께 협력할 때 더 큰 일을 행하실 것입니다.

우리는 통일 후에 남북이 하나되는 공동체를 세우기를 원합니다. 이 비전에 함께 동참해 주세요.

※후원계좌: 국민 293201-04-169070(이웃사랑)

※가정후원: 국민 448602-01-201019(PARK DANIEL)

※이메일: luvneighbor@naver.com

꽃제비들의 아바아버지 정가 14,000원

2020년 3월 25일 초판 인쇄
2020년 3월 30일 초판 발행

저　자 : 박다니엘
발행인 : 박창식
발행처 : 도서출판 쥬빌리
주　소 : 인천시 연수구 송도동 송도과학로 56, 송도테크노파크 BT센터 2211호
등　록 : 2018년 5월 15일 제352-251002018000012호
전　화 : 032)719-8763
팩　스 : 032)719-8764
e-mail : jubileepublisher@naver.com
홈페이지 : www.jubileetrans.com
ISBN　 : 979-11-963994-2-9

저자와 합의로 인지첨부를 생략합니다.
저작권법의 보호를 받는 저작물입니다.
내용과 구성의 무단 전제 및 도용을 금합니다.